"十四五"职业教育国家规划教材

微课版

财务会计 2
（第10版）

新世纪高职高专教材编审委员会 组编

主　编　高　霞　薛雨佳
副主编　谭素娴　吴　敏
主　审　高丽芬

大连理工大学出版社

图书在版编目(CIP)数据

财务会计:2/高霞,薛雨佳主编. -- 10版. -- 大连:大连理工大学出版社,2022.1(2025.6重印)
新世纪高职高专大数据与会计专业系列规划教材
ISBN 978-7-5685-3721-6

Ⅰ.①财… Ⅱ.①高… ②薛… Ⅲ.①财务会计-高等职业教育-教材 Ⅳ.①F234.4

中国版本图书馆CIP数据核字(2022)第021775号

大连理工大学出版社出版

地址:大连市软件园路80号 邮政编码:116023
发行:0411-84708842 邮购:0411-84708943 传真:0411-84701466
E-mail:dutp@dutp.cn URL:https://www.dutp.cn
大连永盛印业有限公司印刷 大连理工大学出版社发行

幅面尺寸:185mm×260mm 印张:13.5 字数:346千字
2002年8月第1版 2022年1月第10版
2025年6月第6次印刷

责任编辑:王 健 责任校对:刘俊如
封面设计:对岸书影

ISBN 978-7-5685-3721-6 定 价:42.80元

本书如有印装质量问题,请与我社发行部联系更换。

前 言

《财务会计2》(第10版)是"十四五"职业教育国家规划教材、"十三五"职业教育国家规划教材,也是新世纪高职高专教材编审委员会组编的大数据与会计专业系列规划教材之一,与《财务会计1》(第10版)配套使用。

本教材全面贯彻党的二十大精神,全面贯彻《中华人民共和国职业教育法》,落实立德树人根本任务,融入思政教育理念。在知识层面,修订后的教材以财政部2019—2020年修订发布的"债务重组""非货币性资产交换""租赁"等企业会计准则应用指南以及大规模减税降费政策为依据,修订后的教材及时、准确地展现了现行企业会计准则和税改成果,并新增思维导图、微课等一系列配套资源,在内容上焕然一新,延续了职业教育"能力本位、工学结合、校企结合、持续发展"的理念,更具可操作性。本教材具体特点如下:

1. 融入思政教育理念

党的二十大报告指出"育人的根本在于立德""用社会主义核心价值观铸魂育人""着力培养担当民族复兴大任的时代新人"。为贯彻落实党的二十大精神,本教材融入思政教育理念,探索思政教育在会计人才培养目标中的价值引领作用,大力弘扬社会主义核心价值观,体现了社会责任意识、工匠精神、团队合作精神、创新创业、知行合一、会计职业道德八大准则等一系列的思政育人思想,致力于培养德才兼备的高素质技术技能型会计人才。

2. 以项目和任务作为教学单元

修订后的教材,保留了上版的结构,仍采用融合了岗位任务的"项目"作为教学单元。在"项目"下设计"任务"作为教学子单元,再以例题为依托,系统地介绍企业财务会计的相关知识和技能,并通过项目后的"实务训练"提升学生的职业能力,使学生能够适应企业会计岗位的工作要求。

3. 与时俱进,反映现行会计准则和税改成果

依据财政部现行的"债务重组""非货币性资产交换""租赁"等企业会计准则应用指南,以及减税降费政策,编写团队重新编写了"项目四 非货币性资产交换"和"项目五 债务重组",并对上版教材中"租赁"等教学单元及"实务训练"进行了系统修订。修订后的教材更加突出内容的新颖、准确、完整,对指导学生学习具

有很强的时效性。

4. 增加教材数字化配套资源

为提升教材的交互性,在原有配套资源的基础上,修订后的教材以二维码的形式为每个"项目"添加了思维导图、电子课件和拓展阅读材料,尤其针对教学难点相应地增加了由教材主编讲解的微课,赋予教材应有的教学功能。此外,教材数字化配套资源中还配有学习指导书,内容包括学习目标、教学时间分布、学习重点难点、讨论、在线测试、项目小结等,让教材作为教学实施的重要工具,增强教材教书育人的功能。

5. 适应高职学生认知水平和特点

教材立足于高职教育"教、学、做"的要求,按会计工作的具体业务活动分项目讲授,教材以"学"为主要定位,以"学什么、怎样学"为核心进行编写,并通过教师"教"、学生"做",实现"教、学、做"三位一体的有机结合。为了降低难度,化解难点,教材编写注重通俗易懂,以适应高职学生的认知水平和特点。

6. 注重理论与实践结合,突出教材实用性

本次修订,不仅注重会计理论与实际工作相结合,还参考了中级会计专业技术资格考试的《中级会计实务》大纲,满足学生学完本教材后"考证"和"接本"的需要。本教材也可作为在职会计人员的培训用书。

本教材由河北政法职业学院高霞、中国人民大学薛雨佳任主编,广州工程技术职业学院谭素娴、河北政法职业学院吴敏任副主编,河北天勤会计师事务所有限公司高丽芬通审了全部书稿。具体编写分工如下:高霞编写项目七至项目十一,薛雨佳编写项目三,谭素娴编写项目四,吴敏编写项目一、项目二、项目五和项目六。高霞对全书进行总纂及修订定稿。

在编写本教材的过程中,编者参考、引用和改编了国内外出版物中的相关资料以及网络资源,在此表示深深的谢意!相关著作权人看到本教材后,请与出版社联系,出版社将按照相关法律的规定支付稿酬。

为方便教学,本教材配有教学课件和练习册的电子稿及答案,如有需要,请登录职教数字化服务平台获取。

本教材是各相关高职院校倾力合作与集体智慧的结晶。尽管我们在教材的特色建设方面做出了许多努力,但由于能力有限,仍可能存在不足之处,恳请各相关高职院校和读者在使用本教材的过程中给予关注,并将意见及时反馈给我们,以便下次修订时完善。

编 者

所有意见和建议请发往:dutpgz@163.com
欢迎访问职教数字化服务平台:https://www.dutp.cn/sve/
联系电话:0411-84707424　84706676

Contents

目录

项目一　外币折算 ······ 1
- 任务一　认识外币折算 ······ 2
- 任务二　确认外币交易 ······ 4
- 任务三　折算外币财务报表 ······ 10
- 任务四　披露外币折算信息 ······ 13

项目二　借款费用 ······ 17
- 任务一　认识借款费用 ······ 18
- 任务二　确认和计量借款费用 ······ 22
- 任务三　披露借款费用信息 ······ 29

项目三　或有事项 ······ 37
- 任务一　认识或有事项 ······ 38
- 任务二　确认和计量或有事项 ······ 40
- 任务三　披露或有事项信息 ······ 46

项目四　非货币性资产交换 ······ 54
- 任务一　认识非货币性资产交换 ······ 55
- 任务二　以公允价值为基础计量非货币性资产交换 ······ 59
- 任务三　以账面价值为基础计量非货币性资产交换 ······ 68
- 任务四　披露非货币性资产交换信息 ······ 72

项目五　债务重组 ······ 77
- 任务一　认识债务重组 ······ 78
- 任务二　确认债务重组交易 ······ 81
- 任务三　披露债务重组信息 ······ 88

项目六　所得税 ... 93

- 任务一　认识所得税会计 ... 94
- 任务二　认识资产、负债的计税基础及暂时性差异 ... 95
- 任务三　确认递延所得税资产及递延所得税负债 ... 101
- 任务四　确认所得税费用 ... 107
- 任务五　披露所得税信息 ... 109

项目七　会计政策、会计估计变更和差错更正 ... 115

- 任务一　确认会计政策变更 ... 116
- 任务二　确认会计估计变更 ... 120
- 任务三　更正前期差错 ... 124

项目八　资产负债表日后事项 ... 131

- 任务一　认识资产负债表日后事项 ... 132
- 任务二　确认资产负债表日后调整事项 ... 134
- 任务三　识别资产负债表日后非调整事项 ... 141
- 任务四　披露资产负债表日后事项 ... 142

项目九　关联方披露 ... 148

- 任务一　识别关联方 ... 149
- 任务二　识别关联方交易 ... 153
- 任务三　披露关联方关系和关联方交易 ... 154

项目十　租赁 ... 162

- 任务一　识别租赁 ... 163
- 任务二　承租人的会计处理 ... 165
- 任务三　出租人的会计处理 ... 170
- 任务四　租赁的列报 ... 175

项目十一　编制合并财务报表 ... 180

- 任务一　认识合并财务报表 ... 181
- 任务二　编制合并资产负债表 ... 184
- 任务三　编制合并利润表 ... 195
- 任务四　编制合并现金流量表 ... 202
- 任务五　编制合并所有者权益变动表 ... 204

项目一
外币折算

项目要点

在经济日益全球化的背景下,资本的跨国流动和国际贸易不断扩大。本项目主要讲解外币交易的确认、外币财务报表的折算和相关信息的披露,引导学生认识国际贸易,树立国际视野,提高民族自信心与自豪感。

任务一　认识外币折算

一、记账本位币的概念、确定及变更

(一) 记账本位币的概念

记账本位币,是指企业经营所处的主要经济环境中的货币。

主要经济环境,是指企业主要收入或支出现金的经济环境。通常情况下,企业应选择人民币作为记账本位币。业务收支以人民币以外的货币为主的企业,可以按照《企业会计准则》的规定选定其中一种货币作为记账本位币,但是,编报的财务报表应当折算为人民币。

(二) 记账本位币的确定

1. 企业选定记账本位币应考虑的因素

企业选定记账本位币时,应当考虑下列因素:

(1) 从日常活动收入现金的角度看,该货币主要影响商品和劳务的销售价格,通常以该货币进行商品和劳务销售价格的计价和结算。

(2) 从日常活动支出现金的角度看,该货币主要影响商品和劳务所需人工、材料和其他费用,通常以该货币进行上述费用的计价和结算。

(3) 融资活动获得的货币以及保存从经营活动中收取的款项所使用的货币。

在有些情况下,企业根据收支情况难以确定记账本位币,需要在收支基础上结合融资活动获得的资金或保存从经营活动中收取款项时所使用的货币,进行综合分析后做出判断。例如,A公司为国内一家婴儿配方奶粉加工企业,其原材料牛奶全部来自澳大利亚,主要加工技术、机器设备及主要技术人员均由澳大利亚方面提供,生产的婴儿配方奶粉面向国内出售。企业依据上述第(1)(2)两项因素难以确定记账本位币,需要考虑第(3)项因素。假定为满足采购原材料牛奶等所需澳元的需要,A公司向澳大利亚某银行借款10亿澳元,期限为20年,该借款是A公司当期流动资金净额的4倍。由于原材料采购以澳元结算,且企业经营所需要的营运资金,即融资获得的资金也使用澳元,因此,A公司应当以澳元作为记账本位币。

2. 境外经营记账本位币的确定

境外经营,是指企业在境外的子公司、合营企业、联营企业、分支机构。在境内的子公司、合营企业、联营企业、分支机构采用不同于企业的记账本位币时,也视同境外经营。

企业选定境外经营的记账本位币,除了上述因素外,还应当考虑下列因素:

(1) 境外经营对其所从事的活动是否拥有很强的自主性。如果境外经营只是企业业

务活动在境外的简单延伸和扩展(如境外设立的销售部),该境外经营属于企业的有机组成部分,则应选择与企业相同的记账本位币。相反,若境外经营所从事的活动拥有极大的自主性,境外经营不能选择与企业相同的记账本位币。

(2)境外经营活动中与企业的交易是否在境外经营活动中占有较大比重。如果境外经营与企业的交易在境外经营活动中占有较大比重,即说明境外经营活动受到企业重大影响,应选择与企业相同的记账本位币;反之,应选择其他货币。

(3)境外经营活动产生的现金流量是否直接影响企业的现金流量、是否可以随时汇回。如果境外经营产生的现金流量直接影响企业的现金流量,并可随时汇回,境外经营的交易视为企业的交易,应采用与企业相同的记账本位币;反之,应选择其他货币。

(4)境外经营活动产生的现金流量是否足以偿还其现有债务和可预期的债务。如果境外经营活动产生的现金流量在企业不提供资金的情况下,难以偿还其现有债务和正常情况下可预期的债务,说明境外经营是企业整体经营的有机组成部分,境外经营应选择和企业相同的记账本位币;反之,应选择其他货币。

(三)记账本位币的变更

企业选择的记账本位币一经确定,不得改变,除非与确定记账本位币相关的主要经济环境发生了重大变化。主要经济环境发生重大变化,通常是指企业主要收入和支出现金的环境发生重大变化,使用该环境中的货币最能反映企业的主要交易的结果。

二 外币折算业务的范围

企业外币折算业务主要有以下两方面内容。

(一)外币交易

外币交易,是指以外币计价或者结算的交易。外币是企业记账本位币以外的货币。外币交易主要包括以下内容:

1.买入或者卖出以外币计价的商品或者劳务。例如,企业在生产过程中,因国内技术所限,从国外购买原材料,或为开拓国际市场而向国外出口商品。

2.借入或者借出外币资金。例如,企业在生产过程中,因国内资金限制,从国外银行或其他金融机构借款。

3.其他以外币计价或者结算的交易。例如,企业接受国外投资者以外币投资。

(二)外币财务报表折算

外币财务报表折算,是为了特定目的将用一种货币表述的财务报表换用另外一种货币来表述。例如,我国境内发行股票的公司为了向其报表使用者提供本公司的财务报表,在把境外经营机构财务报表的外国文字翻译成中文的同时,还要把外国货币单位折算成相应的人民币单位。

什么是外币

任务二　确认外币交易

一　外币交易发生日的确认

当企业发生外币交易时,应当将外币金额折算为记账本位币金额。

外币交易应当在初始确认时,采用交易发生日的即期汇率将外币金额折算为记账本位币的金额;也可以采用按照系统合理的方法确定的、与交易发生日即期汇率近似的汇率折算。

即期汇率,通常是指中国人民银行公布的当日人民币外汇牌价的中间价。企业发生的外币兑换业务或涉及外币兑换的交易事项,应当按照交易实际采用的汇率(银行买入价或卖出价)折算。

即期汇率的近似汇率,是指按照系统合理的方法确定的、与交易发生日即期汇率近似的汇率,通常采用当期平均汇率或加权平均汇率等。

企业通常采用即期汇率进行折算。汇率变动不大,也可以采用即期汇率的近似汇率进行折算。

(一)外币兑换业务

外币兑换业务,是指企业从银行等金融机构购入外币(对于银行来说则是卖出外币),或向银行等金融机构售出外币(对于银行来说则是买入外币)。

企业卖出外币时,一方面将卖出的外币按照即期汇率或即期汇率的近似汇率折算为记账本位币金额登记入账;另一方面将实际收取的按照外币买入价折算的记账本位币金额登记入账;二者之间的差额,作为汇兑损益。

【例1-1】

甲股份有限公司外币业务(记账本位币为人民币)采用交易发生时的即期汇率折算。本期将60 000美元到银行兑换为人民币,银行当日的美元买入价为1美元=6.65元人民币,当日中间价为1美元=6.70元人民币。

本例中,企业应当在"银行存款——美元户"记录美元的减少,同时按照当日中间价将售出的美元折算为人民币;在"银行存款——人民币户",按实际收到的人民币金额记录人民币的增加;两者之间的差额作为当期的财务费用。

会计分录如下:

借:银行存款(人民币户)(60 000×6.65) 399 000
　　财务费用 3 000
　贷:银行存款——美元户(60 000×6.70) 402 000

企业买入外币时,一方面将买入的外币按照即期汇率或即期汇率的近似汇率折算为记账本位币金额登记入账;另一方面将向银行支付的按照外币卖出价折算的记账本位币金额登记入账。二者之间的差额,作为汇兑损益。

【例1-2】

乙股份有限公司外币业务(记账本位币为人民币)采用交易发生时的即期汇率折算。本期因外币支付需要,从银行购入30 000美元,银行当日的美元卖出价为1美元=6.75元人民币,当日中间价为1美元=6.70元人民币。

本例中,应对"银行存款——美元户"作增加记录,按照当日中间价折算为人民币;按照实际付出的人民币金额对"银行存款——人民币户"作减少记录,两者之间的差额作为当期财务费用。

会计分录如下:

借:银行存款——美元户(30 000×6.70)　　　　　201 000
　　财务费用　　　　　　　　　　　　　　　　　　1 500
　贷:银行存款(人民币户)(30 000×6.75)　　　　　202 500

(二)外币购销业务

企业从国外或境外购进原材料、商品或引进设备,按照即期汇率或即期汇率的近似汇率将支付的外币或应支付的外币折算为记账本位币记账(假设企业选择人民币作为记账本位币),以确定购入原材料等货物及债务的入账价值,同时按照折算后的记账本位币金额登记有关账户。

【例1-3】

乙股份有限公司外币业务(记账本位币为人民币)采用交易发生时的即期汇率折算。本期从境外购入不需要安装的机器设备一台,设备价款为355 000美元,购入该设备时即期汇率为1美元=6.70元人民币,款项尚未支付。

会计分录如下:

借:固定资产——机器设备　　　　　　　　　　　2 378 500
　贷:应付账款——美元户(355 000×6.70)　　　　2 378 500

企业出口商品或产品时,按照即期汇率或即期汇率的近似汇率将外币销售收入折算为记账本位币记账(假设企业选择人民币作为记账本位币);同时将出口销售取得的款项或发生的债权,按照折算后的记账本位币金额登记有关账户。

【例1-4】

甲股份有限公司属于增值税一般纳税人,其外币业务(记账本位币为人民币)采用交易发生时的即期汇率折算。本期出口销售商品12 000件,销售合同规定的销售价格为每件250美元,当日的即期汇率为1美元＝6.70元人民币。该交易适用出口免税政策,货款尚未收到。

会计分录如下:
借:应收账款——美元户(12 000×250×6.70)　　　　　20 100 000
　贷:主营业务收入(12 000×250×6.70)　　　　　　　　　20 100 000

(三)外币借款业务

企业借入外币时,按照借入外币时的即期汇率或即期汇率的近似汇率折算为记账本位币的金额登记入账。

【例1-5】

乙股份有限公司外币业务(记账本位币为人民币)采用交易发生时的即期汇率折算。本期从中国银行借入港币1 500 000元,期限为6个月,借入的外币暂存银行。借入时的即期汇率为1港元＝0.85元人民币。

会计分录如下:
借:银行存款——港元户(1 500 000×0.85)　　　　　1 275 000
　贷:短期借款——港元户　　　　　　　　　　　　　　　1 275 000

(四)接受外币资本投资业务

企业收到投资者以外币投入的资本,应当采用交易发生日即期汇率折算,不得采用合同约定汇率和即期汇率的近似汇率折算,外币投入资本与相应的货币性项目的记账本位币金额相等,不产生外币资本折算差额。

【例1-6】

丁股份有限公司记账本位币为人民币,其与外商签订的投资合同中规定外商分次投入外币资本。丁公司第一次收到外商投入资本300 000美元,当日的即期汇率为1美元＝6.70元人民币;第二次收到外商投入资本300 000美元,当日的即期汇率为1美元＝6.60元人民币。

会计分录如下:
第一次收到外币资本时:
借:银行存款——美元户(300 000×6.70)　　　　　　2 010 000
　贷:股本　　　　　　　　　　　　　　　　　　　　　　2 010 000
第二次收到外币资本时:
借:银行存款——美元户(300 000×6.60)　　　　　　1 980 000
　贷:股本　　　　　　　　　　　　　　　　　　　　　　1 980 000

二 资产负债表日或结算日外币交易余额的确认

在资产负债表日,企业应当分别按外币货币性项目和外币非货币性项目进行处理。

(一)外币货币性项目

外币货币性项目,是指企业持有的货币和将以固定或可确定的金额收取的资产或者偿还的负债。外币货币性项目分为外币货币性资产和外币货币性负债。外币货币性资产包括库存现金、银行存款、应收账款、应收票据以及准备持有至到期的债券投资等;外币货币性负债包括短期借款、应付账款、其他应付款、长期借款、应付债券、长期应付款等。

对于外币货币性项目,应采用资产负债表日的即期汇率折算。因资产负债表日即期汇率与初始确认时或者前一资产负债表日即期汇率不同而产生的汇兑差额,计入当期损益,同时调增或调减外币货币性项目的记账本位币金额。

【例 1-7】

A 公司的记账本位币为人民币,外币交易采用发生时的即期汇率折算。2021 年 8 月 24 日,从国外进口一批商品并已验收入库。根据双方供货合同,货款共计 100 000 美元,货到后 10 日内付清全部货款,假定当日即期汇率为 1 美元＝6.8 元人民币,不考虑增值税等相关税费。

借:库存商品	680 000	
贷:应付账款(100 000×6.8)		680 000

假定 2021 年 8 月 31 日的即期汇率为 1 美元＝6.9 元人民币,则

借:财务费用——汇兑差额[100 000×(6.9－6.8)]	10 000	
贷:应付账款		10 000

2021 年 9 月 3 日(结算日),A 公司根据供货合同以自有美元存款付清所有货款。假定当日的即期汇率为 1 美元＝6.85 元人民币。A 公司应作会计分录:

借:应付账款	690 000	
贷:银行存款——美元户(100 000×6.85)		685 000
财务费用——汇兑差额		5 000

(二)外币非货币性项目

外币非货币性项目,是指外币货币性项目以外的项目,包括存货、长期股权投资、固定资产、无形资产等。

(1)以历史成本计量的外币非货币性项目,仍采用交易发生日的即期汇率折算,资产负债表日不改变其记账本位币金额,不产生汇兑差额。

(2)以公允价值计量的外币非货币性项目,如交易性金融资产,如果期末的公允价值以外币反映,应先将该外币按照公允价值确定日的即期汇率折算,折算后的记账本位币金

额与原记账本位币金额的差额,作为公允价值变动损益,计入当期损益。如属于其他债权投资、其他权益工具投资等外币非货币性项目的,形成的汇兑差额则计入其他综合收益。

【例 1-8】

甲股份有限公司以人民币作为记账本位币,采用交易发生当天的汇率折算。2021 年 12 月 1 日购买 10 万股 H 股股票,每股 3 港元,划分为交易性金融资产,假定即期汇率 1 港元＝0.8 元人民币;2021 年 12 月 31 日,每股 3.5 港元,假定即期汇率 1 港元＝0.86 元人民币。

12 月 1 日:
借:交易性金融资产　　　　　　　　　　　　　　　　240 000
　　贷:银行存款——港元户(300 000×0.8)　　　　　240 000

12 月 31 日:
由于交易性金融资产以公允价值入账,则在资产负债表日,采用公允价值确定日的即期汇率(1 港元＝0.86 元人民币)折算后,其金额为 301 000 万元(3.5×100 000×0.86),与 12 月 1 日入账金额 240 000 万元的差额作为公允价值变动损益,计入当期损益。

借:交易性金融资产　　　　　　　　　　　　　　　　61 000
　　贷:公允价值变动损益　　　　　　　　　　　　　61 000

【例 1-9】

甲股份有限公司(以下简称甲公司)外币业务(记账本位币为人民币)采用交易发生时的即期汇率折算,按月计算汇兑损益。假定 2021 年 1 月 31 日的即期汇率为 1 美元＝6.75 元人民币,当日外币余额见表 1-1。

表 1-1　　　　　　　　　外币账户期末余额表　　　　　　　　　单位:元

项　目	外币账户金额(美元)	汇率	记账本位币金额(人民币)
银行存款	100 000	6.75	675 000
应收账款	500 000	6.75	3 375 000
应付账款	200 000	6.75	1 350 000

甲公司 2 月发生如下外币业务(假设不考虑相关税费):

(1)2 月 5 日,收到外商投入外币资本 500 000 美元,假定当日即期汇率为 1 美元＝6.70 元人民币,投资合同约定的汇率为 1 美元＝6.60 元人民币,款项已存入银行。

(2)2 月 12 日,从国外进口一台无须安装的设备,价款共计 400 000 美元,款项用银行存款支付,假定当日即期汇率为 1 美元＝6.68 元人民币。

(3)2 月 25 日,对外赊销产品一批,价款 200 000 美元(不含增值税),假定当日即期汇率为 1 美元＝6.70 元人民币,款项尚未收到。

(4)2月28日,收到1月应收账款300 000美元,假定当日即期汇率为1美元=6.65元人民币。

假定不考虑增值税等相关税费,且甲公司在银行开设有美元账户。

甲公司对于2月的外币业务处理如下:
(1)日常账务处理
①2月5日,收到外商投入外币资本:

借:银行存款——美元户(500 000×6.70)　　　　　　　　3 350 000
　　贷:股本　　　　　　　　　　　　　　　　　　　　　　3 350 000

②2月12日,进口设备:

借:固定资产　　　　　　　　　　　　　　　　　　　　　2 672 000
　　贷:银行存款——美元户(400 000×6.68)　　　　　　　2 672 000

③2月25日,对外赊销商品:

借:应收账款——美元户(200 000×6.70)　　　　　　　　1 340 000
　　贷:主营业务收入　　　　　　　　　　　　　　　　　　1 340 000

④2月28日,收到1月应收账款:

借:银行存款——美元户(300 000×6.65)　　　　　　　　1 995 000
　　财务费用——汇兑差额　　　　　　　　　　　　　　　　30 000
　　贷:应收账款——美元户(300 000×6.75)　　　　　　　2 025 000

(2)期末汇兑损益的计算:

①银行存款(美元)账户的余额=100 000+500 000-400 000+300 000=500 000(美元)

按期末即期汇率折算为人民币金额=500 000×6.65=3 325 000(元)

当期产生的汇兑差额=3 325 000-(675 000+3 350 000-2 672 000+1 995 000)
　　　　　　　　　=-23 000(元)

②应收账款(美元)账户的余额=500 000+200 000-300 000=400 000(美元)

按期末即期汇率折算为人民币金额=400 000×6.65=2 660 000(元)

当期产生的汇兑差额=2 660 000-(3 375 000+1 340 000-2 025 000)=-30 000(元)

③应付账款(美元)账户的余额=200 000(美元)

按期末即期汇率折算为人民币金额=200 000×6.65=1 330 000(元)

当期产生的汇兑差额=1 330 000-1 350 000=-20 000(元)

(3)期末汇兑损益的会计分录:

借:应付账款——美元户　　　　　　　　　　　　　　　　20 000
　　财务费用——汇兑差额　　　　　　　　　　　　　　　　33 000
　　贷:银行存款——美元户　　　　　　　　　　　　　　　23 000
　　　　应收账款——美元户　　　　　　　　　　　　　　　30 000

任务三　折算外币财务报表

企业的境外经营如果采用与企业相同的记账本位币,则境外经营的财务报表不存在折算问题。如果企业境外经营的记账本位币不同于企业的记账本位币,则需要将企业境外经营的财务报表折算为以企业记账本位币反映的财务报表。

我国外币财务报表折算,包括境外子公司以外币表示的财务报表的折算,以及境内子公司采用与母公司记账本位币不同的货币编报的财务报表的折算。企业将境外经营的财务报表并入本企业财务报表时,应当分别按下列情况进行折算。

一、正常情况下外币财务报表的折算

1. 资产负债表中的资产、负债项目,采用资产负债表日的即期汇率折算,所有者权益项目除"未分配利润"项目外,其他项目采用发生时的即期汇率折算。
2. 利润表中的收入和费用项目,采用交易发生日的即期汇率折算;也可以采用按照系统合理的方法确定的、与交易发生日即期汇率近似的汇率折算。
3. 按照上述折算产生的外币财务报表折算差额,在资产负债表中所有者权益项目下单独列示。

【例 1-10】

甲有限责任公司(以下简称甲公司)记账本位币为人民币,拥有乙公司(境外经营、记账本位币为欧元)70%的股权,并能够对乙公司实施控制。2021 年 12 月 31 日,因编制合并财务报表的需要,甲公司将乙公司的欧元财务报表折算为人民币表述。乙公司有关资料如下:

假设,2021 年 12 月 31 日的汇率为 1 欧元＝8 元人民币,2021 年的平均汇率为 1 欧元＝7 元人民币。实收资本、资本公积发生日的即期汇率为 1 欧元＝9 元人民币,2020 年 12 月 31 日的累计盈余公积为 140 万欧元,折算为 1 190 万元人民币,累计未分配利润为 100 万欧元,折算为 900 万元人民币,甲、乙公司均在年末提取盈余公积。

根据上述资料,该子公司折算前后财务报表见表 1-2 至表 1-4。

表 1-2　　　　　　　　　　　　　利润表

编制单位:乙公司　　　　　　　　2021 年　　　　　　　　　　单位:万元

项　目	本年数(欧元)	折算汇率	折算为人民币金额(人民币)
一、营业收入	3 000	7	21 000
减:营业成本	1 800	7	12 600
管理费用	200	7	1 400

(续表)

项　目	本年数(欧元)	折算汇率	折算为人民币金额(人民币)
财务费用	100	7	700
二、营业利润	900	—	6 300
加:营业外收入	100	7	700
三、利润总额	1 000	—	7 000
减:所得税费用	300	7	2 100
四、净利润	700	—	4 900
五、其他综合收益的税后净额	—	—	—
六、综合收益总额	700	—	4 900
七、每股收益	—	—	—

表 1-3　　　　　　　　　　所有者权益变动表

编制单位:乙公司　　　　　2021 年　　　　　　　　单位:万元

项目	实收资本 欧元	实收资本 折算汇率	实收资本 人民币	盈余公积 欧元	盈余公积 折算汇率	盈余公积 人民币	未分配利润 欧元	未分配利润 人民币	外币报表折算差额	所有者权益合计(人民币)
一、上年年末余额	6 000	9	54 000	140		1 190	100	900		56 090
二、本年年初余额	6 000	9	54 000	140		1 190	100	900		56 090
三、本年增减变动金额										
(一)综合收益总额							700	4 900		4 900
(二)外币报表折算差额									−5 470	−5 470
(三)利润分配										
提取盈余公积				160	7	1 120	−160	−1 120		
四、本年年末余额	6 000	9	54 000	300		2 310	640	4 680	−5 470	55 520

当期计提的盈余公积采用当期平均汇率折算,期初盈余公积为以前年度计提的盈余公积按相应年度平均汇率折算后金额的累计,期初未分配利润记账本位币金额为以前年度未分配利润记账本位币的累计。

表 1-4　　　　　　　　　　　资产负债表

编制单位：乙公司　　　　　2021 年 12 月 31 日　　　　　　　　　　单位：万元

资产	期末数（欧元）	折算汇率	折算后（人民币）	负债和所有者权益	期末数（欧元）	折算汇率	折算后（人民币）
流动资产：				流动负债：			
货币资金	1 000	8	8 000	短期借款	360	8	2 880
应收票据及应收账款	1 800	8	14 400	应付职工薪酬	800	8	6 400
存　货	1 500	8	12 000				
流动资产合计	4 300	—	34 400	流动负债合计	1 160	—	9 280
非流动资产：				非流动负债：			
长期应收款	1 000	8	8 000	长期借款	1 200	8	9 600
固定资产	3 000	8	24 000	非流动负债合计	1 200	—	9 600
无形资产	1 000	8	8 000	负债合计	2 360	—	18 880
非流动资产合计	5 000	—	40 000	股东权益：			
				实收资本（成股本）	6 000	9	54 000
				盈余公积	300		2 310
				未分配利润	640		4 680
				外币报表折算差额	—	—	−5 470
				股东权益合计	6 940		55 520
资产总计	9 300	—	74 400	负债和所有者权益总计	9 300		74 400

外币报表折算差额为以记账本位币反映的净资产减去以记账本位币反映的实收资本、累计盈余公积及累计未分配利润后的金额。

二　恶性通货膨胀下外币财务报表折算

企业对处于恶性通货膨胀经济中的境外经营的财务报表，应当按照下列规定进行折算：

对资产负债表项目运用一般物价指数予以重述，对利润表项目运用一般物价指数变动予以重述，再按照最近资产负债表日的即期汇率进行折算。在境外经营不再处于恶性通货膨胀经济中时，应当停止重述，按照停止之日的价格水平重述的财务报表进行折算。

通常，恶性通货膨胀经济按照以下特征进行判断：

(1) 最近三年累计通货膨胀率接近或超过 100%。

(2)利率、工资和物价与物价指数挂钩。

(3)公众不是以当地货币,而是以相对稳定的外币为单位作为衡量货币金额的基础。

(4)公众倾向于以外币非货币性资产或相对稳定的外币来保存自己的财富,持有的当地货币立即用于投资以保持购买力。

(5)即使信用期限很短,赊销、赊购交易仍按补偿信用期预计购买力损失的价格成交。

【例 1-11】

在资产负债表日,存货项目为 1 000 000 美元(均为本期一次性取得,取得时一般物价指数为 120),期末一般物价指数为 180。资产负债表日的即期汇率为 1 美元=6.10 元人民币。

在资产负债表日存货项目折算后的金额为

1 000 000×(180÷120)×6.10=9 150 000(元)

任务四 披露外币折算信息

企业应当在财务报表附注中披露与外币折算有关的下列信息:

1. 企业及其境外经营选定的记账本位币及选定的原因,记账本位币发生变更的,说明变更理由。

2. 采用近似汇率的,近似汇率的确定方法。

3. 计入当期损益的汇兑差额。

4. 处置境外经营对外币财务报表折算差额的影响。

实务训练

一、单项选择题

1. 我国境内的某外商投资企业,业务收支以英镑为主,并以英镑作为记账本位币,其编制的财务报表应当(   )。

A. 折算为人民币

B. 以英镑反映

C. 折算为美元

D. 既可以折算为人民币反映,也可以折算为其他外币反映

2. 下列选项中属于外币兑换业务的是(   )。

A. 从银行取得外币借款   B. 进口材料发生的外币应付款

C. 归还外币借款   D. 从银行购入外汇

3.企业的外币交易是指以( )计价或者结算的交易。
　　A.美元　　　　　　　　　　　　　　B.记账本位币
　　C.记账本位币以外的货币　　　　　　D.港币
4.按照《企业会计准则》的规定,外币报表折算差额在财务报表中的列示方法是( )。
　　A.作为管理费用列示　　　　　　　　B.作为未分配利润的调整项目列示
　　C.作为外币报表折算差额单独列示　　D.作为财务费用列示
5.企业收到以外币投入的资本时,其对应的资产账户采用的折算汇率是( )。
　　A.签订投资合同时的市场汇率　　　　B.投资合同约定的市场汇率
　　C.第一次收到外币资本时的折算汇率　D.收到外币资本时的即期汇率
6.某企业外币业务采用交易发生时的即期汇率折算。该企业本月月初持有30 000美元,假定月初市场汇率为1美元＝6.80元人民币。本月15日将其中的10 000美元售给中国银行,假定当日中国银行的美元买入价为1美元＝6.70元人民币,即期汇率为1美元＝6.74元人民币。企业售出该笔美元时应确认的汇兑收益为( )元。
　　A.－1 000　　　　　　　　　　　　B.－600
　　C.－400　　　　　　　　　　　　　D.0
7.下列选项中,不得使用即期汇率的近似汇率折算的是( )。
　　A.接受投资收到的外币　　　　　　　B.购入原材料应支付的外币
　　C.取得借款收到的外币　　　　　　　D.销售商品应收取的外币
8.下列选项中,在期末不会产生汇兑损益的是( )。
　　A.银行存款　　　　　　　　　　　　B.固定资产
　　C.短期借款　　　　　　　　　　　　D.应收账款

二、多项选择题

1.下列各项中,应当作为汇兑损益核算的有( )。
　　A.资产负债表日外币货币性项目产生的折算差额
　　B.外币财务报表折算差额
　　C.外币兑换发生的外币折算差额
　　D.持有外币存款期间发生的外币折算差额
2.下列选项中,属于货币性资产的有( )。
　　A.应收账款　　　　　　　　　　　　B.交易性金融资产
　　C.银行存款　　　　　　　　　　　　D.存货
3.企业境外经营的财务报表折算时,应采用发生时的即期汇率折算的有( )。
　　A.存货　　　　　　　　　　　　　　B.固定资产
　　C.实收资本　　　　　　　　　　　　D.盈余公积
4.企业发生外币交易时,可以选择的折算汇率有( )。
　　A.历史汇率　　　　　　　　　　　　B.账面汇率
　　C.交易发生时的即期汇率　　　　　　D.交易发生时即期汇率的近似汇率

5. 企业境外经营的财务报表折算时,应当按照资产负债表日即期汇率折算的有( )。
   A. 固定资产　　　　　　　　　　B. 实收资本
   C. 无形资产　　　　　　　　　　D. 盈余公积

6. 企业境外经营的财务报表折算时,应当按照交易发生日即期汇率折算的有( )。
   A. 资产减值损失　　　　　　　　B. 固定资产
   C. 投资性房地产　　　　　　　　D. 投资收益

7. 下列选项中,在资产负债表日应按该日即期汇率折算的有( )。
   A. 以外币购入的存货　　　　　　B. 外币债权债务
   C. 以外币购入的固定资产　　　　D. 以外币标价的交易性金融资产

8. 下列外币业务中,不会产生汇兑损益的有( )。
   A. 从银行购入外币　　　　　　　B. 向银行售出外币
   C. 接受外币投资　　　　　　　　D. 从银行借入外币

三、判断题

❶ 企业发生外币交易时,通常采用即期汇率进行折算。汇率变动不大,也可以采用即期汇率的近似汇率进行折算。　　　　　　　　　　　　　　　　　　　　( )

❷ 外币业务的折算差额一律计入"财务费用"科目。　　　　　　　　　　　( )

❸ 企业收到投资者以外币投入资本,应当采用交易发生日即期汇率折算。( )

❹ 资产负债表中的资产、负债项目,采用资产负债表日的即期汇率折算,所有者权益项目除"未分配利润"项目外,其他项目采用发生时的即期汇率折算。　　( )

❺ 在中华人民共和国境内发生的业务都不是外币业务。　　　　　　　　　( )

❻ 外币财务报表折算差额,应单独作为利润表项目列示。　　　　　　　　( )

❼ 记账本位币,是指企业经营所处的主要经济环境中的货币。主要经济环境,是指企业主要收入或支出现金的经济环境。　　　　　　　　　　　　　　　　( )

❽ 企业选择人民币以外的货币作为记账本位币的,编报财务报表时应折算为人民币。　　　　　　　　　　　　　　　　　　　　　　　　　　　　　　　　( )

四、计算分析题

❶ 某股份有限公司外币业务(记账本位币为人民币)采用发生时的即期汇率折算。本期将 50 000 美元到银行兑换为人民币,假定当日银行美元买入价为 1 美元＝6.65 元人民币,当日的中间价为 1 美元＝6.70 元人民币。

要求:编制会计分录。

❷ 某股份有限公司外币业务(记账本位币为人民币)采用发生时的即期汇率折算。本期因外汇支付需要,从银行购入 10 000 美元,假定当日银行美元卖出价为 1 美元＝6.70 元人民币,当日中间价为 1 美元＝6.60 元人民币。

要求:编制会计分录。

❸ 某股份有限公司外币业务(记账本位币为人民币)采用发生时的即期汇率折算。本期从境外购入不需要安装的设备一台,设备价款为 250 000 美元,假定购入该设备时即期汇率为 1 美元＝6.65 元人民币,款项尚未支付。

要求:编制会计分录。

❹ 某企业外币业务(记账本位币为人民币)采用发生时即期汇率折算。该企业从中国银行借入港币 3 000 000 元用于购买设备,期限为 6 个月,借入的港币暂存中国银行。假定借入时即期汇率为 1 港元＝0.86 元人民币。

要求:编制会计分录。

❺ A 有限责任公司(以下简称 A 公司)外币业务采用交易发生日的汇率折算,按月计算汇兑损益。假定 2021 年 9 月 30 日市场汇率为 1 美元＝6.75 元人民币,当日有关外币账户余额见表 1-5。

表 1-5　　　　　A 公司 2021 年 9 月 30 日有关外币账户余额　　　　　单位:元

项　目	外币(美元)金额	折算汇率	折合人民币金额
银行存款	100 000	6.75	675 000
应收账款	500 000	6.75	3 375 000
应付账款	200 000	6.75	1 350 000

A 公司 2021 年 10 月发生以下经济业务:

(1)10 月 15 日,收到某外商投入的外币资本 500 000 美元,假定当日汇率为 1 美元＝6.74 元人民币,款项收存银行。

(2)10 月 18 日,进口一台无须安装的设备,价款为 400 000 美元,尚未支付,假定当日汇率为 1 美元＝6.73 元人民币。

(3)10 月 20 日,出口产品一批,价款为 200 000 美元,假定当日汇率为 1 美元＝6.72 元人民币,款项尚未收到。

(4)10 月 28 日,以外币存款偿还上月应付账款 200 000 美元,假定当日汇率为 1 美元＝6.71 元人民币。

(5)10 月 31 日,收到上期应收账款 300 000 美元,假定当日汇率为 1 美元＝6.80 元人民币。

要求:

(1)编制上述业务的会计分录。

(2)计算期末汇兑损益并进行调整。

项目二
借款费用

项目要点

在市场经济条件下，企业通常会采取借款方式筹措生产经营所需资金。本项目主要讲解借款费用的确认、计量和相关信息的披露要求，引导学生如实反映资金成本，坚守诚实守信，严谨敬业的品格。

任务一　认识借款费用

一、借款费用的定义及内容

借款费用是指企业因借款而发生的利息及其他相关成本,包括借款利息、折价或溢价的摊销、辅助费用以及因外币借款而发生的汇兑差额等。

(一)因借款而发生的利息

因借款而发生的利息,主要包括企业向银行或者其他金融机构等借入资金发生的利息、发行债券发生的利息,以及为购建或生产符合资本化条件的资产而发生的带息债务所承担的利息。

(二)因借款而发生的折价或溢价的摊销

因借款而发生的折价或溢价的摊销,主要是指企业因发行债券而发生的折价或溢价在每期的摊销金额。从本质上来讲,折价或溢价的摊销实质上是对债券票面利息的调整(将票面利率调整为实际利率),因此,因借款而发生的折价或溢价的摊销构成借款费用的组成部分。

(三)因借款而发生的辅助费用

因借款而发生的辅助费用,是指企业在借款过程中发生的费用,如手续费、佣金、印刷费等交易费用。由于企业因借款而发生的辅助费用是因安排借款而发生的,属于企业为借入资金而付出的代价,因而这些费用亦构成借款费用的组成部分。

(四)因外币借款而发生的汇兑差额

因外币借款而发生的汇兑差额,是指由于汇率变动导致对外币借款本金及其利息的记账本位币金额所产生的影响金额。由于汇率的变化往往和利率的变化相关联,它是企业外币借款所需承担的风险,因此,因外币借款相关汇率变化所导致的汇兑差额属于借款费用的有机组成部分。

二、借款费用的确认

(一)借款费用确认的基本原则

借款费用的确认主要解决的是将每期发生的借款费用资本化还是费用化的问题。所谓借款费用资本化,是指将借款费用计入需要经过相当长的时间(≥1年)才能达到预定可使用或可销售状态的资产的成本;借款费用的费用化是指将借款费用在发生时根据其发生额确认为财务费用,计入当期损益。

借款费用确认的基本原则是：企业发生的借款费用，可直接归属于符合资本化条件的资产的购建或生产的，应当予以资本化，计入相关资产成本；其他借款费用，应当在发生时根据其发生额确认费用，计入当期损益。

（二）借款费用应予以资本化的范围

借款费用应予以资本化的范围包括：借款费用应予以资本化的资产范围和借款费用应予以资本化的借款范围。

1.借款费用应予以资本化的资产范围

根据《企业会计准则》的规定，借款费用应予以资本化的资产范围为符合资本化条件的资产，具体是指需要经过相当长时间的购建或者生产活动才能达到预定可使用或者可销售状态的固定资产、投资性房地产和存货等资产。建造合同成本、确认为无形资产的开发支出等在符合条件的情况下，也可以认定为符合资本化条件的资产。

符合资本化条件的存货，主要是指房地产开发企业开发的用于对外出售的房地产开发产品、企业制造的用于对外出售的大型机器设备等。这类存货通常需要经过相当长时间的建造或者生产过程，才能达到预定可销售状态。其中，"相当长时间"是指为资产的购建或者生产所必需的时间，通常为一年以上（包括一年）。

2.借款费用应予以资本化的借款范围

根据《企业会计准则》的规定，资本化的借款范围不仅限于专门借款，还包括企业为购建或者生产符合资本化条件的资产占用的一般借款。

其中，专门借款是指为购建或者生产符合资本化条件的资产而专门借入的款项。这种借款应当有明确的用途，即为购置或生产符合资本化条件的固定资产、投资性房地产或者存货等而专门借入的，通常应当有标明专门用途的借款合同。

一般借款是指专门借款之外的借款，一般借款在借入时，通常没有特指必须用于符合资本化条件的资产的购建或者生产。

三　借款费用资本化期间的确定

企业只有发生在资本化期间内的借款费用，才允许资本化。借款费用资本化期间是指从借款费用开始资本化时点到停止资本化时点的期间，但不包括借款费用暂停资本化的期间。借款费用资本化期间的确定包括三个时点的确定，即借款费用开始资本化时点的确定，借款费用暂停资本化时点的确定，借款费用终止资本化时点的确定。

（一）借款费用开始资本化时点的确定

根据《企业会计准则》的规定，借款费用同时满足下列条件的，才能开始资本化：资产支出已经发生；借款费用已经发生；为使资产达到预定可使用或者可销售状态所必要的购建或者生产活动已经开始。

1."资产支出已经发生"的界定

"资产支出已经发生"是指企业为购建或生产符合资本化条件的资产的支出已经发

生,包括企业以支付现金、转移非现金资产或者承担带息债务的形式发生的支出。

企业以支付现金的形式发生的支出,是指企业为购建或生产符合资本化条件的资产而发生的支出是以货币资金的形式支付的。例如,甲股份有限公司以其他货币资金的形式(如银行汇票存款等)购买工程用材料。

企业以转移非现金资产的形式发生的支出,是指企业为购建或生产符合资本化条件的资产而发生的支出是以转移非现金资产形式支付的。例如,乙股份有限公司为建造一条生产线而领用本公司用于生产产品的原材料,或者将本公司生产的产品用于此生产线的建造,或者以非货币性资产交换的形式以公司的某种资产交换其他公司的建造符合资本化条件的资产所必需的物资等。

企业以承担带息债务的形式发生的支出,是指企业为购建或生产符合资本化条件的资产而发生的支出是以承担带息债务(如带息应付票据)的形式支付的。也就是说,如果企业赊购物资承担的是带息债务,则企业要为这笔债务付出代价,支付利息,与企业向银行借入款项用以支付资产支出在性质上是一样的。所以,企业为购建或者生产符合资本化条件的资产而承担的带息债务应当作为资产支出,当该带息债务发生时,视同资产支出已经发生。

2."借款费用已经发生"的界定

借款费用已经发生,是指企业已经发生了因购建或生产符合资本化条件的资产而专门借入款项的借款费用或者所占用的一般借款的借款费用。例如,某企业于2021年1月1日为建造一栋建设期为2年的厂房从银行借入款项2 000万元,当日开始计息,则在2021年1月1日即应当认为借款费用已经发生。

3."为使资产达到预定可使用或者可销售状态所必要的购建或生产活动已经开始"的界定

为使资产达到预定可使用或者可销售状态所必要的购建或生产活动已经开始,主要是指资产的实体建造工作,也就是那些会改变所购建固定资产、投资性房地产或所生产产品状态的活动,例如主体设备的安装、厂房的实际建造等,但是不包括仅仅持有资产、但没有发生为改变资产形态而进行实质上的建造活动。如,企业购置建筑用地而发生的借款费用,在持有土地但没有发生有关房屋建造活动期间,不能予以资本化。

企业只有在上述三个条件同时满足的情况下,有关借款费用才能开始资本化,只要其中任何一个条件没有满足,借款费用就不能开始资本化。

(二)借款费用暂停资本化时点的确定

在资产的购置或者建造过程中,企业有时会由于某些原因导致资产的购置和建造活动发生较长时间的中断。例如,企业与建造合同承包方发生了质量纠纷等。针对企业中断期间所发生的借款费用是否应该继续资本化,或者说是否应该暂停资本化,《企业会计准则》规定:符合资本化条件的资产在购建或者生产过程中发生非正常中断,且中断时间连续超过3个月的,应当暂停借款费用的资本化。在中断期间发生的借款费用应当确认为费用,将其计入当期损益,直至资产的购建或者生产活动重新开始。

其中,非正常中断,是指由于企业管理决策上的原因或者其他不可预见的原因所导致的中断。例如,由于发生劳动纠纷,发生安全事故,改变设计图纸或资金周转困难等原因而导致的工程中断,不包括由于为使所购置或建造的资产达到预定可使用状态所进行必要的程序而发生的中断,或由于可预见的不可抗力因素(如雨季或霜冻)发生的中断,这两种情形属于正常中断。

【例2-1】

某企业于2021年1月1日利用专门借款开工兴建一幢办公楼,资产支出已经发生,因此借款费用从当日起开始资本化。工程预计2022年3月完工。2021年4月18日,由于工程施工发生了安全事故,导致工程中断,直到2021年9月20日才复工。

该中断就属于非正常中断,因此,上述专门借款在2021年4月18日至9月20日期间所发生的借款费用不应资本化,而应当作为财务费用计入当期损益。

中断时间连续超过3个月,是指企业购置或建造活动发生的非正常中断,从中断开始到恢复购置或建造活动为止的时间连续超过3个月。如果企业发生的非正常中断的过程时断时续,即使累计中断时间超过3个月,如果其中每一次中断时间都没有连续超过3个月,此时,企业也不能暂停借款费用的资本化。

(三)借款费用停止资本化时点的确定

1.借款费用停止资本化的一般原则

根据《企业会计准则》的规定,购置或者生产符合资本化条件的资产达到预定可使用或者可销售状态时,借款费用应当停止资本化。在符合资本化条件的资产达到预定可使用或者可销售状态之后所发生的借款费用,应当在发生时根据其发生额确认为费用,计入当期损益。

其中,购建或者生产符合资本化条件的资产达到预定可使用或者可销售状态,可从下列几个方面进行判断:

(1)符合资本化条件的资产的实体建造(包括安装)或者生产工作已经全部完成或者实质上已经完成。

(2)所购建或者生产的符合资本化条件的资产与设计要求、合同规定或者生产要求相符,即使有极个别与设计要求、合同规定或生产要求不相符的地方,也不影响其正常使用或者销售。

(3)继续发生在所购建或生产的符合资本化条件的资产上的支出金额很少或者几乎不再发生。购建或者生产符合资本化条件的资产需要试生产或者试运行的,在试生产结果表明资产能够正常生产出合格产品,或者试运行结果表明资产能够正常运转或者营业时,应当认为该资产已经达到预定可使用或者可销售状态。

【例 2-2】

> 某公司利用银行借款于 2020 年 1 月 1 日开工兴建一幢办公楼。2021 年 10 月 10 日工程全部完工,达到合同要求。2021 年 10 月 30 日工程验收合格,11 月 15 日办理工程竣工结算,11 月 20 日完成全部资产移交手续,12 月 1 日办公楼正式投入使用。
>
> 在本例中,企业应当将 2021 年 10 月 10 日确定为工程达到预定可使用状态的时点,作为借款费用停止资本化的时点。后续的工程验收日、竣工结算日、资产移交日和投入使用日均不应作为借款费用停止资本化的时点,否则会导致资产价值和利润的高估。

2. 购建或者生产的符合资本化条件的资产各部分分别完工的情况

所购建或者生产的符合资本化条件的资产各部分分别完工,每部分在其他部分继续建造过程中可单独使用或者可单独对外销售,且为使该部分资产达到预定可使用或可销售状态所必要的购建或者生产活动实质上已经完成的,应当停止与该部分资产相关的借款费用的资本化。

所购建或者生产的资产各部分分别完工,但必须等到整体完工后才可使用或者对外销售的,应当在该资产整体完工时停止借款费用的资本化。在这种情况下,即使各部分资产已经分别完工,也不能认为该部分资产已经达到了预定可使用或可销售状态,企业只能在所购建或者生产的资产整体完工时,才能认为资产达到预定可使用或可销售状态,借款费用才能停止资本化。

任务二　确认和计量借款费用

借款费用的计量主要涉及利息资本化金额的确定、辅助费用资本化金额的确定、外币借款汇兑差额资本化金额的确定等具体内容。

一　专门借款利息资本化金额的确定

根据《企业会计准则》的规定,在资本化期间内,每一会计期间的利息(包括折价或溢价的摊销)资本化金额,属于为购建或者生产符合资本化条件资产而借入专门借款的,应当以专门借款当期实际发生的利息费用,减去将尚未动用的借款资金存入银行取得的利息收入或进行暂时性投资取得的投资收益后的金额确定。

专门借款发生的利息费用,在资本化期间内,不再与发生在符合资本化条件资产上的购建活动或生产活动上的支出挂钩,应当全部计入符合资本化条件的资产成本,不计算借款资本化率。同时应当注意的是,专门借款存在折价或者溢价的,应当按照实际利率法确定每一会计期间应摊销的折价或者溢价金额,调整每期利息金额。

【例 2-3】

甲股份有限公司为增值税一般纳税人,2020年1月1日拟建造一幢办公楼,并为建造该办公楼专门从银行借入了5 000万元的3年期借款,借款利息按年支付,年利率为6%。该办公楼于2020年4月1日建造开工,并于当日满足借款费用资本化条件,至2021年12月31日办公楼尚未完工。假定甲股份有限公司2020年4月1日动用专门借款3 000万元,其他月份未动用专门借款,未动用的专门借款存入银行,每月利率为0.05%。

甲股份有限公司在2020年度专门借款的利息金额计算如下:
5 000×6%=300(万元)
甲股份有限公司在2020年度专门借款利息资本化金额计算如下:
5 000×6%×9÷12－(5 000－3 000)×0.05%×9=225－9=216(万元)
甲股份有限公司在2020年专门借款利息计入当期损益的金额计算如下:
5 000×6%×3÷12=75(万元)

借:在建工程 216
　　应收利息(或银行存款) 9
　　财务费用 75
　贷:应付利息 300

二、一般借款利息资本化金额的确定

根据《企业会计准则》的规定,为购建或者生产符合资本化条件的资产而占用了一般借款的,企业应当根据累计资产支出超过专门借款部分的资产支出加权平均数乘以所占用一般借款的资本化率,计算确定一般借款应予资本化的利息金额。资本化率应当根据一般借款加权平均利率计算确定。资本化期间,是指从借款费用开始资本化时点到终止资本化时点的期间,借款费用暂停资本化的期间不包括在内。

(一)一般借款资本化金额的确定

根据《企业会计准则》的规定,一般借款利息资本化金额的确定应与发生在符合资本化条件资产的购建或生产活动上的支出挂钩。在应予资本化的每一会计期间,因购建或者生产某项符合资本化条件所占用一般借款而发生的利息,其资本化金额应为至当期期末为止购建或者生产该资产的累计资产支出超过专门借款部分的资产支出加权平均数乘以资本化率。

$$一般借款利息的资本化金额 = 累计资产支出超过专门借款部分的支出加权平均数 \times 一般借款资本化率$$

(二)一般借款资本化率的确定

$$所占用一般借款的资本化率 = 所占用一般借款加权平均利率 = \frac{所占用一般借款当期实际发生的利息之和}{所占用一般借款本金加权平均数}$$

$$所占用一般借款本金加权平均数 = \sum \left(所占用每笔一般借款本金 \times \frac{每笔借款当期所占用天数}{当期天数} \right)$$

一般借款存在折价或者溢价的,应当按照实际利率法确定每一会计期间应摊销的折价或者溢价金额,调整每期利息金额。

(三)累计资产支出超过专门借款部分的资产支出加权平均数的确定

$$累计资产支出超过专门借款部分的资产支出加权平均数 = \sum \left(每笔累计资产支出超过专门借款部分的资产支出 \times \frac{累计资产支出超过专门借款部分的资产支出实际占用天数}{会计期间涵盖的天数} \right)$$

上述公式中的"累计资产支出超过专门借款部分的资产支出实际占用天数"是指发生在资产上的支出所应承担借款费用的时间长度。"会计期间涵盖的天数"是指计算应予以资本化的借款费用金额的会计期间的长度。上述时间长度一般应以天数计算。

【例2-4】

甲股份有限公司于2020年1月1日动工建造一生产车间,工期为1年零6个月,工程采用出包方式,分别于2020年1月1日、2020年7月1日和2021年1月1日支付工程进度款。该生产车间于2021年6月30日完工,达到了预定可使用状态。建造生产车间的支出金额如表2-1所示。

表2-1 建造生产车间的支出金额 单位:万元

日 期	每笔资产支出金额	资产支出累计金额
2020年1月1日	1 500	1 500
2020年7月1日	2 500	4 000
2021年1月1日	1 500	5 500
总计	5 500	—

该公司为建造生产车间于2020年1月1日专门借款2 000万元,借款期限5年,年利率为8%,利息按年支付;闲置专门借款资金均用于固定收益债券短期投资,该项投资月收益率0.5%。

同时,甲公司为建造生产车间占用两笔一般借款,具体如下:

2019年10月1日向A银行贷款2 000万元,期限3年,年利率为6%,利息按年支付。

2019年12月1日向B银行贷款10 000万元,期限5年,年利率为8%,利息按年支付。

根据上述资料,为简化计算,假定全年按照360天计算,计算甲公司建造生产车间应予资本化的利息费用。

1.计算专门借款利息的资本化金额

2020年专门借款的利息金额＝2 000×8%＝160(万元)

2020年专门借款利息的资本化金额＝2 000×8%－500×0.5%×6＝145(万元)

对于2020年专门借款的账务处理如下(分录单位为万元):

借:在建工程　　　　　　　　　　　　　　　　　　　145

　　应收利息(或银行存款)　　　　　　　　　　　　 15

　贷:应付利息　　　　　　　　　　　　　　　　　　160

2021年专门借款的利息金额＝2 000×8%＝160(万元)

2021年专门借款利息的资本化金额＝2 000×8%×180/360＝80(万元)

对于2021年专门借款的账务处理如下:

借:在建工程　　　　　　　　　　　　　　　　　　　 80

　　财务费用　　　　　　　　　　　　　　　　　　　 80

　贷:应付利息　　　　　　　　　　　　　　　　　　160

2.计算一般借款利息的资本化金额

(1)计算2020年一般借款利息的资本化金额

2020年一般借款的利息金额＝2 000×6%＋10 000×8%＝920(万元)

2020年占用一般借款的资产支出(扣除专门借款后)加权平均数＝2 000×180/360＝1 000(万元)

2020年一般借款的资本化率＝(2 000×6%＋10 000×8%)÷(2 000＋10 000)＝7.67%

2020年一般借款利息的资本化金额＝1 000×7.67%＝76.70(万元)

对于2020年一般借款利息的账务处理如下:

借:在建工程　　　　　　　　　　　　　　　　　　 76.7

　　财务费用　　　　　　　　　　　　　　　　　　843.3

　贷:应付利息　　　　　　　　　　　　　　　　　　920

(2)计算2021年一般借款利息的资本化金额

2021年占用一般借款的资产支出（扣除专门借款后）加权平均数＝（2 000＋1 500）×180/360＝1 750（万元）

2021年一般借款利息的资本化金额＝1 750×7.67％＝134.23（万元）

对于2021年一般借款利息的账务处理如下：

借：在建工程　　　　　　　　　　　　　　　　　　　　　134.23
　　财务费用　　　　　　　　　　　　　　　　　　　　　785.77
　　贷：应付利息　　　　　　　　　　　　　　　　　　　　　　920

（四）借款利息资本化金额的限额

根据《企业会计准则》的规定，资本化期间内，每一会计期间的利息资本化金额，不应当超过当期相关借款实际发生的利息金额。

在按资产支出计算每一会计期间利息的资本化金额时，如果企业购置或建造固定资产的资金除了专门借款和一般借款外，还包括其他资金，此时，如果资产支出大于专门借款和一般借款金额，就可能会出现计算出的每一会计期间利息的资本化金额大于当期实际发生的利息金额的情况。在这种情况下，在应予资本化的每一会计期间，利息和折价或溢价摊销的资本化金额，不得超过当期相关借款实际发生的利息和折价或溢价的摊销金额。

（五）借款溢价或者折价摊销的实际利率法

溢价或者折价的摊销作为一种独立存在的借款费用，其资本化金额的确定是通过影响实际利率，进而影响利息资本化金额而得到体现的。

根据《企业会计准则》的规定，借款溢价或者折价的摊销只能采用实际利率法。在实际利率法下，企业应当按照期初借款余额乘以实际利率计算确定借款利息费用。实际利率是将企业在借款期限内未来应付的利息和本金折现为借款当前账面价值的利率，实际利率的计算通常需要应用插值法。

专门借款和一般借款都应当按照实际利率法计算确定每期利息费用。如果按照名义（票面）利率和实际利率计算的每期利息费用相差不大，根据重要性原则可以按照名义（票面）利率计算确定每期的借款利息。

三　借款辅助费用资本化金额的确定

借款辅助费用主要包括借款手续费、佣金等。对于企业发生的专门借款辅助费用，在所购建或者生产的符合资本化条件的资产达到预定可使用或者可销售状态之前发生的，应当在发生时根据其发生额予以资本化；在所购建或者生产的符合资本化条件的资产达到预定可使用或者可销售状态之后所发生的,应当在发生时根据其发生额确认为费用,计入当期损益。

上述资本化或计入当期损益的辅助费用的发生额,具体是指按照实际利率法所确定的借款辅助费用对每期利息费用的调整额。换句话说,由于辅助费用的发生将导致相关借款实际利率的上升,从而需要对各期利息费用作相应调整,在确定借款辅助费用资本化金额时可以结合借款利息资本化金额一起计算。借款实际利率与合同利率差异较小的,也可以采用合同利率计算确定利息费用。一般借款发生的辅助费用,应当在发生时根据其发生额确认为费用,计入当期损益。

【例 2-5】

乙股份有限公司为建造一栋厂房,于 2019 年 1 月 1 日按面值发行了 10 000 万元的 3 年期债券,年利率为 8%,每年年末付息,到期还本。按债券面值的 2% 支付中介机构手续费 200 万元,已用银行存款支付,厂房的建造工作从 2019 年 1 月 1 日开始,当日发生第一笔资产支出,建造期为两年。不考虑闲置专门借款的利息收入或投资收益。

乙股份有限公司的会计处理如下:

实际利率是使得下列等式成立的利率:

$(10\ 000-200)=10\ 000\times 8\%\times(P/A,I,3)+10\ 000\times(P/F,I,3)$

计算得出,$I=8.79\%$。

2019 年年初:

借:银行存款	9 800
应付债券——利息调整	200
贷:应付债券——面值	10 000

2019 年年末:

借:在建工程——借款费用(9 800×8.79%)	861.42
贷:应付债券——利息调整	61.42
应付利息	800
借:应付利息	800
贷:银行存款	800

2020 年年末:

借:在建工程——借款费用[9 800×(1+8.79%)−800]×8.79%

	866.82
贷:应付债券——利息调整	66.82
应付利息	800

```
    借:应付利息                                          800
        贷:银行存款                                           800
2021年年末:
    借:财务费用                                        871.76
        贷:应付债券——利息调整(200－61.42－66.82)          71.76
           应付利息                                          800
    借:应付债券——面值                                 10 000
        应付利息                                           800
        贷:银行存款                                        10 800
```

四 外币专门借款汇兑差额资本化金额的确定

根据《企业会计准则》的规定,在资本化期间内,外币专门借款本金及利息的汇兑差额,应予以资本化,计入符合资本化条件的资产的成本。除外币专门借款之外的其他外币借款本金及利息所产生的汇兑差额应当作为财务费用,计入当期损益。

【例2-6】

乙公司以人民币作为记账本位币,外币业务采用交易发生当日的即期汇率折算,2020年1月1日为建造一条生产线专门以面值发行美元公司债券1 000万元,年利率为8％,期限3年,不考虑与发行债券有关的辅助费用、未支出专门借款的利息收入或投资收益。合同约定,债券一次还本付息。

生产线于2020年1月1日开始实体建造,2021年6月30日完工,达到预定可使用状态,期间发生的资产支出如下:

2020年1月1日,支出200万美元。

2020年7月1日,支出500万美元。

2021年1月1日,支出500万美元。

假设相关汇率如下:

2020年1月1日,市场汇率为1美元＝6.20元人民币。

2020年12月31日,市场汇率为1美元＝6.25元人民币。

2021年6月30日,市场汇率为1美元＝6.30元人民币。

乙公司计算外币债券利息和汇兑差额的资本化金额过程如下:

(1)计算2020年12月31日债券利息和汇兑差额的资本化金额

①债券应付利息＝1 000×8％×6.25＝80×6.25＝500(万元)

借:在建工程　　　　　　　　　　　　　　　　　　　500
　　贷:应付债券——应计利息　　　　　　　　　　　　　500
②外币借款本金及利息汇兑差额＝1 000×(6.25－6.20)＋80×(6.25－6.25)＝50(万元)

借:在建工程　　　　　　　　　　　　　　　　　　　50
　　贷:应付债券——汇兑差额　　　　　　　　　　　　　50

(2)计算2021年6月30日债券利息和汇兑差额的资本化金额
①债券应付利息＝1 000×8％×1/2×6.30＝40×6.30＝252(万元)

借:在建工程　　　　　　　　　　　　　　　　　　　252
　　贷:应付债券——应计利息　　　　　　　　　　　　　252
②外币借款本金及利息汇兑差额＝1 000×(6.30－6.25)＋80×(6.30－6.25)＋40×(6.30－6.30)＝54(万元)

借:在建工程　　　　　　　　　　　　　　　　　　　54
　　贷:应付债券——汇兑差额　　　　　　　　　　　　　54

任务三　披露借款费用信息

根据《企业会计准则》的规定,企业应当在财务报表附注中披露与借款费用有关的下列信息:

1. 当期资本化的借款费用金额。
2. 当期用于计算确定借款费用资本化金额的资本化率。

需要注意的是,如果当期有两项或两项以上的资本化资产,且各项资本化资产适用的资本化率不同,应按资本化资产项目分别披露。如果各项资本化资产在确定资本化金额时适用的资本化率相同,则可以合并披露。

如果对外提供财务报表的期间长于计算借款费用资本化金额的期间,且在计算借款费用资本化金额的各期,用于确定资本化金额的资本化率均不相同,应分别各期披露;如果各期计算资本化金额所使用的资本化率相同,则可以合并披露。例如,企业按季计算应予资本化的借款费用金额,对外提供的是年度财务报表,对于某项资本化资产而言,如果在各季确定借款费用资本化金额时所使用的资本化率不同,则在年度财务报表中,应分别各季披露资本化率;如果各季所使用的资本化率相同,则可以合并披露。

实务训练

一、单项选择题

1. 专门借款是指（　　）。
   A. 为购建或者生产符合资本化条件的资产而专门借入的款项
   B. 发行债券筹集资金
   C. 长期借款
   D. 技术改造借款

2. 企业因资产累计支出超过专门借款，于2021年借入了两笔一般借款，1月1日借入100万元，3月1日借入300万元，资产的建造工作从2020年8月1日开始。假定企业按季计算资本化金额，则2021年第一季度一般借款本金加权平均数为（　　）万元。
   A. 200　　　　B. 100　　　　C. 400　　　　D. 300

3. 下列选项中，不属于借款费用的是（　　）。
   A. 借款手续费　　　　　　　　B. 发行公司债券佣金
   C. 发行公司股票佣金　　　　　D. 借款利息

4. 某企业在2021年1月1日按面值发行债券一批，面值为8 000万元，期限5年，票面年利率6%，筹集资金8 000万元（不考虑债券发行费用）；7月1日又向银行借入2年期、年利率5%的款项4 000万元。上述两项借款属于一般借款，假设无其他一般借款，则2021年一般借款的加权平均年利率为（　　）。
   A. 5%　　　　B. 5.67%　　　　C. 5.8%　　　　D. 6%

5. 某企业2020年7月1日为建造厂房，从银行取得3年期借款300万元，年利率6%，到期一次还本付息，借入款项存入银行，2021年年底达到预定可使用状态。2020年10月1日用银行存款支付工程款150万元并开始建造厂房，2021年4月1日用银行存款支付工程款150万元。该项专门借款2020年第三季度的利息收入为3万元，第四季度的利息收入为1.5万元。则2020年专门借款费用的资本化金额为（　　）万元。
   A. 2.25　　　　B. 4.5　　　　C. 1.5　　　　D. 3

6. 某企业从银行专门借入一笔款项，2020年2月1日采用出包方式开工兴建一栋厂房，2021年10月5日工程按照合同要求全部完工，10月31日工程验收合格，11月10日办理竣工决算，11月20日完成全部资产移交手续，12月1日厂房正式投入使用。则该企业专门借款利息停止资本化的时点为2021年（　　）。
   A. 10月5日　　B. 10月31日　　C. 11月10日　　D. 12月1日

7. 当所购建的固定资产（　　）时，应当停止其借款费用的资本化；以后发生的借款费用应于发生当期确认为费用。

A. 达到预定可使用状态　　　　B. 交付使用

C. 竣工决算　　　　　　　　　D. 交付使用并办理竣工决算手续

8. 如果固定资产的购建活动发生非正常中断,并且中断时间连续超过( ),应当暂停借款费用的资本化,将其确认为当期费用,直至资产的购建活动重新开始。

A. 1年　　　B. 3个月　　　C. 半年　　　D. 两年

9. 以下选项中,不可以资本化的借款费用是( )。

A. 非正常中断连续超过3个月,中断期间的外币专门借款的汇兑差额

B. 资本化期间内的专门借款辅助费用

C. 为制造经过较长时间才能达到可销售状态的重型机床专门借款产生的利息

D. 被一项在建工程占用的一般借款利息

10. 甲上市公司(以下称甲公司)股东大会于2021年1月4日做出决议,决定建造厂房。为此,甲公司于3月5日向银行专门借款5 000万元,年利率为6%,款项于当日划入甲公司银行存款账户。3月15日,厂房正式动工兴建。3月16日,甲公司购入建造厂房用水泥和钢材一批,价款500万元,当日用银行存款支付。3月31日,计提当月专门借款利息。甲公司在3月没有发生其他与厂房购建有关的支出,则甲公司专门借款利息应开始资本化的时间为( )。

A. 3月5日　　　B. 3月15日　　　C. 3月16日　　　D. 3月31日

二、多项选择题

1. 借款费用开始资本化必须同时满足的条件包括( )。

A. 资产支出已经发生

B. 借款费用已经发生

C. 为使资产达到预定可使用状态或者可销售状态所必要的购建或者生产活动已经开始

D. 支出工程项目人员工资

2. 借款费用包括( )。

A. 因借款而发生的利息　　　　B. 折价或溢价的摊销

C. 因外币借款而发生的汇兑差额　　D. 借款辅助费用

3. 关于借款费用,下列说法中正确的有( )。

A. 企业发生的借款费用,可直接归属于符合资本化条件的资产的购建或者生产的,应当予以资本化,计入相关资产成本

B. 企业发生的借款费用,不能归属于符合资本化条件的资产的购建或者生产的,应当在发生时根据其发生额确认为费用,计入当期损益

C. 企业发生的利息费用,可直接归属于符合资本化条件的资产的购建或者生产的,

应按资产累计支出加权平均数和资本化率计算的金额确定资本化金额

　　D.借款费用是指企业因借款而发生的利息及其他相关成本

4.资产支出包括(　　)。

　　A.为购建符合资本化条件的资产而支出现金

　　B.为购建符合资本化条件的资产而转移非现金资产

　　C.为购建符合资本化条件的资产而以承担带息债务形式发生的支出

　　D.计提在建工程人员工资

5.因安排专门借款而发生的辅助费用,下列说法中正确的有(　　)。

　　A.属于在所购建符合资本化条件资产达到预定可使用状态之前发生的,应在发生时予以资本化

　　B.属于在所购建符合资本化条件资产达到预定可使用状态之后发生的,应在发生时确认为费用

　　C.无论属于在所购建符合资本化条件资产达到预定可使用状态之前或之后发生的,均应当在发生时予以资本化

　　D.因专门借款和一般借款而发生的辅助费用,其会计处理方法相同

6.下列选项中,符合资本化条件的资产,包括(　　)。

　　A.需要经过相当长时间的购建才能达到预定可使用状态的固定资产

　　B.需要经过相当长时间的购建才能达到预定可使用状态的投资性房地产

　　C.需要经过相当长时间的生产活动才能达到预定可销售状态的存货

　　D.需要经过半年的生产活动才能达到预定可销售状态的存货

7.某企业于2022年1月1日开工建造一幢写字楼,在写字楼建造过程中发生的下列支出或费用中,属于规定的资产支出的有(　　)。

　　A.用银行存款购买工程物资

　　B.用现金支付建设工人工资

　　C.计提建设工人职工福利费

　　D.将企业自己生产的电梯用于装备写字楼

8.关于每一会计期间的利息资本化金额的确定,下列说法中正确的有(　　)。

　　A.为购建或者生产符合资本化条件的资产而借入专门借款的,应当以专门借款当期实际发生的利息费用,减去将尚未动用的借款资金存入银行取得的利息收入或进行暂时性投资取得的投资收益后的金额确定

　　B.企业应当将累计资产支出加权平均数乘以资本化率,计算确定当期应予资本化的利息金额

　　C.为购建或者生产符合资本化条件的资产而占用了一般借款的,企业应当根据累计资产支出加权平均数超过专门借款的部分乘以所占用一般借款的资本化率,计算确定一般借款利息中应资本化的金额

D. 为购建或者生产符合资本化条件的资产而占用了一般借款的,企业应当根据累计资产支出超过专门借款部分的资产支出加权平均数乘以所占用一般借款的资本化率,计算确定一般借款利息中应予资本化的金额

9. 在财务报表附注中披露的借款费用信息包括(　　)。

A. 当期资本化的借款费用金额

B. 当期借款总额

C. 当期市场利率

D. 当期用于计算确定借款费用资本化金额的资本化率

10. 企业为购建符合资本化条件的资产专门借入的款项所发生的借款费用,停止资本化的时点有(　　)。

A. 符合资本化条件的资产的实体建造(包括安装)或者生产工作已经全部完成或者实质上已经完成

B. 继续发生在所购建或生产的符合资本化条件的资产上的支出金额很少或几乎不再发生

C. 购建的符合资本化条件的资产的各部分分别完工,且每部分在其他部分继续建造过程中可供使用或者可对外销售,且为使该部分资产达到预定可使用状态所必需的购建活动实质上已经完成的

D. 购建的资产的各部分分别完工,但必须等到整体完工后才可使用

11. 关于借款费用暂停资本化,下列说法中正确的有(　　)。

A. 符合资本化条件的资产在购建或者生产过程中发生非正常中断且中断时间连续超过3个月的,应当暂停借款费用的资本化

B. 符合资本化条件的资产在购建或者生产过程中发生非正常中断,且中断时间非连续超过3个月的,应当暂停借款费用的资本化

C. 暂停借款费用的资本化,在中断期间发生的借款费用应当确认为费用,计入当期损益

D. 如果因进行工程质量和安全检查停工中断,借款费用的资本化应当继续进行

12. 关于辅助费用以及因外币专门借款而发生的汇兑差额,下列说法中正确的有(　　)。

A. 在资本化期间内,外币专门借款本金及利息的汇兑差额,应当予以资本化,计入符合资本化条件的资产的成本

B. 在资本化期间内,外币专门借款本金及利息的汇兑差额的计算与资产支出数挂钩

C. 专门借款发生的辅助费用,在所购建或者生产的符合资本化条件的资产达到预定可使用或者可销售状态之前发生的,应当在发生时根据其发生额予以资本化,计入符合资本化条件的资产的成本

D. 专门借款发生的辅助费用,在所购建或者生产的符合资本化条件的资产达到预定

可使用或者可销售状态之后发生的,应当在发生时根据其发生额确认为费用,计入当期损益

13. 下列选项中,( )属于非正常中断。

A. 与施工方发生质量纠纷而停工

B. 资金周转困难而停工

C. 因可预见的不可抗力而停工

D. 因不可预见的不可抗力而停工

三、判断题

❶ 借款费用,指企业因借款而发生的利息及其他相关成本。 ( )

❷ 符合资本化条件的资产,是指需要经过相当长时间的购建才能达到预定可使用状态的固定资产。 ( )

❸ 企业发生的借款费用,可直接归属于符合资本化条件的资产的购建或者生产的,应当予以资本化,计入相关资产成本;其他借款费用,应当在发生时根据其发生额大小确认是否计入当期损益。 ( )

❹ 资产支出包括为购建或者生产符合资本化条件的资产而以支付现金、转移非现金资产或者承担带息债务形式发生的支出。 ( )

❺ 在资本化期间内,外币专门借款本金的汇兑差额,应当予以资本化,计入符合资本化条件的资产的成本;利息的汇兑差额应计入当期损益。 ( )

❻ 专门借款发生的辅助费用,在所购建或者生产的符合资本化条件的资产达到预定可使用或者可销售状态之前发生的,应当在发生时根据其发生额予以资本化,计入符合资本化条件的资产的成本;在所购建或者生产的符合资本化条件的资产达到预定可使用或者可销售状态之后发生的,应当在发生时根据其发生额确认为费用,计入当期损益。 ( )

❼ 符合资本化条件的资产在购建或者生产过程中发生非正常中断且中断时间非连续超过3个月的,应当暂停借款费用的资本化。 ( )

❽ 一般借款发生的辅助费用,应当在发生时根据其发生额确认为费用,计入当期损益。 ( )

❾ 专门借款发生的辅助费用,一律资本化计入符合资本化条件的资产的成本。 ( )

❿ 所有外币货币性项目的汇兑差额,均构成借款费用。 ( )

四、计算分析题

❶ 某股份有限公司于2020年1月1日动工建造一生产车间,工期为18个月,工程采用出包方式,于2020年1月1日、2020年7月1日、2021年1月1日分别支付工程进

度款1 000万元,该生产车间于2021年6月30日完工,达到了预定可使用状态。该公司为建造生产车间于2021年1月1日专门借款3 000万元,借款期限2年,年利率为8%,利息按年支付。闲置专门借款均用于固定收益债券短期投资,年收益率6%。

要求:根据上述资料,计算该公司建造生产车间应予资本化的利息金额。

❷ 某股份有限公司为建造一栋厂房于2022年1月1日按面值发行了3亿元的5年期债券,年利率为8%,按年付息,到期还本。按债券面值的2%支付中介机构手续费600万元,已用银行存款支付完毕,厂房的建造工作从2022年1月1日开始,建造期为5年。

要求:做出相关账务处理。

❸ A公司2021年1月1日借入200万美元用于某项固定资产的建造,年利率为9%,期限为5年。A公司从1月1日开始资产建造,当日发生支出90万美元,假设当日美元对人民币的汇率为1美元=6.23元人民币;1月31日,汇率为1美元=6.28元人民币;2月28日,汇率为1美元=6.30元人民币。A公司按月计算应予以资本化的借款费用金额,对外币账户采用业务发生时的汇率折算。

计算:2021年1月、2月外币专门借款本金及利息的汇兑差额。

❹ 某公司于2021年1月1日正式动工兴建一幢办公楼,工期预计为1年零6个月,工程采用出包方式,2021年1月1日、2021年7月1日、2022年1月1日分别支付工程进度款1 000万元。公司为建造办公楼于2021年1月1日向银行专门借款1 500万元,借款期限2年,年利率为6%,闲置借款用于固定收益债券短期投资,月收益率0.4%。在办公楼兴建过程中还占用两笔一般借款:

(1)向甲银行借款800万元,期限为2020年12月1日至2023年12月1日,年利率为8%。

(2)向乙银行借款2 000万元,期限为2020年1月1日至2024年12月31日,年利率为6%。

要求:按年计算该公司应予以资本化的利息金额。

❺ 长江公司(化名)于2020年1月1日动工兴建一幢办公楼,工程于2021年9月30日完工,达到预定可使用状态。长江公司建造工程资产支出如下:

(1)2020年4月1日,支出3 000万元。

(2)2020年6月1日,支出1 000万元。

(3)2020年7月1日,支出3 000万元。

(4)2021年1月1日,支出3 000万元。

(5)2021年4月1日,支出2 000万元。

(6)2021年7月1日,支出1 000万元。

长江公司为建造办公楼于2020年1月1日专门借款5 000万元,借款期限为3年,年利率为6%,按年支付利息。除此之外,无其他专门借款。

办公楼的建造还占用两笔一般借款:

(1)从 A 银行取得长期借款 4 000 万元,期限为 2019 年 12 月 1 日至 2022 年 12 月 1 日,年利率为 6%,按年支付利息。

(2)发行公司债券 2 亿元,发行日为 2019 年 1 月 1 日,期限为 5 年,年利率为 8%,按年支付利息。

闲置专门借款资金用于固定收益债券暂时性投资,月收益率为 0.25%,收到款项存入银行。因原料供应不及时,工程于 2020 年 8 月 1 日至 2020 年 11 月 30 日期间发生中断。假定全年按 360 天计算。

要求:

(1)计算 2020 年和 2021 年专门借款利息资本化金额及应计入当期损益的金额。

(2)计算 2020 年和 2021 年一般借款利息资本化金额及应计入当期损益的金额。

(3)计算 2020 年和 2021 年利息资本化金额及应计入当期损益的金额。

(4)编制 2020 年和 2021 年与利息资本化金额有关的会计分录。

项目三
或有事项

项目要点

企业在经营活动中常常面临未决诉讼、债务担保等不确定事项,可能对企业的财务状况和经营成果产生不利影响。本项目主要讲解或有事项的确认、计量和相关信息的披露,引导学生关注或有事项对企业潜在的财务影响,树立风险意识和责任意识。

任务一　认识或有事项

一、或有事项的概念及特点

或有事项是指过去的交易或者事项形成的,其结果须由某些未来事项的发生或不发生才能决定的不确定事项。常见的或有事项有:未决诉讼或未决仲裁、债务担保、产品质量保证(含产品安全保证)、亏损合同、重组义务、环境污染整治、承诺等。

或有事项具有以下特征。

(一)或有事项是由过去的交易或者事项形成的

或有事项作为一种不确定事项,是由企业过去的交易或事项形成的。比如,产品质量担保,是企业对已售出商品或已提供劳务的质量提供的保证,不是为尚未出售商品或尚未提供劳务的质量提供的保证。或有事项是由过去的交易或事项形成的一种现存的状况,表明它是资产负债表日的一种客观存在。因此,未来可能发生的自然灾害、交通事故、经营亏损等事项,不属于《企业会计准则》规范的或有事项。

(二)或有事项的结果具有不确定性

首先,或有事项的结果是否发生具有不确定性。比如,为其他单位提供债务担保,如果被担保方到期无力还款,那么担保方将承担连带责任。对于担保方而言,担保事项构成其或有事项,但最后它是否应履行连带责任,在担保协议达成时是不能确定的。

其次,或有事项的结果即使预计会发生,但发生的具体时间或金额具有不确定性。比如,某企业因生产经营形成的排污治理不力,对周围环境造成污染而被起诉,如无特殊情况,该企业很可能败诉。但是,在诉讼成立时,该企业因败诉将支出多少金额,或支出发生在何时,是难以确知的。或有事项的这种不确定性,是其区别于其他不确定性会计事项的重要特征。

(三)或有事项的结果须由未来事项决定

或有事项的结果,即对企业究竟是产生有利影响还是不利影响,或虽已知是有利影响或不利影响,但影响有多大,这些在或有事项发生时是难以确定的。这种不确定性的消失,只能由未来不确定事项的发生或不发生予以证实。比如,未决诉讼其最终结果只能随案情的发展由判决结果来确定。或有事项的这一特征说明或有事项具有时效性,也就是说,随着影响或有事项结果的因素发生变化,或有事项最终会转化为确定事项。

或有事项与不确定性联系在一起,但会计处理过程中存在的不确定性并不都形成或有事项,企业应当按照或有事项的定义和特征进行判断。例如,折旧的提取虽然涉及对固定资产净残值和使用寿命的估计,具有一定的不确定性,但固定资产原值是确定的,其价值最终会转移到成本或费用中也是确定的,因此,折旧不是或有事项。

二、或有负债和或有资产

或有负债和或有资产是与或有事项密切相关的两个概念。

（一）或有负债

或有负债，是指过去的交易或事项形成的潜在义务，其存在须通过未来不确定事项的发生或不发生予以证实；或过去的交易或事项形成的现时义务，履行该义务不是很可能导致经济利益流出企业或该义务的金额不能可靠计量。

或有负债涉及两类义务，一类是潜在义务，另一类是现时义务。

潜在义务，是指结果取决于不确定未来事项的可能义务。也就是说，潜在义务最终是否转变为现时义务，由某些未来不确定事项的发生或不发生才能决定。比如，2021年12月10日，甲企业与乙企业发生经济纠纷，并且被乙企业提起诉讼。直到2021年12月31日，该起诉讼尚未进行审理，历史上也从未发生过类似的纠纷。从2021年年末看，甲企业承担的义务就属于潜在义务。

现时义务，是指企业在现行条件下已承担的义务，包括法定义务和推定义务。作为现时义务的或有负债，其特征在于：该现时义务的履行不是很可能导致经济利益流出企业，或者该现时义务的金额不能可靠计量。

其中，"不是很可能导致经济利益流出企业"指的是，该现时义务导致经济利益流出企业的可能性小于或等于50%。比如，2021年12月18日，甲企业与乙企业签订担保合同，承诺为乙企业的三年期贷款提供担保。由于担保合同的签订，甲企业承担了一项现时义务。但是，承担现时义务并不意味着经济利益将很可能因此而流出甲企业。如果乙企业的财务状况良好，则甲企业履行担保责任的可能性不大，该现时义务就属于甲企业的或有负债。

"金额不能可靠地计量"指的是，该现时义务导致经济利益流出企业的"金额"难以合理预计，现时义务履行的结果具有较大的不确定性。比如，2021年12月24日，某单位发生全体员工食物中毒事件，而甲公司恰是食物提供者。事件发生后，甲公司承诺负担一切赔偿费用。直到2021年12月31日，事态还在发展中，赔偿费用难以预计。此时，甲公司承担了现时义务，但义务的金额不能可靠地计量。

（二）或有资产

或有资产，是指过去的交易或事项形成的潜在资产，其存在须通过未来不确定事项的发生或不发生予以证实。

或有资产作为一种潜在资产，其是否会形成企业真正的资产，只能随事态的发展，通过某些未来不确定事项的发生或不发生才能证实。例如，甲企业向法院起诉乙企业侵犯了其专利权，法院尚未对该案件进行审理，甲企业是否胜诉尚难判断。对于甲企业而言，将来可能因胜诉而获得的赔偿属于一项或有资产，但这项或有资产是否会转化为真正的资产，要由法院的判决结果确定。如果终审判决结果是甲企业胜诉，那么这项或有资产就转化为甲企业的一项资产；如果终审判决结果是甲企业败诉，那么或有资产就消失了，更不可能形成甲企业的资产。

任务二　确认和计量或有事项

或有事项的确认与计量通常是指预计负债的确认与计量。或有资产和或有负债由于不符合资产要素或负债要素的定义或确认条件,企业不应确认或有资产和或有负债。

一、预计负债的确认

与或有事项相关的义务同时满足以下条件时,企业应将其确认为预计负债:该义务是企业承担的现时义务;履行该义务很可能导致经济利益流出企业;该义务的金额能够可靠地计量。

(一)该义务是企业承担的现时义务

"该义务是企业承担的现时义务",指与或有事项相关的义务是在企业当前条件下已承担的义务,企业没有其他现实的选择,只能履行该现时义务。比如,甲公司的一名司机因违反交通规则造成严重交通事故,为此,甲公司将要承担赔偿义务。在此例中,违规事项发生后,甲公司随即承担的是一项现时义务。

这里的现时义务包括法定义务和推定义务。其中,法定义务是指因合同、法规或其他司法解释等产生的义务,通常是企业依照法律、法规的规定必须履行的责任。推定义务是因企业的特定行为而产生的义务。企业的"特定行为"泛指企业以往的习惯做法、已公开的承诺、已公开宣传的经营政策。也就是说,由于以往的习惯做法或通过承诺或公开声明,企业向外界表明将承担特定责任,使受影响的各方会合理预期企业将履行这些责任,从而形成推定义务。

(二)履行该义务很可能导致经济利益流出企业

我国《企业会计准则》关于各种结果的可能性及对应的概率区间见表 3-1。

表 3-1　　　　　　　　结果的可能性及对应的概率区间

结果的可能性	对应的概率区间
基本确定	大于 95% 但小于 100%
很可能	大于 50% 但小于或等于 95%
可能	大于 5% 但小于或等于 50%
极小可能	大于 0 但小于或等于 5%

"该义务的履行很可能导致经济利益流出企业"指的是,履行因或有事项发生的现时义务时,导致经济利益流出企业的可能性大于 50% 但小于或等于 95%。

企业因或有事项承担了现时义务,并不说明该现时义务很可能导致经济利益流出企业。例如,2021 年 6 月 1 日,甲企业与乙企业签订协议,承诺为乙企业的一笔银行借款提供全额担保。对于甲企业而言,由于担保事项而承担了一项现时义务,该项义务的履行是否很可能导致经济利益流出企业,需依据乙企业的财务状况等因素加以确定。假定 2021 年 12 月 31 日,乙企业财务状况良好,此时,如果没有其他特殊情况,一般可以认定乙企业不会违约,因而甲企业履行承担的现时义务不是很可能导致经济利益流出企业;假定 2021 年 12 月 31 日,乙企业财务状况恶化,且没有迹象表明可能发生好转,此种情况表明,乙企业很可能违约,则甲企业履行承担的现时义务很可能导致经济利益流出企业。

(三)该义务的金额能够可靠地计量

"该义务的金额能够可靠地计量"指的是,因或有事项产生的现时义务的金额能够合理地估计。由于或有事项具有不确定性,因此,因或有事项产生的现时义务的金额也具有不确定性,需要估计。只有在其金额能够合理地估计,并同时满足其他两个条件时,企业才能加以确认。例如,甲企业涉及一项诉讼案件,根据以往的相同案例推断,甲企业很可能要败诉,相关的赔偿金额也可以估算出一个范围。在这种情况下,可以认为甲企业因未决诉讼承担的现时义务的金额能够可靠估计,从而应对未决诉讼确认一项负债。但是,如果没有以往的案例可与甲企业涉及的诉讼案件做比照,而相关的法律条文又没有明确解释,那么,即使甲企业很可能败诉,在判决以前也不能推断现时义务的金额能够可靠估计,甲企业不应对未决诉讼加以确认。

二 预计负债的计量

预计负债的计量,主要涉及三个问题:一是最佳估计数的确定;二是预期可获得的补偿的处理;三是预计负债账面价值的复核。

(一)最佳估计数的确定

预计负债应当按照履行相关现时义务所需支出的最佳估计数进行初始计量。企业在确定最佳估计数时,应当综合考虑与或有事项有关的风险、不确定性和货币时间价值等因素。货币时间价值影响重大的,应当通过对相关未来现金流出量进行折现后确定最佳估计数。具体来说,最佳估计数的确定分两种情况考虑:

1. 所需支出存在一个连续范围,且该范围内各种结果发生的可能性相同,最佳估计数应当按照该范围内的中间值,即上、下限金额的平均数确定。

【例 3-1】

2021 年 12 月 25 日甲企业因违约而涉及一桩诉讼案。根据甲企业的法律顾问判断,最终的判决很可能对甲企业不利。2021 年 12 月 31 日,甲企业尚未接到法院判决,因此,诉讼须承担的赔偿金额也无法准确地确定。根据专业人士估计,赔偿金额可能是 70 万元至 80 万元之间的某一金额,且各种结果发生的可能性相同。

甲企业应在 2021 年 12 月 31 日的资产负债表中确认一项预计负债,金额为 (70+80)/2=75(万元)。

2. 所需支出不存在一个连续范围,或者虽然存在一个连续范围但该范围内各种结果发生的可能性不相同,最佳估计数应当分别按下列情况处理:

(1)或有事项涉及单个项目时,最佳估计数按最可能发生的金额确定。"涉及单个项目",指或有事项涉及的项目只有一个,比如,一项未决诉讼、一项未决仲裁或一项债务担保等。

(2)或有事项涉及多个项目时,最佳估计数按各种可能发生额及其发生概率计算确定。"涉及多个项目",指或有事项涉及的项目不止一个,比如产品质量保证。在产品质量保证中,提出产品保修要求的可能有许多客户。相应地,企业对这些客户均负有保修义务。

【例 3-2】

2021年度,乙企业销售产品40 000件,销售额为12 000 000元。乙企业的产品质量条款规定:产品售出后一年内,如发生正常质量问题,乙企业将免费负责修理。根据以往的经验,如果出现较小的质量问题,则需发生的修理费为销售额的1%;如果出现较大的质量问题,则需发生的修理费为销售额的3%。根据预测,本年度已售产品中,有90%不会发生质量问题,有8%将发生较小质量问题,有2%将发生较大质量问题。

据此,2021年12月31日乙企业应确认的预计负债金额(最佳估计数)为(12 000 000×8%)×1%+(12 000 000×2%)×3%=16 800(元)。

(二)预期可获得的补偿的处理

企业清偿预计负债所需支出全部或部分预期由第三方补偿的,补偿金额只有在基本确定能够收到时才能作为资产单独确认,且确认的补偿金额不应超过所确认预计负债的账面价值。

预期可能获得补偿的情况通常有:

(1)发生交通事故等情况时,企业通常可以从保险公司获得合理的赔偿。

(2)在某些索赔诉讼中,企业可以通过反诉的方式对索赔人或第三方另行提出赔偿要求。

(3)在债务担保业务中,企业在履行担保义务的同时,通常可以向被担保企业提出额外追偿要求。

补偿金额的确认,涉及两个问题。一是确认时间,补偿金额只有在"基本确定"能收到时予以确认;二是确认金额,确认的金额是基本确定能够收到的金额,且不应超过所确认的预计负债的账面价值。还应注意,补偿金额应单独确认为资产。

【例 3-3】

甲企业因或有事项确认了一项负债50万元(含诉讼费5万元);同时,因该或有事项甲企业还可以从乙企业获得30万元的赔偿,且这项金额基本确定能够收到。

在这种情况下,甲企业应分别确认一项负债50万元和一项资产30万元,而不能只确认一项金额为20万元的负债。同时,应注意甲企业所确认的补偿金额不能超过所确认的负债的账面价值50万元。

(三)预计负债账面价值的复核

对于已确认的预计负债,企业应当在资产负债表日对其账面价值进行复核。有确凿证据表明该账面价值不能真实反映当前最佳估计数的,应当按照当前最佳估计数对该账面价值进行调整。

三、预计负债的会计处理举例

企业应设置"预计负债"账户核算因或有事项而确认的预计负债。在确认时,应借记"管理费用""营业外支出"等账户,贷记"预计负债"账户;实际支付时,应借记"预计负债"账户,贷记"银行存款"等账户。

(一)未决诉讼

【例3-4】

承【例3-1】,甲企业在2021年12月31日确认的一项金额为75万元的负债。

应编制会计分录如下:

借:营业外支出——赔偿支出	750 000
贷:预计负债——未决诉讼	750 000

【例3-5】

承【例3-3】,根据甲企业确认的一项负债50万元(含诉讼费5万元)。

应编制会计分录如下:

借:管理费用——诉讼费用	50 000
营业外支出——赔偿支出	450 000
贷:预计负债——未决诉讼	500 000

由于甲企业可以从乙企业获得30万元的赔偿,且这笔金额基本确定能够收到,甲企业可以确认一项资产30万元,应编制会计分录如下:

借:其他应收款——乙企业	300 000
贷:营业外支出——赔偿支出	300 000

(二)产品质量保证

【例3-6】

承【例3-2】,2021年12月31日乙企业应确认的预计负债金额为16 800元。

应编制会计分录如下:

借:销售费用——修理费用	16 800
贷:预计负债——产品质量保证	16 800

如果乙企业实际发生了产品质量保证费用(修理费用),则应借记"预计负债——产品质量保证"账户,贷记"银行存款"或"原材料"等账户。

(三)亏损合同

待执行合同变为亏损合同,同时该亏损合同产生的义务满足预计负债的确认条件,应当确认为预计负债。其中,待执行合同是指合同各方尚未履行任何合同义务,或部分地履行了同等义务的合同。

企业与其他企业签订的尚未履行任何合同义务或部分地履行了同等义务的商品买卖合同、劳务合同、租赁合同等,均属于待执行合同,待执行合同不属于《企业会计准则》规范的内容。但是,待执行合同变为亏损合同的,应当作为《企业会计准则》规范的或有事项。亏损合同,是指履行合同义务不可避免会发生的成本超过预期经济利益的合同。预计负债的计量应当反映退出该合同的最低净成本,即履行该合同的成本与未能履行该合同而发生的补偿或处罚两者之中的较低者。

企业对亏损合同进行会计处理,需要遵循以下两点:

(1)如果与亏损合同相关的义务不需支付任何补偿即可撤销,企业通常就不存在现时义务,不应确认预计负债;如果与亏损合同相关的义务不可撤销,企业就存在了现时义务,同时满足该义务很可能导致经济利益流出企业并且金额能够可靠地计量的,通常应当确认预计负债。

(2)亏损合同存在标的资产的,应当对标的资产进行减值测试并按规定确认减值损失,如果预计亏损超过该减值损失,应将超过部分确认为预计负债;亏损合同不存在标的资产的,亏损合同相关义务满足预计负债确认条件时,应当确认为预计负债。

【例3-7】

2021年1月1日,甲公司采用经营租赁方式租入一条生产线生产A产品,租期3年,每年租金250 000元。2021年12月31日,甲公司因市政规划调整不得不迁址,且因宏观政策调整决定停产A产品,原经营租赁合同不可撤销,还要持续两年,且生产线无法转租给其他单位。

本例中,甲公司与其他公司签订了不可撤销的经营租赁合同,负有法定义务,必须继续履行租赁合同(交纳租金),因此,甲公司执行原经营租赁合同不可避免要发生的费用很可能超过预期获得的经济利益,属于亏损合同,应当在2021年12月31日根据未来期间(2022年和2023年)应支付的租金的最佳估计数确认预计负债。

应编制会计分录如下:
借:营业外支出　　　　　　　　　　　　　　　　　　　　　　500 000
　　贷:预计负债　　　　　　　　　　　　　　　　　　　　　　　500 000

【例 3-8】

乙企业于 2021 年 12 月 1 日与某外贸公司签订了一项产品销售合同,约定在 2022 年 5 月 15 日以每件 150 元的价格向外贸公司提供 1 万件 A 产品,若不能按期交货,乙企业将被收取总价款 20% 的违约金。由于这批产品为定制产品,签订合同时产品尚未开始生产。但企业开始筹备原材料以生产这批产品时,原材料价格突然上升,预计生产每件产品需要花费成本 175 元。

假设乙企业产品成本为每件 175 元,而销售价格为每件 150 元,每销售 1 件亏损 25 元,不考虑预计销售费用,共计损失 25 万元。如果撤销合同,则需要交纳 30 万元的违约金。因此,这项销售合同变成了一项亏损合同。

有关账务处理如下:

(1)乙企业应当按照履行合同所需成本与违约金中的较低者(25 万元)确认一项预计负债,编制会计分录如下:

借:营业外支出　　　　　　　　　　　　　　250 000
　　贷:预计负债　　　　　　　　　　　　　　　　　250 000

(2)待相关产品生产完成后,将已确认的预计负债(25 万元)冲减产品成本,编制会计分录如下:

借:预计负债　　　　　　　　　　　　　　　250 000
　　贷:库存商品　　　　　　　　　　　　　　　　　250 000

(四)重组义务

重组,是指企业制定和控制的,将显著改变企业组织形式、经营范围或经营方式的计划实施行为。属于重组的事项主要包括:

1. 出售或终止企业的部分业务。
2. 对企业的组织结构进行较大调整。
3. 关闭企业的部分营业场所,或将营业活动由一个国家或地区迁移到其他国家或地区。

企业应当将重组与企业合并、债务重组区分开。重组通常是企业内部资源的调整和组合,谋求现有资产效能的最大化;企业合并是在不同企业之间的资本重组和规模扩张;债务重组是债权人对债务人做出的让步,债务人减轻债务负担,债权人尽可能减少损失。

企业因重组而承担了重组义务,并且同时满足预计负债确认条件时,才能确认预计负债。

首先,同时存在下列情况时,表明企业承担了重组义务:有详细、正式的重组计划,包括重组涉及的业务、主要地点、需要补偿的职工人数及其岗位性质、预计重组支出、计划实施时间等;该重组计划已对外公告。

其次,需要判断重组义务是否满足预计负债的三个确认条件,即判断其承担的重组义务是否是现时义务、履行重组义务是否很可能导致经济利益流出企业、重组义务的金额是否能够可靠地计量。

企业应当按照与重组有关的直接支出确定预计负债金额,如因辞退员工支付的补偿款、撤销不再使用的厂房租赁合同而支付的违约金等。直接支出不包括留用职工岗前培训、市场推广、新系统和营销网络投入等支出,因为它们仅与继续进行的活动相关。

【例 3-9】

甲公司董事会决定关闭一个分公司,为此制订了详细、正式的重组计划,并且有关决定已经传达到受影响的各方,各方预期甲公司将关闭该分公司。甲公司进行重组预计需要直接支出 1 000 000 元,其中:因辞退员工需支付补偿款 700 000 元;撤销不再使用的厂房租赁合同需支付违约金 300 000 元。

本例中,甲公司开始承担重组义务(假定同时满足预计负债的确认条件),应当确认预计负债。

甲公司应编制会计分录如下:

借:营业外支出　　　　　　　　　　　　　　　　　300 000
　　贷:预计负债　　　　　　　　　　　　　　　　　　300 000
借:管理费用　　　　　　　　　　　　　　　　　　700 000
　　贷:应付职工薪酬　　　　　　　　　　　　　　　　700 000

任务三　披露或有事项信息

一、预计负债的披露

因或有事项确认的负债,即"预计负债",应在资产负债表中单列项目反映,并在财务报表附注中披露下列信息:

1. 预计负债的种类、形成原因以及经济利益流出不确定性的说明。
2. 各类预计负债的期初、期末余额和本期变动情况。
3. 与预计负债有关的预期补偿金额和本期已确认的预期补偿金额。如果企业因多项或有事项确认了预计负债,在资产负债表中一般只需通过"预计负债"项目进行总括反映。

在对或有事项确认预计负债的同时,应确认一项支出或费用。这项支出或费用在利润表中不应单列项目反映,而应根据其性质在扣除确认的补偿金额后,同其他费用或支出项目(如"销售费用""管理费用""营业外支出"等)在利润表中合并反映。

【例 3-10】

如【例 3-1】所述情形,甲企业除了要在 2021 年 12 月 31 日的资产负债表中确认一项预计负债 75 万元、在利润表中确认一项营业外支出 75 万元外,还应在附注中披露如下:

"预计负债:本企业 2021 年 12 月 25 日因合同违约而被乙企业起诉,因此,本企业在 2021 年 12 月 31 日确认了一项负债 75 万元。目前,此案正在审理中。"

二、或有负债的披露

或有负债无论是潜在义务还是现时义务,均不符合预计负债的确认条件,因而不予确认。但是,除非或有负债有极小可能导致经济利益流出企业,否则企业应当在附注中披露有关信息,具体包括:

1. 或有负债的种类及其形成原因,包括已贴现商业承兑汇票、未决诉讼、未决仲裁、对外提供担保等形成的或有负债。

2. 经济利益流出不确定性的说明。

3. 或有负债预计产生的财务影响以及获得补偿的可能性;无法预计的应当说明原因。

需要注意的是,在涉及未决诉讼、未决仲裁的情况下,如果按以上要求披露全部或部分信息预期会对企业造成重大不利影响,则企业无须披露这些信息,但应当披露该未决诉讼、未决仲裁的性质以及没有披露这些信息的事实和原因。

【例 3-11】

2021 年 11 月 30 日,甲企业因销售商品而取得一张金额为 100 万元、到期日为 2022 年 4 月 30 日的商业承兑汇票。2021 年 12 月 4 日,甲企业因急需资金,将所持有的未到期的该票据向开户银行办理贴现。

本例中,当贴现银行到期不能获得票款时,甲企业负有全额偿付的责任,从而甲企业因应收票据贴现而承担了一项现时义务,但经济利益是否很可能流出企业尚难确定。

因此,甲企业应披露如下:

"或有负债:2021 年 12 月 4 日,本企业将一张未到期商业承兑汇票向开户银行贴现,贴现票据金额为 100 万元,到期日为 2022 年 4 月 30 日。贴现银行到期不能获得票款时,本企业负有代为付款的义务。"

三、或有资产的披露

或有资产作为一种潜在资产,不符合资产确认的条件,因此不予确认。但是,如果或有资产符合某些条件,则应予以披露。

根据谨慎性要求,或有资产一般不应在财务报表附注中披露。但是,当或有资产很可能会给企业带来经济利益时,则应在财务报表附注中披露其形成原因、预计产生的财务影响等。

【例3-12】

> 2021年9月15日,甲企业委托某公司为其运送一批商品,并办理了运输保险。在运输途中,由于意外事故,造成货物损失约500万元,甲企业与保险公司就理赔事项未达成一致,为此,甲企业2021年12月5日向法院提出诉讼。截至2021年12月31日,案件尚未判决。

本例中,虽然诉讼尚在审理中,但甲企业很可能获得理赔是确知的,因此,甲企业应在2021年12月31日的财务报表附注中披露如下:

"或有资产:本企业委托某公司运送一批商品,并办理了运输保险。在运输途中,由于意外事故,造成货物损失约500万元,本企业与保险公司就理赔事项未达成一致,为此,本企业2021年12月5日向法院提出诉讼。截至2021年12月31日,有关诉讼仍在审理中。"

实务训练

一、单项选择题

1. 下列选项中,属于或有事项的是(   )。
   A. 对原材料价格暂估入账   B. 计提坏账准备
   C. 对外单位提供债务担保   D. 董事会提出利润分配预案

2. "很可能"这一可能性对应的概率为(   )。
   A. 大于95%但小于100%   B. 大于50%但小于或等于95%
   C. 大于5%但小于或等于50%   D. 大于0但小于或等于5%

3. A公司因或有事项而确认的负债70万元,估计有98%的可能性由C公司补偿50万元,则A公司确认的资产金额为(   )万元。
   A. 0   B. 50   C. 20   D. 70

4. 下列有关或有事项的表述中,错误的是(   )。
   A. 或有负债不包括现时义务
   B. 或有负债不能确认
   C. 或有资产不能确认
   D. 或有事项的结果只能由未来不确定事项的发生或不发生加以证实

5. 因或有事项而确认负债时，应在报表中以（　　）项目反映。
   A. 预计负债　　　B. 管理费用　　　C. 营业外支出　　　D. 销售费用

6. 下列选项中，正确的是（　　）。
   A. 或有资产不符合资产的定义　　　B. 或有负债符合负债确认条件
   C. 或有资产应在附注中披露　　　D. 只要是或有负债，就必须在附注中披露

7. 甲公司2020年1月采用经营租赁方式租入生产线，租期3年，每年租金50万元，产品获利。2021年12月，市政规划要求甲公司迁址，甲公司决定停产该产品。按照规定，原经营租赁合同为不可撤销合同，若撤销合同，要支付违约金60万元，且租入的生产线无法转租。则2021年12月31日甲公司应确认的预计负债为（　　）万元。
   A. 60　　　B. 10　　　C. 50　　　D. 0

8. 乙公司因甲公司延期交货而与甲公司发生争议，于2021年12月6日向法院提起诉讼，要求甲公司赔偿造成的损失130万元。截至2021年12月31日，法院尚未对此诉讼进行审理。据甲公司法律顾问分析，甲公司很可能败诉，但赔偿金额很可能为120万元，另外还须承担诉讼费5万元。据查，甲公司向乙公司延期交货是由于丙公司违约造成的。经与丙公司交涉，丙公司实际赔偿甲公司108万元。则甲公司在2021年度利润表中反映的费用或损失总计为（　　）万元。
   A. 12　　　B. 17　　　C. 120　　　D. 125

9. 甲公司因或有事项确认了一项负债100万元；同时，因该或有事项，甲公司还可以从第三方获得赔偿120万元，且这项赔偿金额基本确定能够收到。在这种情况下，甲公司应确认的资产为（　　）万元。
   A. 100　　　B. 120　　　C. 20　　　D. 0

10. 甲公司为清偿因或有事项而确认的负债70万元，估计有98%的可能性由乙公司补偿50万元。则甲公司应确认资产的金额为（　　）万元。
    A. 0　　　B. 50　　　C. 20　　　D. 70

11. 下列不属于或有事项的是（　　）。
    A. 售后商品担保　　　B. 对其他单位的债务担保
    C. 未决诉讼　　　D. 可能发生的汇率变动

12. 如果清偿因或有事项而确认的负债所需支出全部或部分预期由第三方或其他方补偿，则补偿金额只能在基本确定能收到时作为资产单独确认。这里的"基本确定"是指（　　）。
    A. 发生的可能性大于95%但小于或等于100%
    B. 发生的可能性大于或等于95%但小于或等于100%
    C. 发生的可能性大于50%但小于或等于95%
    D. 发生的可能性大于95%但小于100%

13. 甲公司涉及一起诉讼。根据类似的经验以及公司所聘请律师的意见判断，甲公司在该起诉讼中胜诉的可能性有60%，败诉的可能性有40%。如果败诉，甲公司将要赔偿60万元。在这种情况下，甲公司应确认的负债金额应为（　　）万元。

A. 60   B. 24   C. 0   D. 36

14. 甲公司因一桩诉讼案件,很可能从乙公司获得赔偿20万元。在这种情况下,甲公司在资产负债表中应确认的资产为( )万元。

A. 0   B. 20   C. 10   D. 5

15. 如果清偿因或有事项而确认的负债所需支出全部或部分预期由第三方或其他方补偿,其涉及补偿金额应当( )。

A. 直接冲减预计负债和营业外支出金额

B. 直接增加预计负债金额

C. 于很可能收到补偿时作为资产单独确认

D. 于基本确定收到补偿时作为资产单独确认

二、多项选择题

1. 下列事项中属于或有事项的有( )。

A. 未决诉讼   B. 产品质量担保

C. 商业承兑汇票贴现   D. 计提坏账准备

2. 如果清偿预计负债所需支出全部或部分预期由第三方补偿,下列说法中正确的有( )。

A. 补偿金额只有在基本确定能收到时,作为资产单独确认,且确认的补偿金额不应超过所确认负债的账面价值

B. 补偿金额只有在很可能收到时,作为资产单独确认,且确认的补偿金额不应超过所确认负债的账面价值

C. 补偿金额在基本确定能收到时,企业应按所需支出扣除补偿金额确认负债

D. 补偿金额在基本确定能收到时,企业应按所需支出确认预计负债,而不能扣除补偿金额

3. 关于"最佳估计数",下列说法中正确的有( )。

A. 所需支出存在一个连续范围,且该范围内各种结果发生的可能性相同的,最佳估计数应当按照该范围内的中间值确定

B. 如果所需支出不存在一个金额范围,或有事项涉及单个项目时,最佳估计数按最可能发生金额确定

C. 如果所需支出不存在一个金额范围,或有事项涉及多个项目时,最佳估计数按各种可能发生额及其发生概率计算确定

D. 如果所需支出不存在一个金额范围,或有事项涉及多个项目时,最佳估计数按各种可能发生额的算术平均数确定

4. 下列说法中正确的有( )。

A. 或有负债不符合负债定义

B. 或有负债可能符合、也可能不符合负债定义

C. 或有资产不符合资产定义

D. 预计负债不仅符合负债定义,而且符合负债确认条件

5. 企业应在财务报表附注中披露的或有负债有（　　）。

　　A. 因污染河水可能发生 20 万元赔偿款

　　B. 未决诉讼、仲裁形成的或有负债

　　C. 为其他单位提供债务担保形成的或有负债

　　D. 因污染河水极小可能发生 5 万元赔偿款

6. 对与或有事项相关的义务要确认一项负债应同时符合的条件有（　　）。

　　A. 该项义务为企业承担的潜在义务

　　B. 该项义务为企业承担的现时义务

　　C. 履行该项义务很可能导致经济利益流出企业

　　D. 该项义务的金额能够可靠计量

7. 下列表述中，正确的有（　　）。

　　A. 因或有事项确认为负债，在资产负债表中要与其他负债项目区别开来单独反映

　　B. 因或有事项确认为负债，在资产负债表中也可以与其他负债项目合并反映

　　C. 在确认预计负债的同时应确认的费用和支出，在利润表中与其他费用和支出项目合并反映

　　D. 在确认预计负债的同时应确认的费用和支出，在利润表中与其他费用和支出项目区别开来单独反映

8. 关于或有事项，下列说法中正确的有（　　）。

　　A. 或有事项是过去的交易或事项形成的，其结果须通过未来不确定事项的发生或不发生予以证实

　　B. 企业不应确认或有资产和或有负债

　　C. 极小可能导致经济利益流出企业的或有负债也应在会计报表附注中披露

　　D. 与或有事项有关的义务的履行很可能导致经济利益流出企业，就应将其确认为一项负债

9. 下列关于或有事项的说法中，正确的有（　　）。

　　A. 或有资产和或有负债均不确认

　　B. 当或有资产可能给企业带来经济利益时，则应在会计报表附注中披露

　　C. 或有资产一般不应在会计报表附注中披露，当或有资产很可能给企业带来经济利益时，则应在会计报表附注中披露

　　D. 企业为清偿预计负债所需支出，若有 98% 的可能性获得补偿 100 万元，则企业就应将其确认为资产

10. 如果将与或有事项相关的义务确认为预计负债，应满足的条件不包括（　　）。

　　A. 该义务是企业承担的现时义务

　　B. 该义务的履行很可能导致经济利益流出企业

　　C. 该义务的金额能够准确地计量

　　D. 该义务的结果是企业预先知道的

11. 对于符合负债确认条件的或有事项预计的损失，可以计入的会计科目有（　　）。

　　A. 待摊费用　　　B. 销售费用　　　C. 管理费用　　　D. 营业外支出

12. 或有事项的基本特征有（　　）。

A. 或有事项是过去的交易或事项形成的

B. 或有事项具有不确定性

C. 或有事项的结果只能由未来发生的事项确定

D. 影响或有事项结果的不确定因素基本上可由企业控制

13. 下列选项中，属于或有事项的有（　　）。

A. 某公司为其子公司的贷款提供担保

B. 某单位为其他企业的贷款提供担保

C. 某企业以财产作抵押向银行借款

D. 某公司被国外企业提起诉讼

三、判断题

❶ 或有事项是指未来的交易或者事项形成的，其结果须由某些未来事项的发生或不发生才能决定的不确定事项。　　　　　　　　　　　　　　　　　　　　　（　　）

❷ 因或有事项而确认的补偿金额不应超过所确认的负债的账面价值。　　（　　）

❸ 或有资产一般不应在财务报表附注中披露。但或有资产很可能会给企业带来经济利益时，则应在财务报表附注中披露其形成的原因、预计产生的财务影响等。（　　）

❹ 因或有事项而确认的负债，企业应在资产负债表中单列项目反映，并在财务报表附注中作相应披露。　　　　　　　　　　　　　　　　　　　　　　　（　　）

❺ 在资产负债表日，如果有确凿证据表明预计负债的账面价值不能真实反映当前最佳估计数的，应当按照当前最佳估计数对该账面价值进行调整。　　　　　（　　）

❻ 企业清偿预计负债所需支出全部或部分预期由第三方补偿的，补偿金额只有在基本确定能够收到时才能作为资产单独确认。　　　　　　　　　　　　　（　　）

❼ "履行该义务很可能导致经济利益流出企业"，说明发生的可能性在95%以上。
　　　　　　　　　　　　　　　　　　　　　　　　　　　　　　　　（　　）

❽ 由于或有事项具有不确定性，因此，具有不确定性的事项都属于或有事项。
　　　　　　　　　　　　　　　　　　　　　　　　　　　　　　　　（　　）

❾ 计提坏账准备不属于企业的或有事项。　　　　　　　　　　　　　（　　）

❿ 预计负债的确认条件之一是或有事项产生的义务是企业的现时义务，包括法定义务和推定义务。　　　　　　　　　　　　　　　　　　　　　　　　　（　　）

四、计算分析题

❶ A公司欠B公司货款1 000万元。按合同规定，A公司应于2021年10月10日前付清货款，但A公司未按期付款。为此，B公司于2021年12月10日向法院提起诉讼，要求A公司向B公司全额支付货款，并按每日万分之二的利率支付货款延付期间的利息12.2万元和诉讼费2万元，三项合计1 014.2万元。至2021年12月31日，法院尚未判决，A公司估计支付货款延付期间的利息和承担诉讼费的可能性为51%，金额在9万元至10万元之间（含诉讼费2万元）。

要求:对上述交易做出分析并进行账务处理。

❷ A公司为机床生产和销售企业,2021年度生产和销售甲机床。A公司对甲机床做出承诺:甲机床售出后三年内如出现非意外事件造成的机床故障和质量问题,A公司免费负责保修(含零部件更换)。A公司2021年第一季度、第二季度、第三季度、第四季度分别销售甲机床400台、600台、800台和700台,每台售价为5万元。对购买其产品的消费者,根据以往的经验,甲机床发生的保修费一般为销售额的1%~1.5%。A公司2021年四个季度甲机床实际发生的维修费用分别为4万元、40万元、36万元和70万元(假定用银行存款支付50%,另50%为耗用的原材料)。假定2020年12月31日"预计负债——产品质量担保"账户年末余额为24万元。

要求:
(1)编制发生产品质量保证费用的会计分录。
(2)计算应确认的产品质量保证负债金额并编制相关会计分录。
(3)计算每个季度末"预计负债——产品质量担保"账户的余额。

❸ 2020年10月30日,甲银行批准乙企业的信用贷款申请,同意向其贷款4 000万元。假定该贷款无担保、无抵押,期限1年,年利率为7.2%。2021年10月30日,乙企业的借款到期,乙企业具有还款能力但未按时归还甲银行的贷款。2021年12月5日,甲银行向法院提起诉讼。截至2021年12月31日,法院尚未对甲银行提起的诉讼进行审理。如无特殊情况,甲银行很可能在诉讼中获胜,乙企业预计将要支付的罚息、诉讼费等费用估计为40万元至48万元之间,包括诉讼费用5万元。

要求:编制乙企业的会计分录。

❹ H公司于2021年11月10日收到法院通知,被告知A公司状告其侵权,要求赔偿100万元。H公司在应诉中发现B公司应当承担连带责任,对A公司进行赔偿。H公司在年末编制会计报表时,根据法律诉讼的进展情况以及专业人士的意见,认为对原告A公司进行赔偿的可能性在50%以上,最有可能发生的赔偿金额为60万元,预期从B公司得到的补偿基本确定为80万元。

要求:编制H公司的会计分录。

项目四
非货币性资产交换

项目要点

　　企业借助非货币性资产交换交易,既可以满足生产经营的需要,也可以在一定程度上减少货币性资产的流出。本项目通过讲解非货币性资产交换的认定、计量、会计处理方法,引导学生遵守诚实守信、客观公正的会计职业道德。

项目四　非货币性资产交换

任务一　认识非货币性资产交换

一、非货币性资产交换的概念

非货币性资产交换,是指企业主要以固定资产、无形资产、投资性房地产和长期股权投资等非货币性资产进行的交换。该交换不涉及或只涉及少量的货币性资产(补价)。

为厘清上述概念,首先应了解什么是非货币性资产。非货币性资产是相对于货币性资产而言的。

货币性资产,是指企业持有的货币资金和收取固定或可确定金额的货币资金的权利,包括库存现金、银行存款、应收账款和应收票据等。

非货币性资产是指货币性资产以外的资产。例如存货(原材料、包装物、低值易耗品、库存商品等)、固定资产、在建工程、生产性生物资产、无形资产、投资性房地产、长期股权投资等。

区分货币性资产和非货币性资产的主要依据是资产为企业带来未来经济利益(现金流入)的金额是否是固定的或可确定的。如果资产为企业带来的未来经济利益的金额是固定的或可确定的,那么该项资产就是货币性资产;反之,资产为企业带来的未来经济利益的金额是不固定的或不可确定的,那么该项资产就是非货币性资产。

例如应收票据,由于企业持有应收票据的方式,要么持有至到期,要么在票据到期前背书转让。若企业将应收票据持有至到期,应收票据为企业带来的经济利益,就是面值或者面值加利息;若企业将应收票据在到期前背书转让,应收票据为企业带来的经济利益,就是票据到期值(面值加利息)扣减未到期利息后的余额。无论哪一种情形,应收票据为企业带来的经济利益金额都是固定的或可确定的,符合货币性资产的定义。因此,应收票据属于货币性资产。

再如无形资产,通常情况下,无形资产需要借助于有形资产才能发挥作用,其预期的获利能力不能准确地确定。因此,无形资产能够为企业带来的未来经济利益具有很大的不确定性,是不固定的,或者是不可确定的,不符合货币性资产的定义,所以,无形资产属于非货币性资产。

另外,本项目所指非货币性资产交换是以非货币性资产进行交换的行为,是一种互惠转让,即企业取得一项非货币性资产,必须以付出自己拥有的非货币性资产作为代价,而不是单方面的非互惠转让,例如企业捐赠非货币性资产。

需要特别注意的是,本项目所指非货币性资产交换,不涉及以下交易和事项:

(1)企业以存货换取客户的非货币性资产的,属于转让存货取得非现金对价的情形,相关会计处理适用《企业会计准则第14号—收入》。

(2)非货币性资产交换中涉及企业合并的,适用《企业会计准则第20号—企业合并》

《企业会计准则第2号—长期股权投资》和《企业会计准则第33号—合并财务报表》。

（3）非货币性资产交换中涉及由《企业会计准则第22号—金融工具确认和计量》规范的金融资产的,金融资产的确认、终止确认和计量适用《企业会计准则第22号—金融工具确认和计量》和《企业会计准则第23号—金融资产转移》。

（4）非货币性资产交换中涉及由《企业会计准则第21号—租赁》规范的使用权资产或应收融资租赁款等的,相关资产的确认、终止确认和计量适用《企业会计准则第21号—租赁》。

（5）非货币性资产交换构成权益性交易的,适用权益性交易的有关会计处理规定,不适用《企业会计准则第7号—非货币性资产交换》。关于权益性交易的表述,详见"项目五　债务重组"。

二　非货币性资产交换的认定

非货币性资产交换一般不涉及货币性资产,或只涉及少量的货币性资产,即补价。《企业会计准则第7号—非货币性资产交换》应用指南规定,判断涉及少量货币性资产的交换是否为非货币性资产交换,通常以补价占整个资产交换金额的比例是否低于25%作为参考比例。即,支付的货币性资产占换出资产公允价值与支付的货币性资产之和（或占换入资产公允价值）的比例,或者收到的货币性资产占换出资产公允价值（或占换入资产公允价值与收到的货币性资产之和）的比例低于25%的,视为非货币性资产交换；如果这一比例高于25%（含25%）的,不视为非货币性资产交换。

【例4-1】

甲公司以一台闲置的机器换取乙公司一辆小汽车。该机器的账面价值为20万元,公允价值为13万元；小汽车的账面价值为21万元,公允价值为16万元。甲公司向乙公司支付补价3万元。则补价所占比例计算如下：

收到补价的企业:补价所占比例＝补价/整个资产交换金额＝3/16＝18.75%
　　　　　　　　　　　　　　　　　　　　　　　　＜25%

支付补价的企业:补价所占比例＝补价/整个资产交换金额＝3/(13+3)
　　　　　　　　　　　　　　　　　　　　　　＝18.75%＜25%

以上计算结果表明,该交易属于非货币性资产交换。

三　非货币性资产交换的确认和计量原则

（一）非货币性资产交换的确认原则

对于对非货币性资产交换,企业应当分别按照下列原则对换入资产进行确认,对换出资产终止确认:对于换入资产,视为购买取得资产,企业应当在换入资产符合资产定义并满足资产确认条件时予以确认；对于换出资产,视为销售或处置资产,企业应当在换出资产满足资产终止确认条件时终止确认。

例如,某企业在非货币性资产交换中,换入资产为无形资产,换出资产为固定资产,则换入的无形资产应当在与该无形资产相关的经济利益很可能流入企业,且成本能够可靠计量时确认;换出的固定资产应当以交易对手(对方企业)取得该固定资产控制权时点作为处置时点终止确认。

依据以上规定,由于换入资产的确认与换出资产的终止确认的判断标准不同,可能导致换入资产的确认时点与换出资产的终止确认时点存在不一致。在这种情形下,企业在资产负债表日应当按照下列原则进行处理:(1)换入资产满足资产确认条件,换出资产尚未满足终止确认条件的,在确认换入资产的同时将交付换出资产的义务确认为一项负债,如其他应付款;(2)换入资产尚未满足资产确认条件,换出资产满足终止确认条件的,在终止确认换出资产的同时将取得换入资产的权利确认为一项资产,如其他应收款。

在会计实践中,如果是由于资产控制权转移所必需的运输或转移程序等方面的原因,例如资产运输至对方地点所需要的合理运输时间、办理股权或房产过户手续等原因,从而导致换入资产满足确认条件的时点与换出资产满足终止确认条件的时点存在短暂不一致,企业可以按照重要性原则,在换入资产满足确认条件和换出资产满足终止确认条件孰晚的时点进行会计处理。

(二)非货币性资产交换的计量原则

对于非货币性资产交换,不论是一项资产换入一项资产、一项资产换入多项资产、多项资产换入一项资产,还是多项资产换入多项资产,都存在两种计量基础:公允价值和账面价值。

1. 以公允价值为基础计量

非货币性资产交换同时满足下列条件的,应当以公允价值为基础计量:(1)该项交换具有商业实质;(2)换入资产或换出资产的公允价值能够可靠地计量。不满足上述条件的非货币性资产交换,应当以账面价值为基础计量。

以公允价值为基础计量的非货币性资产交换,对于换入资产,应当以换出资产的公允价值和应支付的相关税费作为换入资产的成本进行初始计量;对于换出资产,应当在终止确认时,将换出资产的公允价值与其账面价值之间的差额计入当期损益。但是,有确凿证据表明换入资产的公允价值更加可靠的,对于换入资产,应当以换入资产的公允价值和应支付的相关税费作为换入资产的初始计量金额;对于换出资产,应当在终止确认时,将换入资产的公允价值与换出资产账面价值之间的差额计入当期损益。

企业在判断是否有确凿证据表明换入资产的公允价值更加可靠时,应当考虑确定公允价值所使用的输入值层次:

第一层次输入值是企业在计量日能够取得的相同资产或负债在活跃市场上未经调整的报价;

第二层次输入值是除第一层次输入值外相关资产或负债直接或间接可观察的输入值,例如活跃市场中类似资产或负债的报价,非活跃市场中相同或类似资产或负债的报价,正常报价间隔期间可观察的利率和收益率曲线等;

第三层次输入值是相关资产或负债的不可观察输入值,例如不能直接观察和无法由可观察市场数据验证的利率、股票波动率、企业使用自身数据做出的财务预测等。

通常情况下,第一层次输入值为公允价值提供了最可靠的证据,第二层次直接或间接可观察的输入值比第三层次不可观察输入值为公允价值提供更确凿的证据。对于换入资产和换出资产的公允价值所使用的输入值相同的,企业应当以换出资产的公允价值为基础计量。

例如,某企业将其持有的A公司(非上市公司)10%的股权交换B公司(上市公司)1%的股权。该企业换入的B公司1%的股权,其公允价值可以采用市场法、通过证券市场在计量日的收盘价(第一层次输入值)计算确定。但对于该企业换出的A公司10%的股权,由于A公司不是上市公司,不存在活跃市场的公开报价,因此,为取得A公司10%股权的公允价值,可以根据A公司所处的行业、规模、经营业绩、风险、成长性等因素,选择可比的上市公司,通过可比上市公司的公开市场报价(第二层次输入值),对可比上市公司进行估值并采用一定的方法进行调整后,得到A公司10%股权的公允价值。通过上述计算可见,该企业换入的B公司(上市公司)1%的股权的公允价值更加可靠。

2. 以账面价值为基础计量

以账面价值为基础计量的非货币性资产交换,对于换入资产,企业应当以换出资产的账面价值和应支付的相关税费作为换入资产的初始计量金额;对于换出资产,终止确认时不确认损益。

(三)商业实质的判断

依据《企业会计准则第7号—非货币性资产交换》,满足下列条件之一的非货币性资产交换具有商业实质:(1)换入资产的未来现金流量在风险、时间分布或金额方面与换出资产显著不同。(2)使用换入资产所产生的预计未来现金流量现值与继续使用换出资产所产生的预计未来现金流量现值不同,且其差额与换入资产和换出资产的公允价值相比是重大的。

在判断非货币性资产交换是否具有商业实质时,企业应当重点考虑由于发生了该项交换预计使企业未来现金流量发生变动的程度。只有当换入资产的未来现金流量和换出资产的未来现金流量相比发生较大变化,或使用换入资产进行经营和继续使用换出资产进行经营所产生的预计未来现金流量现值之间的差额较大时,才表明交易的发生使企业经济状况发生了明显改变,交换才具有商业实质。具体分析如下:

1. 换入资产的未来现金流量在风险、时间分布或金额方面与换出资产显著不同。通常情况下,只要换入资产和换出资产的未来现金流量在风险、时间或金额中的某个方面存在显著不同,即表明满足商业实质的判断条件。

(1)未来现金流量的风险、金额相同,但时间分布不同。

例如,某企业以一批存货换入一项房产,因存货流动性强,能够在较短的时间内产生现金流量,房产作为固定资产要在较长的时间内为企业带来现金流量,两者产生现金流量的时间相差较大,即使二者产生未来现金流量的风险和总额均相同,也可以认为上述存货与房产产生的未来现金流量显著不同。

(2)未来现金流量的时间分布、金额相同,但风险不同。

例如,某企业以其用于经营出租的一幢写字楼,换入同样用于经营出租的一幢公寓楼。写字楼与公寓楼的租期、每期租金总额均相同,但写字楼是出租给一家上市公司作为办公楼,公寓楼则是出租给多个个人租户。二者相比,显然写字楼收取租金的风险较小,公寓楼收取租金的风险较大,二者产生未来现金流量的不确定性存在明显差异,可以认为二者的未来现金流量显著不同。

(3)未来现金流量的风险、时间分布相同,但金额不同。

例如,某企业以其商标权换入一项专利技术,预计两项无形资产的使用寿命相同,在使用寿命内预计为企业带来的现金流量总额相同,但是换入的专利技术是新开发的,预计起始阶段产生的未来现金流量明显少于后期,而该企业拥有的商标权每年产生的现金流量比较均衡,两者产生的现金流量金额差异明显,可以认为上述商标权与专利技术的未来现金流量显著不同。

2.使用换入资产所产生的预计未来现金流量现值与继续使用换出资产所产生的预计未来现金流量现值不同,且其差额与换入资产和换出资产的公允价值相比是重大的。

企业如果按照上述第1项判断条件难以判断非货币性资产交换是否具有商业实质,可以按照第2项条件进行判断。企业在计算资产的预计未来现金流量现值时,应当按照资产在企业自身持续使用过程和最终处置时预计产生的税后未来现金流量(使用企业自身的所得税税率),根据企业自身而不是市场参与者对资产特定风险的评价,选择恰当的折现率对预计未来现金流量折现后的金额加以确定,以体现资产对企业自身的特定价值,即国际财务报告准则所称的"主体特定价值"。

例如,某企业以一项专利权换入另一企业拥有的一项长期股权投资,假定从市场参与者的角度来看,该项专利权与该项长期股权投资的公允价值相同,两项资产未来现金流量的风险、时间和金额亦相似,通过第1项判断条件难以得出交易是否具有商业实质的结论。此时,可以根据第2项判断条件,对该企业而言,换入长期股权投资使该企业对被投资方的投资关系由重大影响变为控制,从而对换入企业的特定价值即预计未来现金流量现值与换出的专利权有较大差异,且其差额与换入资产和换出资产的公允价值相比是重大的,因而可以认为该交换具有商业实质。对另一企业而言,换入的专利权能够解决生产中的技术难题,使其未来的生产产能成倍增长,从而对换入企业的特定价值即预计未来现金流量现值与换出的长期股权投资存在明显差异,且其差额与换入资产和换出资产的公允价值相比也是重大的,因而可以认为该交换具有商业实质。

任务二　以公允价值为基础计量非货币性资产交换

如前所述,《企业会计准则第7号—非货币性资产交换》规定,非货币性资产交换同时满足下列条件的,应当以公允价值为基础计量:(1)该项交换具有商业实质;(2)换入资产或换出资产的公允价值能够可靠地计量。换入资产和换出资产的公允价值均能够可靠计量的,应当以换出资产的公允价值为基础计量,但有确凿证据表明换入资产的公允价值更加可靠的除外。即,换出资产的公允价值不能够可靠计量,或换入资产和换出资产的公允价值均能够可靠计量但有确凿证据表明换入资产的公允价值更加可靠的,应当以换入资产的公允价值为基础计量。

会计实践中,企业在进行非货币性资产交换时,相关换入资产或换出资产的公允价值通常在合同中约定;对于合同中没有约定的,应当按照合同开始日(合同生效日)的公允价值确定。

一、不涉及补价情况下的会计处理

对于非货币性资产交换,涉及的会计问题有二:一是换入资产应如何计量;二是换出资产如何确认损益。在以公允价值为基础计量的非货币性资产交换中,换入资产和换出资产的计量分别按下列原则进行会计处理:

1.对于换入资产,应当以换出资产的公允价值和应支付的相关税费作为换入资产的成本进行初始计量。换出资产的公允价值不能够可靠计量,或换入资产和换出资产的公允价值均能够可靠计量但有确凿证据表明换入资产的公允价值更加可靠的,应当以换入资产的公允价值和应支付的相关税费作为换入资产的初始计量金额。上述税费不包括准予从增值税销项税额中抵扣的进项税额。

2.对于换出资产,应当在终止确认时,将换出资产的公允价值与其账面价值之间的差额计入当期损益。换出资产的公允价值不能够可靠计量,或换入资产和换出资产的公允价值均能够可靠计量但有确凿证据表明换入资产的公允价值更加可靠的,应当在终止确认时,将换入资产的公允价值与换出资产账面价值之间的差额计入当期损益。

其中,计入当期损益的会计处理视换出资产类别的不同而有所区别:(1)换出资产为固定资产、在建工程、生产性生物资产和无形资产的,计入当期损益的部分通过"资产处置损益"科目核算,在利润表"资产处置损益"项目中列示;(2)换出资产为投资性房地产的,按换出资产公允价值或换入资产公允价值确认"其他业务收入",按换出资产账面价值结转"其他业务成本",二者之间的差额计入当期损益,二者分别在利润表"营业收入"和"营业成本"项目中列示;(3)换出资产为长期股权投资的,计入当期损益的部分通过"投资收益"科目核算,在利润表"投资收益"项目中列示。

【例 4-2】

2021年7月18日,甲公司和乙公司签订资产交换合同,当日生效。合同约定,甲公司以一台生产设备交换乙公司生产的一批电脑,设备和电脑于当日的公允价值均为75 000元。甲公司将换入的电脑作为固定资产管理,乙公司将换入的设备同样作为固定资产管理。合同签订日,电脑的账面价值为70 000元,设备的账面原价为80 000元,累计折旧为12 000元。甲、乙公司均为增值税一般纳税人,适用的增值税税率均为13%,计税价格等于公允价值。甲、乙公司均未计提资产减值准备。根据税法规定,双方换出的设备和电脑均须视同销售缴纳增值税,换入的设备和电脑涉及的增值税进项税额均允许抵扣。可以看出,该交换具有商业实质,且公允价值能够可靠计量。

分析：

甲公司的会计处理：

换出设备的增值税销项税额＝75 000×13％＝9 750(元)

换入电脑的增值税进项税额＝75 000×13％＝9 750(元)

借：固定资产清理	68 000
累计折旧	12 000
贷：固定资产——设备	80 000
借：固定资产清理	9 750
贷：应交税费——应交增值税(销项税额)	9 750
借：固定资产——电脑	75 000
应交税费——应交增值税(进项税额)	9 750
贷：固定资产清理	77 750
资产处置损益——非货币性资产交换利得	7 000

乙公司的会计处理：

换出电脑的增值税销项税额＝75 000×13％＝9 750(元)

换入设备的增值税进项税额＝75 000×13％＝9 750(元)

对于乙公司而言，本交易属于以存货换取客户的非货币性资产，相关会计处理适用《企业会计准则第14号—收入》。具体而言，属于向客户转让商品而取得非现金对价(设备)，应当按照非现金对价(设备)在合同开始日的公允价值(75 000元)计量。

借：固定资产——设备	75 000
应交税费——应交增值税(进项税额)	9 750
贷：主营业务收入	75 000
应交税费——应交增值税(销项税额)	9 750
借：主营业务成本	70 000
贷：库存商品——电脑	70 000

【例4-3】

　　甲公司是一家家电生产企业，为降低其生产的空调产品的能耗，需要乙公司的一项专利技术。2021年8月1日，甲公司和乙公司签订合同，甲公司以一套生产设备交换乙公司的专利技术。合同开始日，设备和专利技术的公允价值均为450 000元。专利技术的过户手续于2021年9月1日完成，当日，乙公司专利技术的账面原价为500 000元，累计摊销100 000元；甲公司设备的账面原价为550 000元，交换日的累计折旧为110 000元。甲、乙公司均未对交换资产计提减值准备，该交换甲公司须确认增值税销项税58 500元(增值税率13％)，乙公司转让专利技术免征增值税。乙公司以银行存款向甲公司支付增值税的差额58 500元。乙公司换入的设备作为固定资产管理，甲公司换入的专利技术作为无形资产管理。不难看出，该交换具有商业实质，且公允价值能够可靠计量。

分析：

由于专利技术需要过户的原因，导致专利技术和生产设备满足确认条件和终止确认条件的时点存在短暂不一致，甲公司和乙公司按照重要性原则于2021年9月1日进行会计处理。

甲公司的会计处理：

借：固定资产清理	440 000
累计折旧	110 000
贷：固定资产——设备	550 000
借：固定资产清理	58 500
贷：应交税费——应交增值税（销项税额）	58 500
借：无形资产——专利技术	450 000
银行存款	58 500
贷：固定资产清理	498 500
资产处置损益——非货币性资产交换利得	10 000

乙公司的会计处理：

借：固定资产——设备	450 000
应交税费——应交增值税（进项税额）	58 500
累计摊销	100 000
贷：无形资产——专利技术	500 000
银行存款	58 500
资产处置损益——非货币性资产交换利得	50 000

二、涉及补价情况下的会计处理

根据《企业会计准则第7号—非货币性资产交换》规定，以公允价值为基础计量的非货币性资产交换，涉及补价的，应当分别下列情况进行处理：

1. 支付补价方

(1) 以换出资产的公允价值为基础计量的，以换出资产的公允价值，加上支付补价的公允价值和应支付的相关税费，作为换入资产的成本，换出资产的公允价值与其账面价值之间的差额计入当期损益。

(2) 有确凿证据表明换入资产的公允价值更加可靠的，以换入资产的公允价值和应支付的相关税费作为换入资产的初始计量金额，换入资产的公允价值减去支付补价的公允价值，与换出资产账面价值之间的差额计入当期损益。

2. 收到补价方

(1) 以换出资产的公允价值为基础计量的，以换出资产的公允价值，减去收到补价的公允价值，加上应支付的相关税费，作为换入资产的成本，换出资产的公允价值与其账面价值之间的差额计入当期损益。

(2) 有确凿证据表明换入资产的公允价值更加可靠的，以换入资产的公允价值和应支付的相关税费作为换入资产的初始计量金额，换入资产的公允价值加上收到补价的公允价值，与换出资产账面价值之间的差额计入当期损益。

【例 4-4】

2021年5月3日,甲公司因生产经营需要,与乙公司签订合同,以一批复印机换入乙公司一辆客运汽车。合同开始日,复印机的公允价值为78 000元,客运汽车的公允价值为90 000元。客运汽车的过户手续于2021年5月20日完成,当日,甲公司复印机的账面原价为200 000元,累计折旧为120 000元;乙公司客运汽车的账面原价为180 000元,累计折旧为100 000元。双方均未对交换资产计提减值准备,增值税率均为13%,换入、换出资产均作为固定资产管理。双方协议,甲公司向乙公司支付13 560元,其中包括补价12 000元,以及复印机和客运汽车增值税的差额1 560元。假设该交换具有商业实质,公允价值能够可靠计量。

分析:

由于客运汽车需要过户的原因,导致复印机和客运汽车满足确认条件和终止确认条件的时点存在短暂不一致,甲公司和乙公司按照重要性原则于2021年5月20日进行会计处理。

该项交换涉及补价,且补价所占比例计算如下:

甲公司:支付补价12 000元÷换入资产公允价值90 000元=13.33%

乙公司:收到补价12 000元÷换出资产公允价值90 000元=13.33%

由于补价占整个资产交换金额的比例低于25%,可以认定该项交换属于非货币性资产交换。

甲公司的会计处理:

换入客车的入账价值=78 000+12 000=90 000(元)

换出复印机的损益=78 000-(200 000-120 000)=-2 000(元)

借:固定资产清理	80 000
累计折旧	120 000
贷:固定资产——复印机	200 000
借:固定资产清理	10 140(78 000×13%)
贷:应交税费——应交增值税(销项税额)	10 140
借:固定资产——客运汽车	90 000
应交税费——应交增值税(进项税额)	11 700
资产处置损益——非货币性资产交换损失	2 000
贷:固定资产清理	90 140
银行存款	13 560

乙公司的会计处理:

换入复印机的入账价值=90 000-12 000=78 000(元)

换出客车的损益=90 000-(180 000-100 000)=10 000(元)

借:固定资产清理	80 000
累计折旧	100 000

贷：固定资产——客运汽车　　　　　　　　　　　　　180 000
借：固定资产清理　　　　　　　　　　11 700(90 000×13％)
　　贷：应交税费——应交增值税(销项税额)　　　　　　 11 700
借：固定资产——复印机　　　　　　　　　　　　　　　78 000
　　银行存款　　　　　　　　　　　　　　　　　　　　13 560
　　应交税费——应交增值税(进项税额)　　　　　　　　10 140
　　贷：固定资产清理　　　　　　　　　　　　　　　　　91 700
　　　　资产处置损益——非货币性资产交换利得　　　　 10 000

【例 4-5】

　　2021 年 5 月 5 日,甲公司因公司战略需要,与乙公司签订合同,以其持有的一项专利技术作为对价购买乙公司持有的对其子公司(创业板上市公司)20％的股权。合同开始日,甲公司专利技术的公允价值为 600 万元,乙公司长期股权投资的公允价值为 650 万元。由于乙公司的长期股权投资是对上市公司的投资,存在公开市场报价,可以认为其公允价值比专利技术的公允价值更加可靠。专利技术的过户手续于 2021 年 5 月 31 日完成,股权投资的过户手续于 2021 年 6 月 30 日完成。2021 年 6 月 30 日,专利技术的账面原价 700 万元,累计摊销 140 万元;长期股权投资的账面价值为 620 万元。甲公司向乙公司支付补价 50 万元,双方均未对上述资产计提减值准备,按税法规定,转让专利技术免征增值税,转让股权投资不征增值税,不考虑除增值税以外的其他相关税费。假设该交换具有商业实质,公允价值能够可靠计量。

　　分析:
　　由于专利技术和股权过户的原因,导致换入资产和换出资产满足确认条件和终止确认条件的时点存在短暂不一致,甲公司和乙公司按照重要性原则于 2021 年 6 月 30 日进行会计处理。
　　该项交换涉及补价,且补价所占比例计算如下:
　　甲公司:支付补价 500 000 元÷换入资产公允价值 6 500 000 元＝7.69％
　　乙公司:收到补价 500 000 元÷换出资产公允价值 6 500 000 元＝7.69％
　　由于补价占整个资产交换金额的比例低于 25％,可以认定该项交换属于非货币性资产交换。
　　甲公司的会计处理:
　　本例中,由于换入资产(长期股权投资)的公允价值更加可靠,应以换入资产的公允价值和应支付的相关税费作为换入资产的初始计量金额,换入资产的公允价值减去支付补价的公允价值,与换出资产账面价值之间的差额计入当期损益。
　　换入股权的入账价值＝6 500 000(元)
　　换出专利技术的损益＝6 500 000－500 000－(7 000 000－1 400 000)＝400 000(元)

借:长期股权投资	6 500 000
累计摊销	1 400 000
贷:无形资产	7 000 000
银行存款	500 000
资产处置损益——非货币性资产交换利得	400 000

乙公司的会计处理:

换入专利技术的入账价值＝6 500 000－500 000＝6 000 000(元)

换出股权的损益＝6 500 000－6 200 000＝300 000(元)

借:无形资产	6 000 000
银行存款	500 000
贷:长期股权投资	6 200 000
投资收益	300 000

三　涉及多项非货币性资产交换的会计处理

　　非货币性资产交换中,企业可以以一项非货币性资产同时换入另一企业的多项非货币性资产,或同时以多项非货币性资产换入另一企业的一项非货币性资产,或以多项非货币性资产同时换入另一企业的多项非货币性资产,这些交换也可能涉及补价。对于涉及换入或换出多项资产的非货币性资产交换的计量,企业同样应当首先判断是否符合以公允价值为基础计量的两个条件,再分别情况确定各项换入资产的初始计量金额,以及各项换出资产终止确认的相关损益。

　　涉及换入多项资产或换出多项资产的非货币性资产交换符合以公允价值为基础计量的,可以分为以下情形:

1. 以换出资产的公允价值为基础计量的

(1)对于同时换入的多项资产,应当按照各项换入资产的公允价值的相对比例(换入资产的公允价值不能够可靠计量的,可以按照各项换入资产的原账面价值的相对比例或其他合理的比例),将换出资产公允价值总额(涉及补价的,加上支付补价的公允价值减去收到补价的公允价值)分摊至各项换入资产,以分摊额和应支付的相关税费作为各项换入资产的成本进行初始计量。

(2)对于同时换出的多项资产,应当将各项换出资产的公允价值与其账面价值之间的差额,在各项换出资产终止确认时计入当期损益。

2. 以换入资产的公允价值为基础计量的

(1)对于同时换入的多项资产,应当以各项换入资产的公允价值和应支付的相关税费作为各项换入资产的初始计量金额。

(2)对于同时换出的多项资产,应当按照各项换出资产的公允价值的相对比例(换出资产的公允价值不能够可靠计量的,可以按照各项换出资产的账面价值的相对比例),将换入资产的公允价值总额(涉及补价的,减去支付补价的公允价值或加上收到补价的公允价值)分摊至各项换出资产,分摊额与各项换出资产账面价值之间的差额,在各项换出资产终止确认时计入当期损益。

【例 4-6】

甲公司和乙公司均为增值税一般纳税人,2021 年 9 月 1 日,双方签订资产置换合同并于当日生效,甲公司以一座厂房和一座简易仓库同时交换乙公司的办公楼和办公电脑,不动产的增值税税率 9%,有形动产的增值税税率 13%,合同签订当日,各项资产的公允价值如下:甲公司的厂房 350 万元,简易仓库 100 万元;乙公司的办公楼 320 万元,办公电脑 100 万元。厂房、简易仓库、办公楼的过户手续于 2021 年 9 月 30 日完成。当日,甲公司厂房的账面原价 420 万元,累计折旧 84 万元;仓库的账面原价 150 万元,累计折旧为 30 万元。乙公司办公楼的账面原价 450 万元,累计折旧 150 万元;办公电脑的账面原价 200 万元,累计折旧 40 万元。乙公司另外向甲公司支付 28.7 万元,其中包括补价 30 万元,以及换入、换出资产增值税额的差额(—1.3)万元。假设甲公司和乙公司均未对换出资产计提减值准备,双方对换入、换出资产均作为固定资产管理,不考虑除增值税外的其他税费。该交换具有商业实质,公允价值能够可靠计量。

分析:

由于厂房、简易仓库、办公楼办理过户的原因,导致换入资产和换出资产满足确认条件和终止确认条件的时点存在短暂不一致,甲公司和乙公司按照重要性原则于 2021 年 9 月 30 日进行会计处理。

该项交换涉及补价,且补价所占比例计算如下:

甲公司:收到补价 30 万元÷换出资产公允价值 450 万元＝6.67%

乙公司:支付补价 30 万元÷换入资产公允价值 450 万元＝6.67%

由于补价占整个资产交换金额的比例低于 25%,可以认定该项交换属于非货币性资产交换。

甲公司的会计处理如下:

第一步,计算增值税额。

换出厂房的销项税额＝3 500 000×9%＝315 000(元)

换出简易仓库的销项税额＝1 000 000×9%＝90 000(元)

换入办公楼的进项税额＝3 200 000×9%＝288 000(元)

换入办公电脑的进项税额＝1 000 000×13%＝130 000(元)

第二步,计算换入资产的入账价值总额。

换入资产入账价值总额＝3 500 000+1 000 000−300 000＝4 200 000(元)

第三步,计算确定换入各项资产的公允价值占换入资产公允价值总额的比例。

办公楼公允价值占换入资产公允价值总额的比例
＝3 200 000÷(3 200 000+1 000 000)×100%＝76.19%

办公电脑公允价值占换入资产公允价值总额的比例
＝1 000 000÷(3 200 000＋1 000 000)×100％＝23.81％
第四步,计算确定换入各项资产的入账价值。
办公楼的入账价值＝4 200 000×76.19％＝3 199 980(元)
办公电脑的入账价值＝4 200 000×23.81％＝1 000 020(元)
第五步,会计分录如下:

借:固定资产清理　　　　　　　　　　　　　　　　　　　　4 560 000
　　累计折旧　　　　　　　　　　　　　　　　　　　　　　　1 140 000
　　贷:固定资产——厂房　　　　　　　　　　　　　　　　　　　　4 200 000
　　　　　　　——简易仓库　　　　　　　　　　　　　　　　　　1 500 000
借:固定资产清理　　　　　　　　　　　　　　　　　　　　　405 000
　　贷:应交税费——应交增值税(销项税额)　　　　　　　　　　405 000
借:固定资产——办公楼　　　　　　　　　　　　　　　　　　3 199 980
　　　　　　——电脑　　　　　　　　　　　　　　　　　　　　1 000 020
　　银行存款　　　　　　　　　　　　　　　　　　　　　　　　287 000
　　应交税费——应交增值税(进项税额)　　　　　　　　　　　418 000
　　资产处置损益——非货币性资产交换损失　　　　　　　　　　60 000
　　贷:固定资产清理　　　　　　　　　　　　　　　　　　　　　4 965 000

乙公司的会计处理如下:
第一步,计算增值税额。
换出办公楼的销项税额＝3 200 000×9％＝288 000(元)
换出办公电脑的销项税额＝1 000 000×13％＝130 000(元)
换入厂房的进项税额＝3 500 000×9％＝315 000(元)
换入简易仓库的进项税额＝1 000 000×9％＝90 000(元)
第二步,计算确定换入资产的入账价值总额。
换入资产入账价值总额＝3 200 000＋1 000 000＋300 000＝4 500 000(元)
第三步,计算确定换入各项资产的公允价值占换入资产公允价值总额的比例。
厂房公允价值占换入资产公允价值总额的比例
＝1 000 000÷(1 000 000＋3 500 000)×100％＝22.22％
简易仓库公允价值占换入资产公允价值总额的比例
＝3 500 000÷(1 000 000＋3 500 000)×100％＝77.78％
第四步,计算确定换入各项资产的入账价值。
厂房的入账价值＝4 500 000×77.78％＝3 500 100(元)
简易仓库的入账价值 4 500 000×22.22％＝999 900(元)
第五步,会计分录如下:

借:固定资产清理　　　　　　　　　　　　　　　　　　　　4 600 000
　　累计折旧　　　　　　　　　　　　　　　　　　　　　　　1 900 000

贷:固定资产——办公楼		4 500 000
——办公电脑		2 000 000
借:固定资产清理		418 000
贷:应交税费——应交增值税(销项税额)		418 000
借:固定资产——厂房		3 500 100
——简易仓库		999 900
应交税费——应交增值税(进项税额)		405 000
资产处置损益——非货币性资产交换损失		400 000
贷:固定资产清理		5 018 000
银行存款		287 000

任务三　以账面价值为基础计量非货币性资产交换

如前所述,当非货币性资产交换不满足以公允价值为基础计量的条件时,即非货币性资产交换不具有商业实质,或者虽具有商业实质但换入资产和换出资产的公允价值均不能可靠计量的,企业应当以账面价值为基础计量。

一、不涉及补价情况下的会计处理

1.对于换入资产,应当以换出资产的账面价值和应支付的相关税费作为换入资产的初始计量金额。

2.对于换出资产,终止确认时不确认损益。

【例4-7】

甲公司因产品结构调整,原生产产品的专利技术已不再符合生产新产品的需要。2021年6月1日,经与乙公司协商,将其拥有的专利技术与乙公司对M公司(非上市公司)的长期股权投资进行交换。相关专利技术和股权投资的过户手续分别于2021年6月25日以及6月30日完成。2021年6月30日,专利技术账面原价200万元,已摊销金额120万元;对M公司的长期股权投资账面余额130万元,已计提减值准备20万元。由于专利技术在市场上已不多见,其公允价值不能可靠计量;同时由于M公司不是上市公司,对M公司长期股权投资的公允价值也不能可靠计量。按税法规定,转让专利技术免征增值税,转让股权投资不征增值税。

分析：

由于专利技术和股权过户的原因，导致换入资产和换出资产满足确认条件和终止确认条件的时点存在短暂不一致，甲公司和乙公司按照重要性原则于2021年6月30日进行会计处理。

甲公司的会计处理：

换入长期股权投资入账价值＝2 000 000－1 200 000＝800 000（元）

借：长期股权投资　　　　　　　　　　　　　　800 000
　　累计摊销　　　　　　　　　　　　　　　1 200 000
　　贷：无形资产　　　　　　　　　　　　　　2 000 000

乙公司的会计处理：

换入无形资产入账价值＝1 300 000－200 000＝1 100 000（元）

借：无形资产　　　　　　　　　　　　　　　1 100 000
　　长期股权投资减值准备　　　　　　　　　　200 000
　　贷：长期股权投资　　　　　　　　　　　1 300 000

二、涉及补价情况下的会计处理

对于以账面价值为基础计量的非货币性资产交换，涉及补价的，应当将补价作为确定换入资产初始计量金额的调整因素，分别下列情况进行处理：

1.支付补价方：应当以换出资产的账面价值，加上支付补价的账面价值和应支付的相关税费，作为换入资产的初始计量金额，不确认损益。

2.收到补价方：应当以换出资产的账面价值，减去收到补价的公允价值，加上应支付的相关税费，作为换入资产的初始计量金额，不确认损益。

【例4-8】

2021年8月3日，甲公司和乙公司签订资产置换协议，甲公司用一辆福特汽车交换乙公司的一辆通用汽车，车辆的过户手续均于2021年8月10日完成。当日，福特汽车的账面原价150 000元，在交换日的累计折旧20 000元，公允价值为140 000元；通用汽车的账面原价200 000元，在交换日的累计折旧55 000元，公允价值为150 000元。汽车的增值税率13%，经协商，甲公司向乙公司支付11 300元，其中包括补价10 000元，以及双方的增值税差额1 300元。双方均未计提固定资产减值准备，假设该非货币性资产交换不具有商业实质。

分析：

该项交换涉及补价，且补价所占比例计算如下：

甲公司：支付补价10 000元÷换入资产公允价值150 000元＝6.67%

乙公司：收到补价10 000元÷换出资产公允价值150 000元＝6.67%

由于补价占整个资产交换金额的比例低于25%,可以认定该项交换属于非货币性资产交换。

甲公司的会计处理：
换入资产入账价值＝130 000＋10 000＝140 000元

借:固定资产清理	130 000
累计折旧	20 000
贷:固定资产——福特汽车	150 000
借:固定资产清理	18 200
贷:应交税费——应交增值税(销项税额)	18 200
借:固定资产——通用汽车	140 000
应交税费——应交增值税(进项税额)	19 500
贷:固定资产清理	148 200
银行存款	11 300

乙公司的会计处理：
换入资产入账价值＝145 000－10 000＝135 000元

借:固定资产清理	145 000
累计折旧	55 000
贷:固定资产——通用汽车	200 000
借:固定资产清理	19 500
贷:应交税费——应交增值税(销项税额)	19 500
借:固定资产——福特汽车	135 000
银行存款	11 300
应交税费——应交增值税(进项税额)	18 200
贷:固定资产清理	164 500

三 涉及多项非货币性资产交换的会计处理

对于以账面价值为基础计量的非货币性资产交换,如涉及换入多项资产或换出多项资产,或者同时换入或换出多项资产的,应当按照下列规定进行处理：

1.对于换入的多项资产,应当按照各项换入资产的公允价值的相对比例(换入资产的公允价值不能够可靠计量的,也可以按照各项换入资产的原账面价值的相对比例或其他合理的比例),将换出资产的账面价值总额(涉及补价的,加上支付补价的账面价值或减去收到补价的公允价值)分摊至各项换入资产,加上应支付的相关税费,作为各项换入资产的初始计量金额。

2.对于同时换出的多项资产,各项换出资产终止确认时均不确认损益。

【例 4-9】

2021年5月4日,甲公司因生产结构调整,与乙公司签订资产置换合同,甲公司以一座厂房和一项专利技术同时交换乙公司一座在建建筑物和对Y公司的长期股权投资,合同于当日生效。假设各项换入、换出资产的过户手续均于2021年5月31日完成,当日,甲公司换出厂房的账面原价200万元,累计折旧120万元;专利技术的账面原价70万元,累计摊销35万元。乙公司在建工程截止到当日的成本为90万元,对Y公司的长期股权投资账面价值25万元。假定上述交换涉及的非货币性资产的公允价值均无法可靠计量,按税法规定,不动产增值税税率9%,转让长期股权投资不征增值税,转让专利技术免征增值税。假设不动产的计税价格等于账面价值,甲公司以银行存款向乙公司支付增值税的差额0.9万元。

分析:

本例中,由于换入资产和换出资产满足确认条件和终止确认条件的时点一致,甲、乙公司均于2021年5月31日进行会计处理。

甲公司的会计处理如下:

第一步,计算换入资产入账价值总额。

换入资产入账价值总额＝(2 000 000－1 200 000)＋(700 000－350 000)
　　　　　　　　　　＝1 150 000(元)

第二步,计算确定换入各项资产的账面价值占换入资产账面价值总额的比例。

在建工程账面价值占换入资产账面价值总额的比例＝900 000÷(900 000＋250 000)×100%＝78.26%

长期股权投资账面价值占换入资产账面价值总额的比例＝250 000÷(900 000＋250 000)×100%＝21.74%

第三步,计算确定换入各项资产的入账价值。

在建工程的入账价值＝1 150 000×78.26%＝899 990(元)

长期股权投资的入账价值＝1 150 000×21.74%＝250 010(元)

第四步,会计分录如下:

借:固定资产清理	800 000
累计折旧	1 200 000
贷:固定资产——厂房	2 000 000
借:固定资产清理	72 000
贷:应交税费——应交增值税(销项税额)	72 000(800 000×9%)
借:在建工程	899 990
应交税费——应交增值税(进项税额)	81 000(900 000×9%)
长期股权投资	250 010
累计摊销	350 000

贷：固定资产清理	872 000
无形资产——专利权	700 000
银行存款	9 000

乙公司的会计处理如下：

第一步，计算换入资产入账价值总额。

换入资产入账价值总额＝900 000＋250 000＝1 150 000（元）

第二步，计算确定换入各项资产的账面价值占换入资产账面价值总额的比例。

厂房账面价值占换入资产账面价值总额的比例＝800 000÷(800 000＋350 000)×100％＝69.57％

专利权账面价值占换入资产账面价值总额的比例＝350 000÷(800 000＋350 000)×100％＝30.43％

第三步，计算确定换入各项资产的入账价值。

厂房的入账价值＝1 150 000×69.57％＝800 055（元）

专利权的入账价值＝1 150 000×30.43％＝349 945（元）

第四步，会计分录如下：

借：固定资产清理	900 000
贷：在建工程	900 000
借：固定资产清理	81 000
贷：应交税费——应交增值税(销项税额)	81 000(900 000×9％)
借：固定资产——厂房	800 055
应交税费——应交增值税(进项税额)	72 000(800 000×9％)
无形资产——专利权	349 945
银行存款	9 000
贷：固定资产清理	981 000
长期股权投资	250 000

任务四　披露非货币性资产交换信息

根据《企业会计准则第7号—非货币性资产交换》的规定，企业应当在财务报表附注中披露与非货币性资产交换有关的下列信息：

1.非货币性资产交换是否具有商业实质及其原因。

2.换入资产、换出资产的类别。资产的类别，是指该资产在资产负债表中的列示方法，例如原材料在资产负债表中列示为"存货"这一报表项目，固定资产在资产负债表中列示为"固定资产"这一报表项目,等等。

3. 换入资产初始计量金额的确定方式。例如,换入资产的初始计量金额是以公允价值为基础,还是以账面价值为基础,等等。

4. 换入资产、换出资产的公允价值以及换出资产的账面价值。

5. 非货币性资产交换确认的损益。

实务训练

一、单项选择题

1. 下列各项中,属于非货币性资产的是( )。
   A. 应收账款　　　B. 应收票据　　　C. 银行存款　　　D. 股票投资

2. 下列交易中,属于非货币性资产交换的是( )。
   A. 以应收票据与固定资产交换　　　B. 以应收票据与无形资产交换
   C. 以固定资产与无形资产交换　　　D. 以应收账款与股权投资交换

3. 判断涉及少量货币性资产的交换是否为非货币性资产交换,通常以补价占整个资产交换金额的比例是否低于( )作为参考比例。
   A. 15%　　　B. 20%　　　C. 25%　　　D. 30%

4. 下列交易中,不属于非货币性资产交换的是( )。
   A. 以公允价值 100 万元的商标权换取一项专利权
   B. 以公允价值 500 万元的长期股权投资换取一台设备
   C. 以公允价值 200 万元的 A 车床换取 B 车床,同时收到 40 万元的补价
   D. 以公允价值 70 万元的电子设备换取一辆小汽车,同时支付 30 万元的补价

5. 企业在计算资产的预计未来现金流量现值时,应当根据企业自身而不是市场参与者对资产特定风险的评价,选择恰当的( )。
   A. 时间长度　　　B. 折现率　　　C. 现金流量　　　D. 计算方法

6. 以公允价值为基础计量的非货币性资产交换,换出资产为无形资产的,计入当期损益的部分通过( )科目核算。
   A. 营业外收入　　　B. 营业外支出　　　C. 资产处置损益　　　D. 投资收益

7. 由于公司发展战略需要,2021 年 5 月 6 日,A 公司用一座厂房换入 B 公司的一项专利权。厂房的账面原价 100 万元,已提折旧 20 万元,公允价值 90 万元。A 公司另向 B 公司支付补价 3 万元。该交换具有商业实质,以换出资产的公允价值为基础计量。假设不考虑税费,A 公司换入专利权的入账价值为( )万元。
   A. 93　　　B. 90　　　C. 83　　　D. 80

8. A 公司用一台甲设备换入 D 公司的一台乙设备。甲设备的账面原价 60 万元,已提折旧 3 万元,已提减值准备 3 万元,公允价值 60 万元。乙设备的公允价值 50 万元。该交换不具有商业实质,以账面价值为基础计量,增值税税率 13%,资产的计税价格等于公允价值,D 公司另向 A 公司支付银行存款 11.3 万元,其中包括换入、换出资产进项税额

的差额1.3万元。A公司换入乙设备的入账价值为(　　)万元。
A. 42.7　　　　　　B. 44　　　　　　C. 54　　　　　　D. 52.7

二、多项选择题

1. 下列各项中,属于非货币性资产的有(　　)。
A. 存货　　　　　B. 固定资产　　　　　C. 股权投资　　　　　D. 应收票据

2. 下列各项中,属于货币性资产的有(　　)。
A. 库存现金　　　B. 银行存款　　　　　C. 预付账款　　　　　D. 应收账款

3. 非货币性资产交换同时满足下列(　　)条件的,应当以公允价值为基础计量。
A. 该项交换具有商业实质
B. 该项交换不具有商业实质
C. 换入资产和换出资产的公允价值能够可靠计量
D. 换入资产或换出资产的公允价值能够可靠计量

4. 满足下列(　　)之一的非货币性资产交换具有商业实质。
A. 换入资产与换出资产未来现金流量的风险、金额相同,时间显著不同
B. 换入资产与换出资产未来现金流量的风险、时间相同,金额显著不同
C. 换入资产与换出资产未来现金流量的时间、金额相同,风险显著不同
D. 使用换入资产所产生的预计未来现金流量现值与继续使用换出资产所产生的预计未来现金流量现值不同

5. 对于以账面价值为基础计量的非货币性资产交换,同时换入多项资产的,应当以(　　)将换出资产的账面价值总额(涉及补价的,加上支付补价的账面价值或减去收到补价的公允价值)分摊至各项换入资产。
A. 各项换入资产的公允价值的相对比例
B. 各项换入资产的原账面价值的相对比例
C. 其他合理的比例
D. 各项换出资产的公允价值的相对比例

6. 以公允价值为基础计量的非货币性资产交换,涉及补价的,对于支付补价方,下列选项中正确的有(　　)。
A. 以换出资产的公允价值为基础计量的,以换出资产的公允价值,加上支付补价的公允价值和应支付的相关税费,作为换入资产的成本
B. 以换出资产的公允价值为基础计量的,换出资产的公允价值与其账面价值之间的差额计入当期损益
C. 有确凿证据表明换入资产的公允价值更加可靠的,以换入资产的公允价值和应支付的相关税费作为换入资产的初始计量金额
D. 有确凿证据表明换入资产的公允价值更加可靠的,换入资产的公允价值减去支付补价的公允价值,与换出资产账面价值之间的差额计入当期损益

7. 关于以账面价值为基础计量的非货币性资产交换,下列选项正确的有(　　)。
A. 以换出资产的账面价值和应支付的相关税费作为换入资产的初始计量金额

B. 换出资产终止确认时不确认损益

C. 支付补价方,应当以换出资产的账面价值,加上支付补价的账面价值和应支付的相关税费,作为换入资产的初始计量金额

D. 收到补价方,应当以换出资产的账面价值,减去收到补价的公允价值,加上应支付的相关税费,作为换入资产的初始计量金额

8. 下列各项中,应在财务报表附注中披露的有(　　)。

A. 非货币性资产交换是否具有商业实质及其原因

B. 换入、换出资产的类别

C. 换入资产初始计量金额的确定方式

D. 换入资产的账面价值

三、判断题

❶ 非货币性资产交换不涉及货币性资产。（　）

❷ 非货币性资产交换是一种互惠转让。（　）

❸ 在非货币性资产交换中,对于换入资产,视为购买取得资产,企业应当在换入资产符合资产定义并满足资产确认条件时予以确认。（　）

❹ 以公允价值为基础计量的非货币性资产交换,对于换入资产,应当以换出资产的公允价值和应支付的相关税费作为换入资产的成本进行初始计量,但是,有确凿证据表明换入资产的公允价值更加可靠的,应当以换入资产的公允价值和应支付的相关税费作为换入资产的初始计量金额。（　）

❺ 以账面价值为基础计量的非货币性资产交换,不涉及补价的,对于换入资产,应当以换出资产的账面价值和应支付的相关税费作为换入资产的初始计量金额,上述税费不包括准予从增值税销项税额中抵扣的进项税额。（　）

❻ 以账面价值为基础计量的非货币性资产交换,对于换出资产,终止确认时不确认损益。（　）

❼ 对于以账面价值为基础计量的非货币性资产交换,涉及补价的,应当将补价作为确定换入资产初始计量金额的调整因素。（　）

❽ 企业应当在财务报表附注中披露换入资产、换出资产的公允价值以及账面价值。（　）

四、计算分析题

❶ 2021年6月5日,A公司由于生产经营需要,以一批电脑换入B公司一批产品,电脑账面原价4 000 000元,累计折旧800 000元,公允价值2 600 000元;产品账面价值2 200 000元,公允价值2 800 000元。双方均将电脑作为固定资产管理,将产品作为存货管理,增值税税率13%。A公司向B公司支付226 000元,其中包括补价200 000元,以及双方的增值税差额26 000元。该交换具有商业实质,A公司以换出资产的公允价值为基础计量。

要求:编制双方的会计分录。

❷ 2021年5月4日,A公司以其生产经营用设备与B公司作为固定资产的货运汽车交换。A公司换出设备的账面原价1 200 000元,已提折旧300 000元,公允价值980 000元;B公司换出货运汽车的账面原价1 400 000元,已提折旧400 000元,公允价值1 020 000元。增值税税率13%。A公司向B公司支付45 200元,其中包括补价40 000元,以及双方的增值税差额5 200元。双方对于换入资产均作为固定资产管理,增值税税率13%,计税价格等于公允价值。该交换具有商业实质,以换出资产的公允价值为基础计量。

要求:分别编制A公司和B公司的会计分录。

❸ 2021年7月5日,甲股份有限公司为实施公司战略,以一辆卡车和一台机床同时交换乙股份有限公司使用的十台电脑和一辆客车。甲公司卡车的账面原价16万元,在交换日的累计折旧3万元,公允价值11万元;机床的账面原价13万元,在交换日的累计折旧6万元,公允价值7万元;乙公司电脑的账面原价10万元,在交换日的累计折旧5万元,公允价值6万元;客车的账面原价17万元,在交换日的累计折旧6万元,公允价值13万元;增值税税率13%,计税价格等于公允价值。甲公司向乙公司支付1.13万元,其中包括1万元补价,以及双方的增值税差额0.13万元,假定甲公司和乙公司均未计提资产减值准备,该项交换具有商业实质,双方均将换入资产作为固定资产管理,并均以换出资产的公允价值为基础计量。

要求:分别编制甲、乙公司的会计分录。

❹ 2021年7月2日,甲公司因经营战略调整,以一项专用设备换入乙公司一项非专利技术。专用设备的账面原价60万元,累计折旧15万元;非专利技术的账面原价80万元,累计摊销30万元。由于专用设备和非专利技术的特殊性,其公允价值均不能可靠计量。甲公司对于取得的非专利技术按无形资产管理,乙公司对于取得的专用设备按固定资产管理。假设不考虑税费,双方以账面价值为基础计量。

要求:分别编制甲、乙公司的会计分录。

项目五 债务重组

项目要点

债务重组是企业疏解债务危机的常用策略,对于化解股东法律风险、优化应收账款管理等同样意义非凡。本项目通过讲解持续经营条件下债务重组的会计问题,引导学生认识市场经济,树立风险意识和法治意识。

任务一　认识债务重组

一　债务重组的概念

债务重组,是指在不改变交易对手方的情况下,经债权人和债务人协定或法院裁定,就清偿债务的时间、金额或方式等重新达成协议的交易。

为正确理解债务重组的概念,需要具体关注以下要点:

1.债务重组涉及债务人和债权人,对债权人而言为"债权重组",对债务人而言为"债务重组",为便于表述,统称为"债务重组"。

2.债务重组是在不改变交易对手方的情况下进行的交易。在经济生活中,经常出现第三方参与相关交易的情形。例如,某公司以不同于原条款的方式代债务人向债权人偿债;又如,新组建的公司承接原债务人的债务,与债权人进行债务重组;再如,资产管理公司从债权人处购得债权,再与债务人进行债务重组,等等。在上述情形下,企业应当首先考虑原债权债务是否发生终止确认,再考虑新的债务重组交易。

【例 5-1】

A 公司应付 B 公司账款 100 万元,2021 年 4 月 30 日,B 公司将此债权以 80 万元的价格出售给 C 资产管理公司。2021 年 7 月 30 日,C 资产管理公司与 A 公司进行协商,同意 A 公司在偿还 90 万元后,豁免 A 公司剩余的 10 万元债务。

本例中,B 公司将其对 A 公司的债权出售给 C 资产管理公司,终止了 B 与 A 的原债权债务关系,形成了 C 与 A 的新债权债务关系。这一步骤由于改变了交易对手方,因此不属于债务重组交易。之后,C 资产管理公司与 A 公司达成的协议,才是债务重组交易。

3.债务重组是就债务条款重新达成协议的交易。只要债权人和债务人就债务条款重新达成了协议,包括清偿债务的时间、方式、本金和利息等,就符合债务重组的定义。

4.债务重组涉及的债权和债务,是指《企业会计准则第 22 号——金融工具确认和计量》规范的金融工具。它们不包括合同资产、合同负债、预计负债、预收账款、预付账款、应交税费等债权债务。但针对租赁应收款和租赁应付款的债务重组,属于债务重组的范围。

此外,需要说明的是,本项目所称债务重组,不包括以下交易和事项:

1.债务重组中涉及的债权、重组债权、债务、重组债务和其他金融工具的确认、计量和列报,分别适用《企业会计准则第 22 号——金融工具确认和计量》和《企业会计准则第 37 号——金融工具列报》。

2.通过债务重组形成企业合并的,适用《企业会计准则第 20 号——企业合并》。

3.债务重组构成权益性交易的,适用权益性交易的有关会计处理规定,债权人和债务人不确认债务重组相关损益。

权益性交易,是指企业与所有者以其所有者身份进行的、导致企业所有者权益变动的交易。例如,企业股东对企业投资,企业向其股东分红等。权益性交易不同于企业日常的经营活动,其产生的利得和损失应计入所有者权益,从而计入资产负债表,不计入利润表。

债务重组构成权益性交易的情形包括:(1)债权人或债务人中的一方直接或间接对另一方持股且以股东身份进行债务重组;(2)债权人与债务人在债务重组前后均受同一方或相同的多方最终控制,且该债务重组的交易实质是债权人或债务人进行了权益性分配或接受了权益性投入。

【例 5-2】

甲公司是乙公司控股股东,为了弥补乙公司临时性经营现金流短缺,向乙公司提供 800 万元无息借款,并约定于 6 个月后收回。借款期满时,尽管乙公司具有充足的现金流,甲公司仍然决定免除乙公司的还款义务。

分析:判断一项交易是否构成权益性交易,关键在于该交易是否基于双方的特殊身份才得以发生,且使得交易一方明显的、单方面的从中获益。本例中,如果甲公司不是以股东身份而是以市场交易者的身份参与交易,在乙公司有足够偿债能力的情况下不会免除其部分本金。因此,甲公司和乙公司应当将该交易作为权益性交易,不应确认债务重组相关损益。

甲公司的会计处理:
(1)借:其他应收款　　　　　　　　　　　　　8 000 000
　　　贷:银行存款　　　　　　　　　　　　　　　　8 000 000
(2)借:长期股权投资　　　　　　　　　　　　8 000 000
　　　贷:其他应收款　　　　　　　　　　　　　　　8 000 000
乙公司的会计处理:
(1)借:银行存款　　　　　　　　　　　　　　8 000 000
　　　贷:其他应付款　　　　　　　　　　　　　　　8 000 000
(2)借:其他应付款　　　　　　　　　　　　　8 000 000
　　　贷:资本公积——资本溢价　　　　　　　　　　8 000 000

二 债务重组的方式

债务重组的方式主要包括:债务人以资产清偿债务、将债务转为权益工具、修改其他债务条款,以及前述一种以上方式的组合。这些债务重组方式都是通过债权人和债务人重新协定或法院裁定达成的,与最初约定的偿债方式不同。

（一）债务人以资产清偿债务

债务人以资产清偿债务，是债务人转让其资产给债权人以清偿债务的债务重组方式。债务人用于偿债的资产通常是已经在资产负债表中确认的资产，例如库存现金、应收账款、存货、长期股权投资、投资性房地产、固定资产、在建工程、生物资产、无形资产等等。

（二）债务人将债务转为权益工具

对于债务人将债务转为权益工具，这里的权益工具，是指根据《企业会计准则第37号——金融工具列报》分类为"权益工具"的金融工具，是债务人自身的权益工具，会计处理时体现为股本（实收资本）、资本公积等科目。

（三）修改其他条款

修改债权和债务的其他条款，是指调整债务本金、改变债务利息、变更还款期限等方式，经修改其他条款的债权和债务，分别形成重组债权和重组债务。

（四）组合方式

组合方式，是指采用以上三种方式中一种以上方式的组合清偿债务的债务清偿方式。例如，债权人和债务人约定，由债务人以库存现金清偿部分债务，将另一部分债务转为权益工具；再如，债务人以设备偿还部分债务，将其余债务展期，等等。

三 关于债权和债务的终止确认

由于债权人与债务人之间进行的债务重组涉及债权和债务的认定，以及清偿方式和期限等的协商，通常需要经历较长时间，要注意会计处理的时点问题。债权人应当在收取债权现金流量的合同权利终止时终止确认债权，债务人应当在债务的现时义务解除时终止确认债务。

（一）以资产清偿债务或将债务转为权益工具

对于以资产清偿债务或将债务转为权益工具方式进行的债务重组，由于债权人在拥有或控制相关资产时，通常其收取债权现金流量的合同权利也同时终止，债权人一般可以终止确认该债权。同样地，由于债务人通过交付资产或权益工具解除了其清偿债务的现时义务，债务人一般可以终止确认该债务。

（二）修改其他条款

对于债权人，债务重组通过调整债务本金、改变债务利息、变更还款期限等修改合同条款方式进行的，通常情况下，应当整体考虑是否对全部债权的合同条款做出了实质性修改。如果做出实质性修改，或者债权人与债务人之间签订协议，以获取实质上不同的新金融资产方式替换债权，应当终止确认原债权，并按照修改后的条款或新协议确认新金融资产。

对于债务人，如果对债务或部分债务的合同条款做出实质性修改形成重组债务，或者债权人与债务人之间签订协议，以承担实质上不同的重组债务方式替换债务，债务人应当终止确认原债务,同时按照修改后的条款确认一项新金融负债。其中,如果重组债务未来现金流量(包括支付和收取的某些费用)现值与原债务的剩余期间现金流量现值之间的差异超过10%,则意味着新的合同条款进行了实质性修改或者重组债务是实质上不同的,有关现值的计算均采用原债务的实际利率。

(三)组合方式

对于债权人,与上述"修改其他条款"类似,通常情况下应当整体考虑是否终止确认全部债权。由于组合方式涉及多种债务重组方式,一般可认为对全部债权的合同条款做出了实质性修改,从而终止确认全部债权,并按照修改后的条款确认新金融资产。

对于债务人,组合中以资产清偿债务或将债务转为权益工具方式进行的债务重组,如果债务人清偿该部分债务的现时义务已经解除,应当终止确认该部分债务。组合中以修改其他条款方式进行的债务重组,需要根据具体情况,判断对应的部分债务是否满足终止确认条件。

任务二　确认债务重组交易

一、以资产清偿债务

(一)债权人的会计处理

采用以资产清偿债务的方式进行债务重组,债权人应当在受让的相关资产符合其定义和确认条件时予以确认。

1. 债权人受让金融资产

债权人对于受让的金融资产,在初始确认时应当以其公允价值计量。同时,金融资产确认金额与债权终止确认日账面价值之间的差额,记入"投资收益"科目。

2. 债权人受让非金融资产

债权人对于受让的非金融资产,应当按照下列原则以成本计量:

(1)存货的成本,包括放弃债权的公允价值和使该资产达到当前位置和状态所发生的可直接归属于该资产的税金、运输费、装卸费、保险费等其他成本。

(2)对联营企业或合营企业投资的成本,包括放弃债权的公允价值和可直接归属于该资产的税金等其他成本。

(3)投资性房地产的成本,包括放弃债权的公允价值和可直接归属于该资产的税金等其他成本。

(4)固定资产的成本,包括放弃债权的公允价值和使该资产达到预定可使用状态前所发生的可直接归属于该资产的税金、运输费、装卸费、安装费、专业人员服务费等其他成本。确定固定资产成本时,应当考虑预计弃置费用因素。

(5)生物资产的成本,包括放弃债权的公允价值和可直接归属于该资产的税金、运输

费、保险费等其他成本。

(6)无形资产的成本,包括放弃债权的公允价值和可直接归属于使该资产达到预定用途所发生的税金等其他成本。

在会计处理时,放弃债权的公允价值与账面价值之间的差额,记入"投资收益"科目。

3. 债权人受让多项资产

债权人受让多项非金融资产,或者包括金融资产、非金融资产在内的多项资产的,应当按照公允价值确认和计量金融资产;按照受让的金融资产以外的各项资产在债务重组合同生效日的公允价值比例,对放弃债权在合同生效日的公允价值扣除受让金融资产当日公允价值后的净额进行分配,并以此为基础分别确定各项资产的成本。放弃债权的公允价值与账面价值之间的差额,记入"投资收益"科目。

4. 债权人将受让的资产划分为持有待售类别

债权人将受让的资产划分为持有待售类别的,应比较假定其不划分为持有待售类别情况下的初始计量金额和公允价值减去出售费用后的净额,以两者孰低进行初始计量。

(二)债务人的会计处理

1. 债务人以金融资产清偿债务

债务人以单项或多项金融资产清偿债务的,债务的账面价值与偿债金融资产账面价值的差额,记入"投资收益"科目。偿债金融资产已计提减值准备的,应结转已计提的减值准备。对于分类为以公允价值计量且其变动计入其他综合收益的债务工具投资清偿债务的,之前计入其他综合收益的累计利得或损失应当从其他综合收益中转出,记入"投资收益"科目。对于指定为以公允价值计量且其变动计入其他综合收益的非交易性权益工具投资清偿债务的,之前计入其他综合收益的累计利得或损失应当从其他综合收益中转出,记入"盈余公积""利润分配—未分配利润"等科目。

2. 债务人以非金融资产清偿债务

债务人以单项或多项非金融资产(如固定资产、无形资产、日常活动的产出或服务等)清偿债务,或者以包括金融资产和非金融资产在内的多项资产清偿债务的,应将所清偿债务账面价值与转让资产账面价值之间的差额,记入"其他收益—债务重组收益"科目。偿债资产已经计提减值准备的,应结转已计提的减值准备。

【例 5-3】

2021年5月5日,甲公司向乙公司销售商品一批,应收乙公司账款的入账金额为113万元。甲公司将该应收账款划分为以摊余成本计量的金融资产,乙公司将该应付账款划分为以摊余成本计量的金融负债。2021年11月5日,双方签订债务重组协议,乙公司以一项作为固定资产核算的设备偿还该欠款。该设备的原价90万元,累计折旧10万元,已计提减值准备2万元。增值税率13%,计税价格等于账面价值。2021年12月5日,双方完成设备转让手续并解除乙公司偿债义务,对取得的设备按固定资产管理。当日,该应收账款的公允价值90万元,已计提坏账准备7万元,乙公司应付账款的账面价值仍为113万元。甲、乙双方均为增值税一般纳税人。

分析：

甲、乙公司均于2021年12月5日,即完成设备转让手续并解除乙公司偿债义务时进行会计处理。甲公司终止确认该债权,乙公司终止确认该债务。

甲公司的会计处理：

甲公司取得设备的成本＝放弃债权的公允价值＝900 000(元)

进项税额＝(900 000－100 000－20 000)×13％＝101 400(元)

借：固定资产	900 000
应交税费——应交增值税(进项税额)	101 400
坏账准备	70 000
投资收益	58 600
贷：应收账款	1 130 000

乙公司的会计处理：

借：固定资产清理	780 000
累计折旧	100 000
固定资产减值准备	20 000
贷：固定资产	900 000
借：应付账款	1 130 000
贷：固定资产清理	780 000
应交税费——应交增值税(销项税额)	101 400
其他收益	248 600

【例 5-4】

承【例 5-3】,假设2021年11月5日,双方签订债务重组协议,乙公司以一批存货偿还该欠款。用于偿债存货的账面余额78万元,未计提存货跌价准备,增值税率13％,计税价格等于账面价值。2021年12月5日,乙公司向甲公司交付存货,甲公司解除乙公司的偿债义务。其他条件同【例 5-3】。

分析：

甲、乙公司均于2021年12月5日,交付存货并解除乙公司偿债义务时进行会计处理。甲公司终止确认该债权,乙公司终止确认该债务。

甲公司的会计处理：

甲公司取得存货的成本＝放弃债权的公允价值＝900 000(元)

进项税额＝780 000×13％＝101 400(元)

借：库存商品	900 000
应交税费——应交增值税(进项税额)	101 400
坏账准备	70 000
投资收益	58 600
贷：应收账款	1 130 000

乙公司的会计处理：

乙公司以存货偿债，因为如下两个原因，不得确认收入：(1)以存货偿债不属于企业的日常活动，不符合收入的定义；(2)《企业会计准则第12号——债务重组》并未明确以存货偿债适用《企业会计准则第14号——收入》。

借：应付账款　　　　　　　　　　　　　　　　　　1 130 000
　　贷：库存商品　　　　　　　　　　　　　　　　780 000
　　　　应交税费——应交增值税(销项税额)　　　　101 400
　　　　其他收益　　　　　　　　　　　　　　　　248 600

二、将债务转为权益工具

(一)债权人的会计处理

1. 债权人受让金融资产

采用将债务转为权益工具的方式进行债务重组，债权人对于受让的金融资产，在初始确认时应当以其公允价值计量。金融资产确认金额与债权终止确认日账面价值之间的差额，记入"投资收益"科目。

2. 债权人受让非金融资产

采用将债务转为权益工具的方式进行债务重组，债权人对于取得的对联营企业或合营企业的投资，按照放弃债权的公允价值和可直接归属于该资产的税金等其他成本进行初始计量。放弃债权的公允价值与账面价值之间的差额，记入"投资收益"科目。

(二)债务人的会计处理

采用将债务转为权益工具的方式进行债务重组，债务人初始确认权益工具时，应当按照权益工具的公允价值计量，权益工具的公允价值不能可靠计量的，应当按照所清偿债务的公允价值计量。所清偿债务账面价值与权益工具确认金额之间的差额，记入"投资收益"科目。债务人因发行权益工具而支出的相关税费等，应当依次冲减资本溢价、盈余公积、未分配利润等。

【例5-5】

2021年7月10日，甲企业管理公司为乙物业公司提供会计咨询服务，约定一个月后结算款项100万元。甲公司将该应收账款划分为以摊余成本计量的金融资产，乙公司将该应付账款划分为以摊余成本计量的金融负债。截至2021年8月10日，因乙公司未能偿还所欠款项，双方协商进行债务重组，甲公司同意将该债权转为对乙公司的股权投资。2021年9月1日，甲公司和乙公司分别支付手续费等相关费用1.5万元和1.2万元，完成了甲公司对乙公司的增资手续。债转股后乙公司实收资本为200万元，甲公司持有的抵债股权占25%，对乙公司具有重大影响，但公允价值不能可靠计量。当日，应收款项和应付款项的公允价值为86万元，账面价值仍为100万元。不考虑相关税费。

分析：

甲、乙公司均于2021年9月1日，完成增资手续并解除乙公司偿债义务时进行会计处理。甲公司终止确认该债权，乙公司终止确认该债务。

甲公司的会计处理：

甲公司获得的偿债股权的初始计量金额＝放弃债权的公允价值860 000＋相关税费15 000＝875 000(元)

借：长期股权投资	875 000
投资收益	140 000
贷：应收账款	1 000 000
银行存款	15 000

乙公司的会计处理：

由于乙公司股权的公允价值不能可靠计量，初始确认权益工具应按清偿债务的公允价值860 000元计量，并扣除相关税费12 000元。

借：应付账款	1 000 000
贷：实收资本	500 000
资本公积——资本溢价	348 000
银行存款	12 000
投资收益	140 000

三 修改其他债务条款

（一）债权人的会计处理

对于以修改其他条款方式进行的债务重组，如果修改其他条款导致全部债权终止确认，债权人应当按照修改后的条款以公允价值初始计量重组债权，重组债权的确认金额与债权终止确认日账面价值之间的差额，记入"投资收益"科目。

如果修改其他条款未导致债权终止确认，债权人应当根据其分类，继续以摊余成本、以公允价值计量且其变动计入其他综合收益，或者以公允价值计量且其变动计入当期损益进行后续计量。对于以摊余成本计量的债权，债权人应当根据重新议定合同的现金流量变化情况，重新计算该重组债权的账面余额，并将相关利得或损失记入"投资收益"科目。重新计算的该重组债权的账面余额，应当根据将重新议定或修改的合同现金流量按债权原实际利率折现的现值确定。

（二）债务人的会计处理

对于以修改其他条款方式进行的债务重组，如果修改其他条款导致债务终止确认，债务人应当按照公允价值计量重组债务，终止确认的债务账面价值与重组债务确认金额之间的差额，记入"投资收益"科目。

如果修改其他条款未导致债务终止确认，或者仅导致部分债务终止确认，对于未终

止确认的部分债务,债务人应当根据其分类,继续以摊余成本、以公允价值计量且其变动计入当期损益或者其他适当方法进行后续计量。对于以摊余成本计量的债务,债务人应当根据重新议定合同的现金流量变化情况,重新计算该重组债务的账面价值,并将相关利得或损失记入"投资收益"科目。重新计算的该重组债务的账面价值,应当根据将重新议定或修改的合同现金流量按债务的原实际利率折现的现值确定。

【例 5-6】

A 公司是上市公司,2021 年 6 月 30 日,其取得的一项 B 银行贷款到期,本金 1 000 万元,年利率 6%,按年付息,已按时支付全部利息。由于 A 公司出现严重的资金周转问题,无法偿还贷款本金,双方于 2021 年 7 月 10 日就该项贷款重新达成协议,新协议约定:B 银行同意免除 A 公司 200 万元贷款本金,剩余贷款展期一年,利率修改为 8%。A 公司和 B 银行均以摊余成本计量该项贷款。当日,予以展期的贷款的公允价值为 800 万元。

分析:

债权人 B 银行的会计处理:

假设 B 银行经过分析后认为,重组协议构成对原贷款的实质性修改,B 银行应终止确认原贷款,并按照修改后的条款以公允价值计量重组债权。

借:贷款——本金　　　　　　　　　　　　　　　8 000 000
　　投资收益　　　　　　　　　　　　　　　　　2 000 000
　　贷:贷款——本金　　　　　　　　　　　　　10 000 000

债务人 A 公司的会计处理:

重组后债务未来现金流量现值 = (800 + 800 × 8%) × (P/F, 6%, 1)
　　　　　　　　　　　　　　= 815.097 6(万元)

原债务剩余期间未来现金流量现值 = 1 000(万元)

现金流量变化 = (815.097 6 − 1 000) ÷ 1 000 = 18.49% > 10%

因此,可以认为对合同条款的修改构成了实质性修改,应终止确认原贷款,并按公允价值计量重组债务。

借:长期借款——本金　　　　　　　　　　　　10 000 000
　　贷:长期借款——本金　　　　　　　　　　　8 000 000
　　　　投资收益　　　　　　　　　　　　　　　2 000 000

四、组合方式

(一)债权人的会计处理

以组合方式进行债务重组的,一般可以认为对全部债权的合同条款做出了实质性修改,债权人应当按照修改后的条款,以公允价值初始计量重组债权和受让的新金融资产,然后按照受让的金融资产以外的各项资产在债务重组合同生效日的公允价值比例,对放弃债权在合同生效日的公允价值扣除重组债权和受让金融资产当日公允价值后的净额进行分配,并以此为基础分别确定各项资产的成本。放弃债权的公允价值与账面价值之间的差额,记入"投资收益"科目。

(二)债务人的会计处理

采用以资产清偿债务、将债务转为权益工具、修改其他条款等方式的组合进行债务重组的,债务人应当按照上文将债务转为权益工具中债务人的会计处理和修改其他债务条款中债务人的会计处理的规定确认和计量权益工具和重组债务,所清偿债务的账面价值与转让资产的账面价值以及权益工具和重组债务的确认金额之和的差额,记入"其他收益-债务重组收益"或"投资收益"(仅涉及金融工具时)科目。

【例 5-7】

2021 年 9 月 1 日,A 公司应收 B 上市公司账款 1 500 万元到期,因 B 公司出现暂时的财务危机,不能偿还到期债务,经双方协商,达成如下债务重组协议:(1)B 公司将一项专利技术转让给 A 公司,用于抵偿债务 500 万元;(2)B 公司向 A 公司定向增发 112 万股,占 A 公司股份总额的 1%,用于抵偿 800 万元债务(股份计算依据为每 10 元债务抵偿 1.4 股 B 公司股票),当日股票收盘价 7.5 元/股,股票面值 1 元/股,A 公司将取得的股权分类为以公允价值计量且其变动计入当期损益的金融资产;(3)免除剩余债务 200 万元。B 公司用于偿债的专利技术原价 600 万元,累计摊销 120 万元,未计提无形资产减值准备。该应收款项的公允价值为 1 400 万元。

2021 年 9 月 30 日,双方完成专利技术转让手续和增资手续,并解除 B 公司的偿债义务,B 公司当日股票收盘价 7.6 元/股,A 公司应收账款的账面价值仍为 1 500 万元,未计提坏账准备。假设按税法规定,转让专利技术免征增值税。

分析:

债权人 A 公司的会计处理:

A 公司和 B 公司以组合方式进行债务重组,同时涉及以资产清偿债务、将债务转为权益工具、债务豁免等方式,可以认为对全部债权的合同条款做出了实质性修改。债权人应当在收取债权现金流量的合同权利终止时(2021 年 9 月 30 日)终止确认原债权,并确认债务重组相关损益。

受让无形资产的初始计量金额=1 400-200-112×7.5=360(万元)

借:交易性金融资产　　　　　　　　　　8 512 000(112 万股×7.6)
　　无形资产　　　　　　　　　　　　　3 600 000
　　投资收益　　　　　　　　　　　　　2 888 000
　　贷:应收账款　　　　　　　　　　　　　　　15 000 000

债务人 B 公司的会计处理:

2021 年 9 月 30 日,B 公司清偿债务的相关义务已经解除,可以终止确认原债务,并确认债务重组相关损益。

借:应付账款		15 000 000
累计摊销		1 200 000
贷:无形资产		6 000 000
股本		1 120 000
资本公积——股本溢价		7 392 000
其他收益——债务重组收益		1 688 000

任务三　披露债务重组信息

依据《企业会计准则第 12 号——债务重组》,债权人应当在附注中披露与债务重组有关的下列信息:

1. 根据债务重组方式,分组披露债权账面价值和债务重组相关损益。分组时,债权人可以按照以资产清偿债务方式、将债务转为权益工具方式、修改其他债务条款方式、组合方式为标准分组,也可以根据重要性原则以更细化的标准分组。

2. 债务重组导致的对联营企业或合营企业的权益性投资增加额,以及该投资占联营企业或合营企业股份总额的比例。

债务人应当在附注中披露与债务重组有关的下列信息:

1. 根据债务重组方式,分组披露债务账面价值和债务重组相关损益。分组的标准与对债权人的要求类似。

2. 债务重组导致的股本等所有者权益的增加额。

实务训练

一、单项选择题

1. 债权人对于受让的金融资产,在初始确认时应当以其(　　)计量。
A. 历史成本　　　　B. 公允价值　　　　C. 放弃债权的成本　　　　D. 可变现净值

2. 对于债务人,如果重组债务未来现金流量(包括支付和收取的某些费用)现值与原债务的剩余期间现金流量现值之间的差异超过(　　),则意味着新的合同条款进行了实质性修改或者重组债务是实质上不同的。
A. 10%　　　　B. 20%　　　　C. 30%　　　　D. 40%

3. 在债务重组交易中,债权人放弃债权的公允价值与账面价值之间的差额,记入(　　)科目。
A. 公允价值变动损益　　　　　　B. 营业外收入
C. 投资收益　　　　　　　　　　D. 其他收益

4.债务人以单项或多项金融资产清偿债务的,债务的账面价值与偿债金融资产账面价值的差额,记入( )科目。

  A.公允价值变动损益　　　　　　　B.营业外收入
  C.投资收益　　　　　　　　　　　D.其他收益

5.债务人以单项或多项非金融资产清偿债务,应将所清偿债务账面价值与转让资产账面价值之间的差额,记入( )科目。

  A.公允价值变动损益　　　　　　　B.营业外收入
  C.投资收益　　　　　　　　　　　D.其他收益

6.对于以修改其他条款方式进行的债务重组,如果修改其他条款导致债务终止确认,债务人应当按照公允价值计量重组债务,终止确认的债务账面价值与重组债务确认金额之间的差额,记入( )科目。

  A.公允价值变动损益　　　　　　　B.营业外收入
  C.投资收益　　　　　　　　　　　D.其他收益

7.债权人受让多项非金融资产,应当按照它们在( )的公允价值比例,对放弃债权在当日的公允价值进行分配,并以此为基础分别确定各项资产的成本。

  A.债务重组合同生效日　　　　　　B.资产转移日
  C.债务到期日　　　　　　　　　　D.债务解除日

8.采用将债务转为权益工具的方式进行债务重组,债务人应将所清偿债务账面价值与权益工具确认金额之间的差额,记入( )科目。

  A.公允价值变动损益　　　　　　　B.营业外收入
  C.投资收益　　　　　　　　　　　D.其他收益

二、多项选择题

1.债务重组,是指在不改变交易对手方的情况下,经债权人和债务人协定或法院裁定,就( )等重新达成协议的交易。

  A.债务转移　　　　　　　　　　　B.偿债时间
  C.偿债金额　　　　　　　　　　　D.偿债方式

2.债务重组的方式包括( )。

  A.以资产清偿债务　　　　　　　　B.将债务转为权益工具
  C.修改其他债务条款　　　　　　　D.组合方式

3.采用将债务转为权益工具的方式进行债务重组,债权人对于取得的对联营企业或合营企业的投资,按照( )进行初始计量。

  A.放弃债权的公允价值
  B.可直接归属于该资产的税金等其他成本
  C.公允价值
  D.可变现净值

4.债权人应当在财务报表附注中披露的与债务重组有关的信息包括(　　)。

A.根据债务重组方式,分组披露债权账面价值

B.根据债务重组方式,分组披露债务重组相关损益

C.债务重组导致的对联营企业或合营企业的权益性投资增加额

D.债务重组导致的对联营企业或合营企业的权益性投资占联营企业或合营企业股份总额的比例

5.债务人应当在财务报表附注中披露的与债务重组有关的信息包括(　　)。

A.根据债务重组方式,分组披露债务账面价值

B.根据债务重组方式,分组披露债务重组相关损益

C.债务重组导致的股本等所有者权益的增加额

D.债务重组导致的股本等所有者权益增加的比例

6.债务人确认债务重组损益,可能涉及的会计科目有(　　)。

A.资本公积　　　　　　　　B.营业外收入

C.投资收益　　　　　　　　D.其他收益

7.甲公司应收乙公司账款100万元已逾期,经双方协商,甲公司同意乙公司以其生产的产品(账面价值70万,公允价值80万,增值税13%,计税价格等于公允价值)偿债。甲公司对该债权计提坏账准备5万元,该债权的公允价值90万元,则(　　)。

A.甲公司应确认库存商品70万元

B.甲公司应确认库存商品80万元

C.甲公司应确认库存商品90万元

D.甲公司应确认投资收益5.4万元

8.下列关于债务重组的表述中,正确的有(　　)。

A.债权人对于受让的金融资产,在初始确认时应当以其公允价值计量

B.债权人对于受让的非金融资产,在初始确认时应当以其公允价值计量

C.债务人以单项或多项金融资产清偿债务的,债务的账面价值与偿债金融资产账面价值的差额,记入"投资收益"科目

D.债务人以单项或多项金融资产清偿债务的,债务的账面价值与偿债金融资产公允价值的差额,记入"投资收益"科目

三、判断题

❶ 债务重组,是指所有的经债权人和债务人协定或法院裁定,就清偿债务的时间、金额或方式等重新达成协议的交易。　　　　　　　　　　　　　　　　　　　(　　)

❷ 债务重组是在不改变交易对手方的情况下进行的交易。　　　　　　(　　)

❸ 权益性交易,是指企业与所有者以其所有者身份进行的、导致企业所有者权益变动的交易。　　　　　　　　　　　　　　　　　　　　　　　　　　　　(　　)

❹ 债权人应当在收取债权现金流量的合同权利终止时终止确认债权,债务人应当在债务的现时义务解除时终止确认债务。　　　　　　　　　　　　　　(　　)

❺ 采用组合方式进行债务重组,对于债权人而言,一般可以认为对全部债权的合同条款做出了实质性修改。 (　　)

❻ 债务人以库存商品清偿债务,应确认主营业务收入。 (　　)

❼ 判断一项交易是否构成权益性交易,关键在于该交易是否基于双方的特殊身份才得以发生,且使得交易一方明显的、单方面的从中获益。 (　　)

❽ 在债务重组交易中,债权人对于受让的金融资产和非金融资产的初始计量方法相同。 (　　)

四、计算分析题

❶ 2021年1月5日,甲公司向乙公司销售一批商品,应收乙公司账款的入账金额为169.5万元。甲公司将该应收账款划分为以摊余成本计量的金融资产,乙公司将该应付账款划分为以摊余成本计量的金融负债。2021年7月5日,因乙公司未能偿还所欠款项,双方协商进行债务重组,甲公司同意乙公司以一批存货偿还该欠款。用于偿债存货的账面余额100万元,未计提存货跌价准备,增值税率13%,计税价格等于账面价值。2021年7月31日,乙公司向甲公司交付存货,甲公司解除乙公司的偿债义务。当日,该应收账款的公允价值135万元,已计提坏账准备20万元,乙公司应付账款的账面价值仍为169.5万元。

要求:做出甲、乙双方的会计处理。

❷ 2021年4月8日,甲电信公司为乙公司提供电信服务,约定一个月后结算款项80万元。甲公司将该应收账款划分为以摊余成本计量的金融资产,乙公司将该应付账款划分为以摊余成本计量的金融负债。截至2021年7月8日,因乙公司未能偿债,双方协商进行债务重组,甲公司同意将该债权转为对乙公司的股权投资。2021年8月1日,甲公司和乙公司分别支付手续费等相关费用1.8万元和1.5万元,完成了甲公司对乙公司的增资手续。债转股后乙公司实收资本为160万元,甲公司持有的抵债股权占25%,对乙公司具有重大影响,但公允价值不能可靠计量。当日,应收款项和应付款项的公允价值为70万元,账面价值仍为80万元。不考虑相关税费。

要求:做出甲、乙双方的会计处理。

❸ A公司是上市公司,2021年6月30日,其取得的一项B银行贷款到期,本金1 000万元,年利率6%,按年付息,已按时支付全部利息。由于A公司出现严重的资金周转问题,无法偿还贷款本金,双方于2021年7月10日就该项贷款重新达成协议,新协议约定:B银行同意免除A公司100万元贷款本金,剩余贷款展期一年,利率修改为8%。A公司和B银行均以摊余成本计量该项贷款。当日,予以展期的贷款的公允价值为800万元。假设B银行经过分析后认为,重组协议不构成对原贷款的实质性修改。

要求:做出A、B公司的会计处理。

❹ 2021年11月8日,甲公司应收乙公司账款226万元到期,因乙公司发生财务困难,不能偿还到期债务,双方协商进行债务重组。甲公司同意乙公司以其生产的产品、作为固定资产管理的设备抵偿欠款。当日,该债权的公允价值186.45万元,乙公司用于抵

债的产品公允价值(不含增值税)90万元,抵债设备的公允价值75万元,增值税率13%,计税价格等于公允价值。抵债资产于2021年11月30日转让完毕,乙公司发生设备运输费用0.65万元,甲公司发生设备安装费用1.5万元。

甲公司以摊余成本计量该债权。2021年11月30日,甲公司对该债权已计提坏账准备19万元,并将受让的产品和设备分别作为低值易耗品、固定资产进行管理。乙公司以摊余成本计量该债务。2021年11月30日,乙公司用于抵债的产品账面价值70万元,抵债设备的账面原价150万元,累计折旧40万元,已计提减值准备18万元,该项债务的账面价值仍为226万元。

要求:做出甲、乙双方的会计处理。

项目六 所得税

项目要点

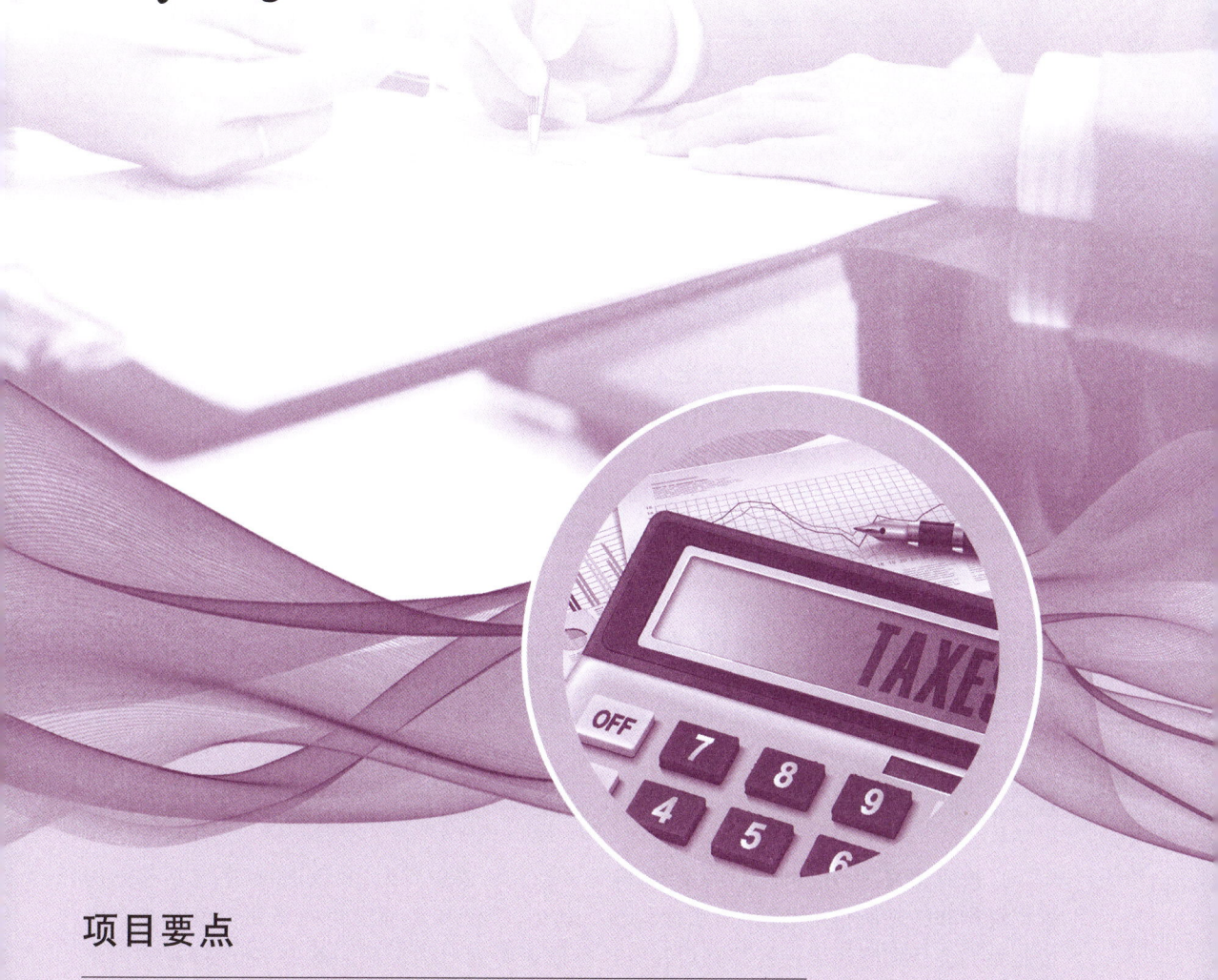

所得税会计是指会计学对于企业所得税的确认、计量和列报,我国所得税会计采用了资产负债表债务法,本项目通过讲解这一方法的具体应用,培养学生的依法纳税意识,以及遵纪守法、诚实守信的品格。

任务一　认识所得税会计

企业的会计核算和税收处理分别遵循不同的原则，服务于不同的目的。在我国，会计的确认、计量、报告应当遵从《企业会计准则》的规定，目的在于真实、完整地反映企业的财务状况、经营成果和现金流量等，为相关的会计信息使用者提供对其决策有用的信息。税法则是以课税为目的，根据国家有关税收法律、法规的规定，确定一定时期纳税人应缴纳的税额，从所得税的角度，主要是确定企业的应纳税所得额，以对企业的经营所得征税。

所得税会计的形成和发展是所得税法规和《企业会计准则》相互分离的必然结果，两者分离的程度和差异的种类、数量直接影响和决定了所得税会计处理方法的改进。

一、所得税会计的特点

所得税会计是会计与税法规定之间的差异在所得税会计核算中的具体体现。根据会计准则规定，企业应采用资产负债表债务法核算所得税。

资产负债表债务法是从资产负债表出发，通过比较资产负债表上列示的资产、负债按照《企业会计准则》的规定确定的账面价值和按照税法的规定确定的计税基础，对于两者之间的差异分别可抵扣暂时性差异和应纳税暂时性差异，确认相关的递延所得税资产和递延所得税负债，并在此基础上确定每一会计期间利润表中的所得税费用。

二、所得税会计核算的一般程序

在采用资产负债表债务法核算所得税的情况下，企业一般应于每一资产负债表日进行所得税会计核算。发生特殊交易或事项时，如企业合并，在确认因交易或事项取得的资产、负债时即应确认相关的所得税影响。企业进行所得税会计核算一般应遵循以下程序：

1. 按照相关《企业会计准则》规定，确定资产负债表中资产、负债项目（不包括递延所得税资产和递延所得税负债）的账面价值。其中，资产和负债项目的账面价值是指企业按照相关会计准则规定进行核算后在资产负债表中列示的金额。例如，企业持有的固定资产账面原值为1 000万元，计提折旧300万元，计提减值准备100万元，其账面价值为600万元，即资产负债表中列示的金额。

2. 按照《企业会计准则第18号——所得税》对资产和负债计税基础的确定方法，以适用的税法规定为基础，确定资产负债表中有关资产、负债项目的计税基础。

3. 比较资产、负债的账面价值和计税基础，对于两者之间存在的差异，根据其性质，分别应纳税暂时性差异和可抵扣暂时性差异并乘以所得税税率，确定该资产负债表日递延所得税负债和递延所得税资产的应有金额，并将该金额与期初递延所得税负债和递延所得税资产的余额相比,进而确定当期的递延所得税负债和递延所得税资产的金额或应予转销的金额,作为利润表中所得税费用的一个组成部分——递延所得税。

4.按照适用的税法规定计算确定当期应纳税所得额,将应纳税所得额与适用的所得税税率计算的结果确认为当期应交所得税,作为利润表中应予确认的所得税费用的另外一个组成部分——当期所得税。

5.确定利润表中的所得税费用。利润表中的所得税费用包括当期所得税和递延所得税两个组成部分,企业在计算确定了当期所得税和递延所得税后,两者之和(或之差),即利润表中的所得税费用。

任务二　认识资产、负债的计税基础及暂时性差异

所得税会计的关键在于确定资产、负债的计税基础。在确定资产、负债的计税基础时,应严格遵循税收法规中对于资产的税务处理以及可税前扣除的费用等规定。

一、资产的计税基础

资产的计税基础,是指企业收回资产账面价值的过程中,计算应纳税所得额时按照税法规定可以自应税经济利益中抵扣的金额,即某一项资产在未来期间计税时可以税前扣除的金额。

通常情况下,资产在初始确认时,在会计上按照其取得成本入账,税法认定的计税基础亦为该资产的取得成本,因此,资产在取得时其入账价值与计税基础是相同的。在后续计量过程中,因《企业会计准则》与税法规定不同,可能产生资产账面价值与其计税基础的差异。在资产持续使用过程中,可在未来期间税前扣除的金额是指资产的取得成本减去以前期间按照税法规定已经税前扣除的金额后的余额。如固定资产、无形资产等长期资产在某一资产负债表日的计税基础是指其成本扣除按照税法规定已在以前期间税前扣除的累计折旧金额或累计摊销金额后的余额。

有关资产计税基础的确定举例如下。

(一)固定资产

以各种方式取得的固定资产,在初始确认时,其入账价值基本上就是税法认定的计税基础,即取得时其入账价值一般与计税基础相等。

固定资产在持有期间进行后续计量时,会计基本计量模式为"成本——累计折旧——固定资产减值准备"。会计与税收处理的差异主要来自折旧方法、折旧年限的不同以及固定资产减值准备的计提。

《企业会计准则》规定,企业应当根据与固定资产有关的经济利益的预期实现方式合理选择折旧方法,可选用的折旧方法包括年限平均法、工作量法、年数总和法以及双倍余额递减法等。税法一般规定,除某些固定资产按照规定可以加速折旧之外,基本上可以

税前扣除的是按照直线法计提的折旧。

另外,税法还规定了每一类固定资产的最低折旧年限,如房屋、建筑物为20年,汽车为4年,电子设备为3年等;而会计处理时折旧年限是按照固定资产为企业带来经济利益的期限估计确定的。因折旧年限的不同,也会产生固定资产账面价值和计税基础之间的差异。

在固定资产持有的期间内,会计处理时可能会对固定资产计提减值准备,因所计提的减值准备不允许税前扣除,也会造成其账面价值和计税基础的差异。

【例6-1】

某企业2020年12月25日取得某项固定资产,原价为200万元,预计使用10年,会计上采用直线法计提折旧,预计净残值为零。假设税法规定类似固定资产采用加速折旧法计提的折旧可在税前扣除,计税时采用双倍余额递减法计提折旧,净残值为零。

2021年12月31日:
该固定资产的账面价值=200-20=180(万元)
该固定资产的计税基础=200-200×20%=160(万元)

(二)无形资产

除内部研究开发形成的无形资产外,以其他方式取得的无形资产,初始确认时其入账价值与税法规定的计税基础之间一般不存在差异。

1. 对于内部研究开发形成的无形资产,《企业会计准则》规定有关研究开发过程分为两个阶段,研究阶段的支出应当费用化计入当期损益,而开发阶段符合资本化条件以后的支出应当资本化作为无形资产成本。税法规定,企业为开发新技术、新产品、新工艺发生的研究开发费用,未形成无形资产计入当期损益的,在按照规定据实扣除的基础上,按照研究开发费用的50%加计扣除;形成无形资产的,按照无形资产成本的150%摊销。

内部研究开发形成的无形资产初始确认时,其入账价值为符合资本化条件以后发生的支出总额,因该部分研究开发支出的150%可在未来所得税前扣除,因此,该无形资产的账面价值小于其计税基础。

2. 无形资产在后续计量时,其账面价值和计税基础的差异主要来自无形资产是否需要摊销及无形资产减值准备的计提。

《企业会计准则》规定,对于无形资产应根据使用寿命情况,区分为使用寿命有限的无形资产和使用寿命不确定的无形资产。对于使用寿命不确定的无形资产,不要求摊销,在持有期间每年应进行减值测试。税法规定,企业取得的无形资产成本应在一定期限内进行摊销,即税法中没有界定使用寿命不确定的无形资产,除外购商誉外所有的无形资产成本均应在一定期间内摊销。因摊销的规定不同,会造成账面价值和计税基础的差异。

在对无形资产计提减值准备的情况下,因计提的减值准备不允许税前扣除,也会造成账面价值和计税基础的差异。

【例 6-2】

某企业 2021 年 1 月 1 日取得某项无形资产,取得成本 100 万元,因使用寿命无法合理估计,会计上视为使用寿命不确定的无形资产,不予摊销,但税法规定对该无形资产按照 10 年的期间摊销,有关金额允许税前扣除。2021 年年末该无形资产的可收回金额为 70 万元。

2021 年 12 月 31 日:
该无形资产的账面价值＝70 万元
该无形资产的计税基础＝100－100÷10＝90(万元)

(三)以公允价值计量且其变动计入当期损益的金融资产

对于以公允价值计量且其变动计入当期损益的金融资产,如交易性金融资产,其于某一会计期末的账面价值为该时点的公允价值。税法规定,企业以公允价值计量的金融资产、投资性房地产等,持有期间公允价值的变动不计入应纳税所得额,在实际处置或结算时,处置取得的价款扣除其历史成本后的差额应计入处置或结算期间的应纳税所得额。即以公允价值计量的金融资产在持有期间某一会计期末的计税基础为其取得成本,从而造成在公允价值变动的情况下,其账面价值与计税基础之间的差异。

企业持有的"其他债权投资""其他权益工具投资"等计税基础的确定,与以公允价值计量且其变动计入当期损益的金融资产类似,可比照处理。

【例 6-3】

2021 年 12 月 10 日,某企业取得一项权益性投资作为交易性金融资产,支付价款 500 万元。2021 年 12 月 31 日,该项权益性投资市价为 560 万元。税法规定,对于交易性金融资产,持有期间公允价值变动不计入应纳税所得额,出售时一并计入应纳税所得额。

2021 年 12 月 31 日:
该交易性金融资产的账面价值＝560 万元
该交易性金融资产的计税基础＝500 万元

企业持有的其他资产,因《企业会计准则》规定与税收法规规定不同,也可能会造成账面价值与其计税基础之间的差异,如计提了资产减值准备的相关资产、采用公允价值模式计量的投资性房地产等。

二、负债的计税基础

负债的计税基础,是指负债的账面价值减去未来期间计算应纳税所得额时按照税法规定可予扣除的金额。用公式表示为

负债的计税基础＝账面价值－未来期间按照税法规定可予税前扣除的金额

通常情况下,短期借款、应付账款、应付票据等负债的确认和偿还,不会对当期损益和应纳税所得额产生影响,未来期间计算应纳税所得额按照税法规定可予抵扣的金额为零,计税基础即账面价值。但在某些情况下,负债的确认可能会影响损益,并影响不同期间的应纳税所得额,使其计税基础与账面价值产生差额。

有关负债计税基础的确定举例如下。

(一)企业因销售商品提供售后服务等原因确认的预计负债

按照或有事项准则规定,企业对于预计提供售后服务将发生的支出在满足有关确认条件时,销售当期即应确认为费用,同时确认预计负债。如果税法规定,与销售产品相关的支出应于实际发生时全额税前扣除,该预计负债的计税基础为零;如果税法规定对于费用支出按照权责发生制原则确定税前扣除时点,所形成负债的计税基础等于账面价值。

因其他或有事项确认的预计负债,应按照税法相关规定确认其计税基础。某些情况下,因有些事项确认的预计负债,如果税法规定其支出无论是否实际发生均不允许税前扣除,即未来期间按照税法规定可予抵扣的金额为零,其账面价值等于计税基础。

【例 6-4】

某企业 2021 年销售商品且提供售后服务,确认 190 万元的销售费用,同时确认为预计负债,当年度未发生任何维修支出。税法规定,有关商品售后服务相关的费用在实际发生时允许税前扣除。

2021 年 12 月 31 日:

该预计负债的账面价值=190 万元

该预计负债的计税基础=190-190=0(万元)

(二)预收账款

企业收到客户预付的款项时,因不符合收入确认条件,会计上将其确认为负债。税法中对于收入的确认原则一般与会计规定相同,即会计上未确认收入时,计税时一般也不计入应纳税所得额,该部分经济利益在未来期间计税时可予扣除的金额为零,计税基础等于账面价值。

如果不符合《企业会计准则》规定的收入确认条件,但按照税法规定应计入当期应纳税所得额,因其产生时已经计算交纳所得税,未来期间可全额税前扣除,则其计税基础为零。

【例 6-5】

某房地产企业 2021 年 12 月 25 日收到客户预付房款,金额 500 万元,因不符合收入确认条件,将其作为预收账款核算。假设税法规定,该款项应计入当期应纳税所得额计算应交所得税。

2021 年 12 月 31 日:

该预收账款账面价值=500 万元

按照税法规定,该款项应计入当期应纳税所得额计算应交所得税,则未来期间不再计入应纳税所得额,即未来期间计算应纳税所得额时税前扣除的金额为500万元,则

该预收账款的计税基础＝500－500＝0(万元)

(三)应付职工薪酬

《企业会计准则》规定,企业为获得职工提供的服务而给予的各种形式的报酬以及其他相关支出均应作为企业的成本费用,在未支付之前确认为负债。税法对于合理的职工薪酬基本允许税前扣除,但税法如果规定了税前扣除标准的,按照会计准则规定计入成本费用的金额超过规定标准部分,应进行纳税调整。因超过部分在发生当期不允许税前扣除,在以后期间也不允许税前扣除,即该部分差额对未来期间计税不产生影响,所产生应付职工薪酬负债的账面价值等于计税基础。

【例 6-6】

某企业2021年会计处理计入成本费用的应付职工薪酬为3 000万元,假设按照税法规定可予税前扣除的合理的职工薪酬为2 200万元。

2021年12月31日:

应付职工薪酬的账面价值＝3 000万元

应付职工薪酬的计税基础＝3 000(账面价值)－0(按照税法规定当期允许税前扣除的金额为2 200元,但未来期间不能够在税前扣除)＝3 000(万元)

该负债账面价值等于计税基础,不形成暂时性差异。

企业的其他负债项目,如应交的罚款和滞纳金等,在尚未支付之前按照会计规定确认为费用,同时作为负债反映。税法规定,罚款和滞纳金不能税前扣除,即该部分费用无论是在发生当期还是在以后期间均不允许税前扣除,其计税基础为账面价值减去未来期间计税时可予税前扣除的金额之间的差额,即计税基础等于账面价值。

三 暂时性差异

暂时性差异,是指资产或负债的账面价值与其计税基础之间的差异;未作为资产和负债确认的项目,按照税法规定可以确定计税基础的,该计税基础与其账面价值之间的差额也属于暂时性差异。

由于资产、负债的账面价值与其计税基础不同,产生了在未来收回资产或清偿负债的期间内,应纳税所得额增加或减少并导致未来期间应交所得税增加或减少的情况。根据暂时性差异对未来期间应纳税额影响的不同,分为应纳税暂时性差异和可抵扣暂时性差异。

（一）应纳税暂时性差异

应纳税暂时性差异，是指在确定未来收回资产或清偿负债期间的应纳税所得额时，将导致产生应税金额的暂时性差异。该差异在未来期间转回时会增加转回期间的应纳税所得额和应交所得税。在该差异产生当期，应当确认为相关的递延所得税负债。

应纳税暂时性差异通常产生于下列情况：

1. 资产的账面价值大于其计税基础。一项资产的账面价值代表企业在持续使用及最终出售该资产时取得的经济利益的总额，而计税基础代表的是一项资产在未来期间可予税前扣除的金额。资产账面价值大于其计税基础，说明该项资产未来期间产生的经济利益不能全部在所得税税前扣除，两者之间的差额需要纳税，从而产生应纳税暂时性差异。

2. 负债的账面价值小于其计税基础。一项负债的账面价值代表的是企业在未来期间清偿负债时的经济利益流出金额，而其计税基础代表的是账面价值在扣除税法规定未来期间允许税前扣除的金额之后的差额。因负债账面价值与其计税基础不同产生的暂时性差异，实质上是税法规定就该负债在未来期间可以税前抵扣的金额。负债账面价值小于其计税基础，即意味着该项负债在未来期间可以税前抵扣的金额为负数，即应在未来期间应纳税所得额的基础上调增，增加未来期间的应纳税所得额和应交所得税，从而产生应纳税暂时性差异。

（二）可抵扣暂时性差异

可抵扣暂时性差异，是指在确定未来收回资产或清偿负债期间的应纳税所得额时，将导致产生可抵扣金额的暂时性差异。该差异在未来期间转回时会减少转回期间的应纳税所得额，减少未来期间的应交所得税。在该差异产生当期，应当确认为相关的递延所得税资产。

可抵扣暂时性差异通常产生于下列情况：

1. 资产的账面价值小于其计税基础。这种情形表明，资产在未来期间产生的经济利益少，按照税法规定允许税前扣除的金额多，则企业在未来期间可以减少应纳税所得额并减少应交所得税，形成可抵扣暂时性差异。

2. 负债的账面价值大于其计税基础。因负债账面价值与其计税基础不同产生的暂时性差异，实质上是税法规定就该负债在未来期间可以税前抵扣的金额。一项负债的账面价值大于其计税基础，意味着未来期间按照税法规定与该项负债相关的全部或部分支出可以自未来应税经济利益中扣除，减少未来期间的应纳税所得额和应交所得税，形成可抵扣暂时性差异。

（三）特殊项目产生的暂时性差异

1. 未作为资产、负债确认的项目产生的暂时性差异。某些交易或事项发生以后，因为不符合资产、负债的确认条件而未体现为资产负债表中的资产或负债，但按照税法规定能够确定其计税基础的，其账面价值与计税基础之间的差异也构成暂时性差异。如企业发生的符合条件的广告费和业务宣传费支出，除另有规定外，不超过销售收入15%的部分准予税前扣除；超过部分准予向以后纳税年度结转扣除。该类费用在发生时即按照会计准则规定计入当期损益，不形成资产负债表中的资产。但按照税法规定可以确定其计税基础，两者之间的差异也形成暂时性差异。

【例 6-7】

A公司2021年发生了2 000万元广告费支出,发生时已作为销售费用计入当期损益。税法规定,该类支出不超过当年销售收入15%的部分允许当期税前扣除,超过部分允许向以后纳税年度结转税前扣除。A公司2021年实现销售收入10 000万元。

该广告费用支出因按照《企业会计准则》规定在发生时已计入当期损益,不体现为资产负债表中的资产,如果将其视为资产,其账面价值为0。

因按照税法规定,该类支出税前列支有一定标准限制,根据当期A公司销售收入15%计算,当期可予税前扣除1 500(10 000×15%)万元,当期未予税前扣除的500万元可以向以后纳税年度结转扣除,其计税基础为500万元。

该项资产的账面价值0与其计税基础500万元之间产生了500万元的暂时性差异,该暂时性差异在未来期间可减少企业的应纳税所得额,为可抵扣暂时性差异,符合确认条件时,应确认相关的递延所得税资产。

2. 可抵扣亏损及税款抵减产生的暂时性差异。对于按照税法规定可以结转以后年度的未弥补亏损及税款抵减,虽不是因资产、负债的账面价值与计税基础不同产生的,但本质上可抵扣亏损和税款抵减与可抵扣暂时性差异具有同样的作用,均能减少未来期间的应纳税所得额和应交所得税,视同可抵扣暂时性差异,在符合确认条件的情况下,应确认与其相关的递延所得税资产。

【例 6-8】

甲公司于2021年因政策性原因发生经营亏损4 000万元,按照税法规定,该亏损可用于抵减以后5个纳税年度的应纳税所得额。该公司预计其于未来5年期间能够产生足够的应纳税所得额利用该经营亏损抵减。

该经营亏损从性质上来看可以减少未来期间的应纳税所得额和应交所得税,视同可抵扣暂时性差异。

任务三　确认递延所得税资产及递延所得税负债

一、递延所得税资产的确认与计量

(一)递延所得税资产确认的一般原则

递延所得税资产产生于可抵扣暂时性差异。资产、负债的账面价值与其计税基础不同而产生可抵扣暂时性差异的,在估计未来期间能够取得足够的应纳税所得额以利用该可抵扣暂时性差异时,应当以很可能取得用来抵扣可抵扣暂时性差异的应纳税所得额为限,确认相关的递延所得税资产。

1. 递延所得税资产的确认应以未来期间可能取得的应纳税所得额为限。在可抵扣暂时性差异转回的未来期间,企业无法产生足够的应纳税所得额用以抵减可抵扣暂时性差异的影响,使得与递延所得税资产相关的经济利益无法实现的,该部分递延所得税资产不予确认;企业有明确的证据表明其于可抵扣暂时性差异转回的未来期间能够产生足够的应纳税所得额,进而利用可抵扣暂时性差异的,则应以可能取得的应纳税所得额为限,确认递延所得税资产。

在判断企业于可抵扣暂时性差异转回的未来期间是否能够产生足够的应纳税所得额时,应考虑以下两个方面的影响:一是通过正常的生产经营活动能够实现的应纳税所得额;二是以前期间产生的应纳税暂时性差异在未来期间转回时将增加的应纳税所得额。

2. 按照税法规定可结转的以后年度的未弥补亏损和税款抵减,应视同可抵扣暂时性差异。在预计可利用未弥补亏损或税款抵减的未来期间内能够取得足够的应纳税所得额时,应当以很可能取得的应纳税所得额为限,确认相应递延所得税资产,同时减少确认当期的应交所得税。

3. 企业合并中,按照《企业会计准则》规定确定的合并中取得的各项可辨认资产、负债的入账价值与其计税基础之间形成的可抵扣暂时性差异,应确认相应的递延所得税资产,并调整合并中应予确认的商誉等。

4. 与直接计入所有者权益的交易或事项相关的可抵扣暂时性差异,相应的递延所得税资产应计入所有者权益,如因"其他权益工具投资"公允价值下降而确认的递延所得税资产。

【例 6-9】

某企业 2020 年 12 月 30 日取得某项固定资产,原价为 200 万元,预计使用 10 年,预计净残值为零(假定税法规定的使用年限和净残值与会计相同)。会计上采用双倍余额递减法计提折旧,税法规定采用直线法计提的折旧可在税前扣除。假定企业所得税税率为 25%。

2021 年 12 月 31 日:

该固定资产的账面价值=200-200×20%=160(万元)

该固定资产的计税基础=200-20=180(万元)

该项固定资产账面价值与其计税基础的差额为 20 万元,资产账面价值小于其计税基础,资产在未来期间产生的经济利益小于按照税法规定允许税前扣除的金额,则企业在未来期间可以减少应纳税所得额并减少应交所得税,形成可抵扣暂时性差异,即应当确认递延所得税资产。

借:递延所得税资产　　　　　　　　　　　　　　　　　　50 000
　　贷:所得税费用　　　　　　　　　　　　　　　　　　　　50 000

(二)不确认递延所得税资产的特殊情况

某些情况下,如果企业发生的某项交易或事项不是企业合并,并且交易发生时既不影响会计利润也不影响应纳税所得额,且该项交易中产生的资产、负债的初始确认金额与其计税基础不同,产生可抵扣暂时性差异的,《企业会计准则》规定在交易或事项发生时不确认相应的递延所得税资产。

原因是,在该种情况下,如果确认递延所得税资产,则需要调整资产、负债的入账价值,而对实际成本进行调整违背会计核算中的历史成本计量属性,影响会计信息的可靠性。

【例 6-10】

某企业2022年1月以融资租赁方式租入一项固定资产,该资产在租赁期开始日的公允价值为2 100万元,最低租赁付款额的现值为1 980万元。租赁合同约定的付款总额为2 300万元。假定不考虑在租入资产过程中发生的相关费用。

《企业会计准则》规定,承租人在租赁期开始日应当将租赁资产的公允价值与最低租赁付款额现值两者中较低者作为租入资产的入账价值,即企业融资租入固定资产的入账价值为1 980万元。

税法规定,融资租入固定资产应当按照租赁合同或协议约定的付款总额和承租人在签订租赁合同过程中发生的相关费用作为其计税基础,即其计税基础为2 300万元。

融资租入固定资产的入账价值1 980万元与其计税基础2 300万元之间的差额,在取得资产时既不影响会计利润,也不影响应纳税所得额,如果确认相应的所得税影响,直接结果是减记资产的初始计量金额。因此,《企业会计准则》规定该种情况下不确认相应的递延所得税资产。

【例 6-11】

A企业当期为开发新技术发生研究开发支出共计2 000万元,其中研究阶段支出400万元,开发阶段符合资本化条件前发生的支出为400万元,符合资本化条件后至达到预定用途前发生的支出为1 200万元。税法规定,研究开发支出未形成无形资产计入当期损益的,按照研究开发费用的50%加计扣除;形成无形资产的,按照无形资产成本的150%摊销。假定开发形成的无形资产在当期期末已达到预定用途(尚未开始摊销)。

A企业当期发生的研究开发支出中,按照会计准则规定应予费用化的金额为800万元,形成无形资产的成本为1 200万元,即期末所形成无形资产的账面价值为1 200万元。

A企业当期发生的2 000万元研究开发支出,按照税法规定可在当期税前扣除的金额为1 200万元。所形成无形资产在未来期间可予税前扣除的金额为1 800万元,其计税基础为1 800万元,形成暂时性差异600万元。

该内部开发形成的无形资产的账面价值与其计税基础之间产生的600万元暂时性差异系资产初始确认产生的,确认资产既不影响会计利润也不影响应纳税所得额,按照《企业会计准则》规定,不确认暂时性差异的所得税影响。

(三)递延所得税资产的计量

1.适用税率的确定。确认递延所得税资产时,应估计相关可抵扣暂时性差异的转回时间,采用转回期间适用的所得税税率为基础计算确定。无论相关的可抵扣暂时性差异转回期间如何,递延所得税资产均不予折现。

2.递延所得税资产账面价值的复核。资产负债表日,企业应当对递延所得税资产的账面价值进行复核。如果未来期间很可能无法取得足够的应纳税所得额以利用递延所得税资产的利益,应当减记递延所得税资产的账面价值。递延所得税资产的账面价值减记以后,以后期间根据新的环境和情况判断能够产生足够的应纳税所得额利用可抵扣暂时性差异,使得递延所得税资产包含的经济利益能够实现,应相应恢复递延所得税资产的账面价值。

二 递延所得税负债的确认和计量

递延所得税负债产生于应纳税暂时性差异。因应纳税暂时性差异在转回期间将增加未来期间企业的应纳税所得额和应交所得税,导致未来经济利益的流出,从发生当期看,构成企业应支付税金的义务,应作为负债确认。

(一)递延所得税负债确认的一般原则

基于谨慎性要求,除《企业会计准则》明确规定可不确认递延所得税负债的情况外,企业对于所有的应纳税暂时性差异均应确认相关的递延所得税负债。

确认应纳税暂时性差异产生的递延所得税负债时,交易或事项发生时影响到会计利润或应纳税所得额的,相关的所得税影响应作为利润表中所得税费用的组成部分;与直接计入所有者权益的交易或事项相关的,其所得税影响应减少所有者权益;与企业合并中取得资产、负债相关的,递延所得税影响应调整购买日应确认的商誉或是计入合并当期损益的金额。

【例 6-12】

沿用【例 6-3】有关资料,假定该企业除该交易性金融资产外,当期发生的交易和事项不存在其他会计与税法的差异。

2021年12月31日,该交易性金融资产账面价值560万元大于其计税基础500万元的差额60万元,属于应纳税暂时性差异,应确认递延所得税负债。

【例 6-13】

某企业 2020 年年末购入一项固定资产,成本 120 000 元,预计使用 4 年,预计净残值为 0。会计上按直线法计提折旧,税法规定采用年数总和法计提折旧,假定税法规定的使用年限和净残值与会计相同。假定该企业各会计期间均未对固定资产计提减值准备。

企业每年因固定资产账面价值与计税基础不同确认的递延所得税情况见表 6-1。

表 6-1　　　　　　　　　递延所得税情况　　　　　　　　单位:元

项目 \ 时间	2021 年	2022 年	2023 年	2024 年
实际成本	120 000	120 000	120 000	120 000
累计会计折旧	30 000	60 000	90 000	120 000
账面价值	90 000	60 000	30 000	0
累计计税折旧	48 000	84 000	108 000	120 000
计税基础	72 000	36 000	12 000	0
暂时性差异	18 000	24 000	18 000	0
适用税率	25%	25%	25%	25%
递延所得税负债余额	4 500	6 000	4 500	0

(1) 2021 年资产负债表日

固定资产账面价值=实际成本-累计会计折旧=120 000-30 000=90 000(元)

固定资产计税基础=实际成本-税前扣除的累计计税折旧=120 000-48 000=72 000(元)

账面价值大于计税基础,两者之间产生 18 000 元差异,属于应纳税暂时性差异,确认为递延所得税负债 4 500(18 000×25%)元。

借:所得税费用　　　　　　　　　　　　　　　　　　　　　4 500
　　贷:递延所得税负债　　　　　　　　　　　　　　　　　　　4 500

(2) 2022 年资产负债表日

固定资产账面价值=实际成本-累计会计折旧=120 000-60 000=60 000(元)

固定资产计税基础=实际成本-税前扣除的累计计税折旧=120 000-84 000=36 000(元)

账面价值大于计税基础,两者之间产生 24 000 元差异,属于应纳税暂时性差异,确认为递延所得税负债 6 000(24 000×25%)元,但递延所得税负债的期初余额为 4 500 元,本期进一步确认 1 500 元。

借:所得税费用　　　　　　　　　　　　　　　　　　　　　1 500
　　贷:递延所得税负债　　　　　　　　　　　　　　　　　　　1 500

(3) 2023年资产负债表日

固定资产账面价值=实际成本-累计会计折旧=120 000-90 000=30 000(元)

固定资产计税基础=实际成本-税前扣除的累计计税折旧=120 000-108 000=12 000(元)

账面价值大于计税基础,两者之间产生18 000元差异,属于应纳税暂时性差异,确认为递延所得税负债4 500(18 000×25%)元,但递延所得税负债的期初余额为6 000元,当期应转回1 500元。

借:递延所得税负债　　　　　　　　　　　　　　　　　　1 500
　　贷:所得税费用　　　　　　　　　　　　　　　　　　　　　1 500

(4) 2024年资产负债表日

固定资产账面价值=实际成本-累计会计折旧=120 000-120 000=0(元)

固定资产计税基础=实际成本-税前扣除的累计计税折旧=120 000-120 000=0(元)

账面价值等于计税基础,两者之间不存在暂时性差异,原已确认的递延所得税负债4 500元当期应当全部转回。

借:递延所得税负债　　　　　　　　　　　　　　　　　　4 500
　　贷:所得税费用　　　　　　　　　　　　　　　　　　　　　4 500

(二)不确认递延所得税负债的特殊情况

某些情况下,虽然资产、负债的账面价值与其计税基础不同,产生了应纳税暂时性差异,但出于各方面考虑,《企业会计准则》规定不确认相应的递延所得税负债。

1. 商誉的初时确认,这是针对非同一控制下的企业合并,企业合并成本大于合并中取得的被购买方可辨认净资产公允价值份额的差额。

2. 除企业合并以外的其他交易或事项中,如果该项交易或事项发生时既不影响会计利润,也不影响应纳税所得额,则所产生的资产、负债的初始确认金额与其计税基础不同,形成应纳税暂时性差异的,交易或事项发生时不确认相应的递延所得税负债。

该规定主要是考虑到由于交易发生时既不影响会计利润,也不影响应纳税所得额,确认递延所得税负债的直接结果是增加有关资产的账面价值或是降低所确认负债的账面价值,使得资产、负债在初始确认时,违背历史成本原则,影响会计信息的可靠性。

(三)递延所得税负债的计量

递延所得税负债应当以相关应纳税暂时性差异转回期间适用的所得税税率计量。在我国,除享受优惠政策的情况以外,企业适用的所得税税率在不同年度之间一般不会发生变化,企业在确认递延所得税负债时,可以现行适用税率为基础计算确定。此外,递延所得税负债的确认不要求折现。

任务四　确认所得税费用

按照资产负债表债务法核算所得税,利润表中的所得税费用由两个部分组成:当期所得税和递延所得税。即

所得税费用＝当期所得税＋递延所得税

一、当期所得税

当期所得税,是指企业按照税法规定计算确定的针对当期发生的交易和事项,应交纳给税务部门的所得税金额,即应交所得税,应以适用的税收法规为基础计算确定。即

当期所得税＝当期应交所得税

企业在确定当期所得税时,对于当期发生的交易或事项,会计处理与税收处理不同的,应在会计利润的基础上,按照适用税收法规的要求进行调整,计算出当期应纳税所得额,按照应纳税所得额与适用所得税税率计算确定当期应交所得税。

二、递延所得税

递延所得税,是指按照《企业会计准则》规定应予确认的递延所得税资产和递延所得税负债在期末应有的金额相对于原已确认金额之间的差额,即递延所得税资产及递延所得税负债的当期发生额,但不包括直接计入所有者权益的交易或事项及企业合并产生的所得税影响。即

$$递延所得税 = (期末递延所得税负债 - 期初递延所得税负债) - (期末递延所得税资产 - 期初递延所得税资产)$$

应予说明的是,企业因确认递延所得税资产和递延所得税负债产生的递延所得税,一般应计入所得税费用,但以下两种情况除外:

一是某项交易或事项按照《企业会计准则》规定应计入所有者权益,由该交易或事项产生的递延所得税资产或递延所得税负债及其变化亦计入所有者权益,不构成利润表中的递延所得税费用(或收益)。

二是非同一控制下的企业合并,在合并中取得的资产、负债的入账价值与其计税基础不同产生的递延所得税资产或递延所得税负债,其确认结果直接影响合并中产生的商誉或是计入合并当期损益的金额,不影响所得税费用。

【例 6-14】

某企业 2020 年年初"递延所得税资产"和"递延所得税负债"科目的余额为 0,2020 年度利润表中利润总额为 1 000 万元,适用所得税率为 25%。

2020 年发生的交易和事项中,会计处理与税收处理存在的差别有:

(1) 2020年1月开始计提折旧的一项固定资产,成本400万元,使用年限为10年,净残值为0,会计处理按直线法计提折旧,税收处理按双倍余额递减法计提折旧。假定税收规定的使用年限及净残值与会计规定相同。

(2) 应付违法罚款10万元。

(3) 期末对持有的存货计提30万元的存货跌价准备。

该企业2020年12月31日资产负债表相关项目的金额和计税基础见表6-2。

表6-2　　2020年12月31日资产负债表相关项目的金额和计税基础　　单位:万元

项目	账面价值	计税基础	应纳税暂时性差异	可抵扣暂时性差异
存货	500	530		30
固定资产	360	320	40	
其他应付款	10	10		
总计			40	30

应交所得税=(1 000−40+10+30)×25%=250(万元)

递延所得税资产=30×25%−0=7.5(万元)

递延所得税负债=40×25%−0=10(万元)

借:所得税费用　　　　　　　　　　　　　　　2 525 000
　　递延所得税资产　　　　　　　　　　　　　　 75 000
　贷:应交税费——应交所得税　　　　　　　　　2 500 000
　　递延所得税负债　　　　　　　　　　　　　　100 000

【例6-15】

承【例6-14】,该企业2021年度利润表中的利润总额为2 300万元,除上述固定资产外,会计处理与税收处理不存在其他差异,所得税税率为25%。

该企业2021年12月31日资产负债表相关项目的金额和计税基础见表6-3。

表6-3　　2021年12月31日资产负债表相关项目的金额和计税基础　　单位:万元

项目	账面价值	计税基础	应纳税暂时性差异	可抵扣暂时性差异
固定资产	320	256	64	
总计			64	

应交所得税=(2 300−24)×25%=569(万元)

递延所得税负债=64×25%−10=6(万元)

借:所得税费用　　　　　　　　　　　　　　　5 750 000
　贷:应交税费——应交所得税　　　　　　　　　5 690 000
　　递延所得税负债　　　　　　　　　　　　　　 60 000

任务五　披露所得税信息

根据《企业会计准则》的规定，企业应当在附注中披露与所得税有关的下列信息：

1. 所得税费用（收益）的主要组成部分。
2. 所得税费用（收益）与会计利润关系的说明。
3. 未确认递延所得税资产的可抵扣暂时性差异、可抵扣亏损的金额（如果存在到期日，还应披露到期日）。
4. 对每一类暂时性差异和可抵扣亏损，在列报期间确认的递延所得税资产或递延所得税负债的金额，确认递延所得税资产的依据。
5. 未确认递延所得税负债的，与对子公司、联营企业及合营企业投资相关的暂时性差异金额。

实务训练

一、单项选择题

1. 企业本年度收到客户预付的款项360万元，会计上未确认收入，而是作为合同负债核算。假设按税法规定该笔款项需要在本年度预交所得税，所得税税率为25%。则企业本年度应确认（　　）。

    A. 递延所得税资产360万元
    B. 递延所得税负债360万元
    C. 递延所得税资产90万元
    D. 递延所得税负债90万元

2. 下列各项收益中，按税法规定免交所得税，在计算应纳税所得额时可予以调整的项目是（　　）。

    A. 国债利息收入
    B. 股票转让净收益
    C. 公司债券利息收入
    D. 公司债券转让净收益

3. 对于"其他权益工具投资"的公允价值变动产生的递延所得税资产或递延所得税负债，其金额应计入（　　）。

    A. 所得税费用　　　　　　B. 商誉
    C. 应交所得税　　　　　　D. 其他综合收益

4.某企业2019年12月31日购入价值10万元的设备,预计使用5年,采用双倍余额递减法计提折旧,税法允许采用直线法计提折旧,2021年12月31日可抵扣暂时性差异为( )万元。

  A. 3.6   B. 6

  C. 1.2   D. 2.4

5.按照资产负债表债务法核算所得税,会产生暂时性差异的是( )。

  A. 企业支付的罚款

  B. 企业取得的国债利息收入

  C. 计提坏账准备

  D. 企业支付的不合理的职工薪酬

6.下列选项中,不会产生暂时性差异的是( )。

  A. 计提固定资产减值准备

  B. 计提存货跌价准备

  C. 支付的罚款和滞纳金

  D. 交易性金融资产的公允价值下降

7.下列选项中,会产生递延所得税负债的是( )。

  A. 计提固定资产减值准备

  B. 计提坏账准备

  C. 交易性金融资产的公允价值上升

  D. 交易性金融资产的公允价值下降

8.下列选项中,会产生递延所得税资产的是( )。

  A. 企业支付的罚款

  B. 企业取得的国债利息收入

  C. 其他权益工具投资的公允价值上升

  D. 其他权益工具投资的公允价值下降

二、多项选择题

1.下列项目产生可抵扣暂时性差异的有( )。

  A. 预提产品保修费用   B. 计提存货跌价准备

  C. 计提固定资产减值准备   D. 取得国债利息收入

2.下列项目中,说法正确的有( )。

  A.《企业会计准则》规定,由"商誉的初始确认"引起的递延所得税负债不予确认

  B. 存在应纳税暂时性差异,应当按照会计准则规定确认递延所得税负债

  C. 递延所得税资产和递延所得税负债的确认均不要求折现

  D. 存在应纳税暂时性差异,应当按照会计准则规定确认递延所得税资产

3. 下列说法中正确的有(　　)。

A. 递延所得税资产和递延所得税负债应当作为非流动资产和非流动负债在资产负债表中予以列示

B. 递延所得税资产大于递延所得税负债的差额应当作为资产列示

C. 递延所得税资产小于递延所得税负债的差额应当作为负债列示

D. 所得税费用应当在利润表中单独列示

4. 按照资产负债表债务法核算所得税,产生应纳税暂时性差异的有(　　)。

A. 资产账面价值大于计税基础

B. 资产账面价值小于计税基础

C. 负债账面价值大于计税基础

D. 负债账面价值小于计税基础

5. 按照资产负债表债务法核算所得税,产生可抵扣暂时性差异的有(　　)。

A. 资产账面价值大于计税基础

B. 资产账面价值小于计税基础

C. 负债账面价值大于计税基础

D. 负债账面价值小于计税基础

6. 甲公司2021年利润总额为200万元,适用企业所得税税率为25%,2021年取得国债利息收入30万元,计提存货跌价准备70万元,不存在其他纳税调整事项。下列说法中正确的有(　　)。

A. 该公司应确认递延所得税资产17.5万元

B. 该公司应确认递延所得税负债17.5万元

C. 该公司应确认递延所得税资产25万元

D. 该公司应确认所得税费用42.5万元

7. 企业发生的下列会计事项中,会产生可抵扣暂时性差异的有(　　)。

A. 预计产品质量保证损失

B. 交易性金融资产的公允价值上升

C. 交易性金融资产的公允价值下降

D. 计提固定资产减值准备

8. 下列选项中,将会增加所得税费用的有(　　)。

A. 存货产生的应纳税暂时性差异

B. 固定资产产生的可抵扣暂时性差异

C. 其他权益工具投资产生的应纳税暂时性差异

D. 交易性金融资产产生的应纳税暂时性差异

9. 利润表的所得税费用包括(　　)。

A. 当期所得税费用

B. 递延所得税费用

C. 应纳税暂时性差异

D. 可抵扣暂时性差异

10. 下列选项中,应在会计报表附注中披露的有(　　)。

A. 所得税费用(收益)的主要组成部分

B. 所得税费用(收益)与会计利润关系的说明

C. 对每一类暂时性差异在列报期间确认的递延所得税资产

D. 对每一类暂时性差异在列报期间确认的递延所得税负债

三、判断题

❶ 商誉的初始确认产生递延所得税负债。　　　　　　　　　　　　　(　　)

❷ 可抵扣暂时性差异产生递延所得税负债。　　　　　　　　　　　　(　　)

❸ 应纳税暂时性差异产生递延所得税资产。　　　　　　　　　　　　(　　)

❹ 递延所得税资产和递延所得税负债的确认一定会影响当期所得税费用的确认金额。　　　　　　　　　　　　　　　　　　　　　　　　　　　　　　(　　)

❺ 可抵扣暂时性差异,是指在确定未来收回资产或清偿负债期间的应纳税所得额时,将导致产生应税金额的暂时性差异。　　　　　　　　　　　　　　　(　　)

❻ 所有的递延所得税资产和递延所得税负债均应确认。　　　　　　　(　　)

❼ 其他权益工具投资的公允价值变动引起的递延所得税,应作为利润表中的所得税费用。　　　　　　　　　　　　　　　　　　　　　　　　　　　　　(　　)

❽ 递延所得税资产和递延所得税负债的确认均不需要折现。　　　　　(　　)

❾ 按照税法规定可结转以后年度的未弥补亏损和税款抵减,应视同可抵扣暂时性差异。　　　　　　　　　　　　　　　　　　　　　　　　　　　　　　(　　)

❿ 资产与负债的计税基础的含义相同。　　　　　　　　　　　　　　(　　)

四、计算分析题

❶ 某企业2021年年初"递延所得税资产"和"递延所得税负债"科目的余额为0, 2021年度利润表中利润总额为1 200万元,适用所得税税率为25%。

2021年发生的交易和事项中,会计处理与税收处理存在的差别有:

(1)2021年1月开始计提折旧的一项固定资产,成本600万元,使用年限为10年,净残值为0,会计处理按双倍余额递减法计提折旧,税收处理按直线法计提折旧。假设税收规定的使用年限及净残值与会计规定相同。

(2)应付违法罚款100万元。

(3)期末对持有的存货计提40万元的存货跌价准备。

该企业资产负债表中相关项目的金额和计税基础见表6-4。

项目六 所得税

表 6-4　　　　　　　资产负债表中相关项目的金额和计税基础　　　　　　　单位:万元

项目	账面价值	计税基础	差异 应纳税暂时性差异	差异 可抵扣暂时性差异
存货	600	640		40
固定资产	480	540		60
其他应付款	100	100		
总计				100

要求:对该企业 2021 年的所得税进行相关的会计处理。

❷ A 公司 2021 年 1 月开始计提折旧的一项固定资产,原值为 300 万元,预计使用 5 年,净残值为 0,会计采用年数总和法计提折旧,税法采用直线法计提折旧。

2021 年年初"递延所得税资产"及"递延所得税负债"科目的余额为零,除上述固定资产之外,无其他纳税调整事项。假设该公司各年的会计利润均为 1 000 万元,所得税税率为 25%。

要求:填列表 6-5 的空白部分。

表 6-5　　　　　　　　　　　　　　　　　　　　　　　　　　　　　　　单位:万元

项目 \ 时间	2021 年	2022 年	2023 年	2024 年	2025 年
会计折旧					
税法折旧					
账面价值					
计税基础					
暂时性差异					
递延所得税					
应交所得税					
所得税费用					

与所得税有关的会计分录

❸ 甲公司 2021 年度会计处理与税务处理存在差异的交易或事项如下:

(1)持有的交易性金融资产公允价值上升 60 万元。根据税法规定,交易性金融资产持有期间公允价值的变动金额不计入当期应纳税所得额。

(2)计提与担保事项相关的预计负债 600 万元。根据税法规定,与上述担保事项相关的支出不得税前扣除。

(3)持有的其他权益工具投资公允价值上升 200 万元。根据税法规定,其他权益工具投资持有期间公允价值的变动金额不计入当期应纳税所得额。

(4)计提固定资产减值准备 140 万元。根据税法规定,计提的资产减值准备在未发生实质性损失前不允许税前扣除。

甲公司适用的所得税税率为 25%,2021 年实现的会计利润为 2 000 万元。假定 2021 年年初递延所得税资产和递延所得税负债的余额均为零,甲公司未来年度能够产生足够的应纳税所得额用以抵扣可抵扣暂时性差异。

要求:根据上述资料,不考虑其他因素,计算甲公司 2021 年度应纳企业所得税,并做出与所得税有关的会计分录。

项目七
会计政策、会计估计变更和差错更正

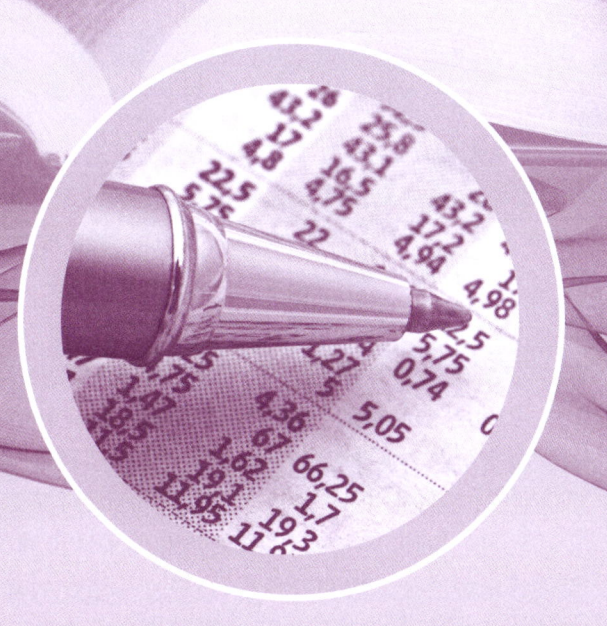

项目要点

按照我国会计法规的要求,企业可以在《企业会计准则》允许的范围内选择适用于本企业的会计政策和会计估计。本项目主要讲解企业会计政策的应用,会计政策、会计估计变更的确认与计量,以及更正前期差错的方法,旨在培养学生的职业判断能力,以及"诚信为本,操守为重"的职业价值观。

任务一　确认会计政策变更

一　会计政策的认定

（一）会计政策的概念

会计政策是指企业在会计确认、计量和报告中所采用的原则、基础和会计处理方法。其中：原则，是指按照《企业会计准则》规定的、适合于企业会计核算所采用的具体会计原则；基础，是指为了将会计原则应用于交易或者事项而采用的基础，主要是计量基础，包括历史成本、重置成本、可变现净值、现值和公允价值；会计处理方法，是指企业在会计核算中按照法律、行政法规或者国家统一的会计制度等规定采用或者选择的、适合于本企业的具体会计处理方法。

【例7-1】

《企业会计准则》规定，存货的期末计量应采用"成本与可变现净值孰低法"。

这里的"成本与可变现净值孰低"是具体会计原则；该具体会计原则涉及的历史成本、可变现净值属于会计计量基础；当存货成本高于其可变现净值时，应当计提存货跌价准备，具体按照单个存货项目计提还是按照存货类别计提，属于具体会计处理方法。

（二）会计政策的判断

原则、基础和会计处理方法构成了会计政策相互关联的有机整体，对会计政策的判断通常应当考虑从会计要素角度出发，根据各项资产、负债、所有者权益、收入、费用等会计确认条件、计量属性以及两者相关的处理方法、列报要求等确定相应的会计政策。比如：

在资产方面，存货的取得、发出和期末计价的处理方法，长期股权投资的初始计量及后续计量中的成本法和权益法，投资性房地产的确认及后续计量模式，固定资产、无形资产的确认条件及其减值政策、金融资产的分类等，属于资产要素的会计政策。

在负债方面，借款费用资本化的条件、债务重组的确认和计量、预计负债的确认条件、应付职工薪酬的确认和计量等，属于负债要素的会计政策。

在所有者权益方面，权益工具的确认和计量、混合金融工具的分拆等，属于所有者权益要素的会计政策。

在收入方面，收入的确认条件、租赁合同、保险合同、贷款合同等合同收入的确认与计量方法，属于收入要素的会计政策。

在费用方面，营业成本的结转、期间费用的划分、所得税费用的确认等，属于费用要素的会计政策。

除会计要素相关会计政策外,财务报表列报方面所涉及的编制现金流量表的直接法和间接法、合并财务报表合并范围的判断等,也属于会计政策。

二 会计政策变更的认定

会计政策变更,是指企业对相同的交易或事项由原来采用的会计政策改用另一会计政策的行为。也就是说,在不同的会计期间执行不同的会计政策。

为了保证会计信息的可比性,使财务报表使用者在比较一个以上期间的财务报表时,能够正确判断企业的财务状况、经营成果和现金流量的趋势,一般情况下,企业采用的会计政策,在每一会计期间和前后各期应保持一致,不得随意变更。但是,满足下列条件之一的,可以变更会计政策:

1. 法律、行政法规或国家统一的会计制度等要求变更。这是指按照法律、行政法规以及国家统一的会计制度的规定,要求企业采用新的会计政策。在这种情况下,企业应按规定改变原会计政策,按照新的会计政策执行。例如,根据《企业会计准则第1号——存货》之规定,不允许企业采用后进先出法核算发出存货的实际成本;再如,根据《企业会计准则第8号——资产减值》之规定,对固定资产、无形资产等计提的减值准备不得转回。

2. 会计政策变更能够提供更可靠、更相关的会计信息。这是指由于经济环境、客观情况的改变,使企业原来采用的会计政策所提供的会计信息,已不能恰当地反映企业的财务状况、经营成果和现金流量等情况。在这种情况下,应改变原有会计政策,按新的会计政策进行会计处理,以对外提供更可靠、更相关的会计信息。例如,某企业一直采用成本模式对投资性房地产进行后续计量,但如果从某一时刻起,该企业能够从房地产交易市场上取得同类或类似房地产的市场价格及其他相关信息,从而能够对投资性房地产的公允价值做出合理的估计,此时采用公允价值模式对投资性房地产进行后续计量可以更好地反映其价值。这种情况下,该企业可以将投资性房地产的后续计量方法由成本模式变更为公允价值模式。

对会计政策变更的认定,直接影响到会计处理方法的选择。需要注意的是,下列情形不属于会计政策变更:

1. 本期发生的交易或事项与以前相比具有本质差别而采用新的会计政策。

例如,A公司持有B公司10%的股权,对该项长期股权投资采用成本法核算。一年后,A公司追加对B公司的投资,使得持股比例增加至25%,从而对B公司产生重大影响。自此,A公司对该项长期股权投资的核算由成本法改为权益法,由于追加投资前后存在本质差别,这一变更不属于会计政策变更。

2. 对初次发生的或不重要的交易或事项采用新的会计政策。

例如,某企业初次签订一项建造合同,为另一企业建造一栋厂房,该企业对厂房的建造合同按照履约进度确认收入。由于该企业初次发生该项交易,按照履约进度确认该项合同收入,不属于会计政策变更。又如,某企业原先在生产经营过程中使用的少量的低值易耗品,采用一次摊销法摊销;但该企业于近期转产生产新产品,所需低值易耗品较多,且价值较大,于是改按五五摊销法对低值易耗品进行摊销,这一改变对损益的影响并不大,属于不重要的事项,这种情况不属于会计政策变更。

三、会计政策变更的会计处理

对于会计政策变更,企业应当根据不同情形,分别采用不同的会计处理方法:

1. 法律、行政法规或者国家统一的会计制度等要求变更的情况下,企业应当分别以下情况进行处理:国家发布相关的会计处理办法,则按照国家发布的相关会计处理规定进行处理;国家没有发布相关的会计处理办法,则采用追溯调整法进行会计处理。

2. 会计政策变更能够提供更可靠、更相关的会计信息的情况下,企业应当采用追溯调整法进行会计处理,将会计政策变更累积影响数调整列报前期最早期初留存收益,其他相关项目的期初余额和列报前期披露的其他比较数据也应一并调整,但确定该项会计政策变更累积影响数不切实可行的除外。

追溯调整法,是指对某项交易或事项变更会计政策,视同该项交易或事项初次发生时即采用变更后的会计政策,并以此对财务报表相关项目进行调整的方法。

追溯调整法的运用通常由以下步骤构成:计算会计政策变更的累积影响数;编制相关项目的调整分录;调整列报前期最早期初财务报表相关项目及其金额;附注说明。

其中,会计政策变更的累积影响数,是指按变更后的会计政策对以前各期追溯计算的列报前期最早期初留存收益应有金额与现有金额之间的差额。根据上述定义的表述,会计政策变更的累积影响数可以分解为以下两个金额之间的差额:在变更会计政策当期,按变更后的会计政策对以前各期追溯计算,所得到列报前期最早期初留存收益金额;在变更会计政策当期,列报前期最早期初留存收益金额。

上述留存收益金额,包括盈余公积以及未分配利润各项目,不考虑由于损益的变化而应补分的利润或股利。

会计政策变更的累积影响数,通常可以通过以下几个步骤计算获得:

第一步,根据新的会计政策重新计算受影响的前期交易或事项。

第二步,计算两种会计政策下的差异。

第三步,计算差异的所得税影响金额。

第四步,确定前期中每一期的税后差异。

第五步,计算会计政策变更的累积影响数。

【例 7-2】

2019 年 1 月 10 日,A 公司与 B 公司签订 5 年期租赁合同,出租 2018 年 12 月购进的办公楼并采用成本法核算。办公楼的入账价值为 5 000 万元(与公允价值相等),预计使用年限 20 年(与税法相同),预计净残值为 0,采用直线法计提折旧。2021 年 1 月 1 日,由于 A 公司所在地存在活跃的房地产市场且该办公楼的公允价值能够可靠取得,A 公司决定对该项投资性房地产的计量由成本模式转换为公允价值模式,当日办公楼的公允价值为 4 600 万元。A 公司采用资产负债表债务法核算所得税,所得税税率为 25%,按照净利润的 10% 计提法定盈余公积。

根据上述资料,A公司的会计处理如下:

(1)计算投资性房地产会计政策变更对变更当期期初留存收益的影响

{4 600－(5 000－5 000÷20×2)}×(1－25%)＝75万元

(2)调整分录

借:投资性房地产——成本　　　　　　　　　　　　　46 000 000
　　投资性房地产累计折旧　　　　　　　　　　　　　5 000 000
　贷:投资性房地产　　　　　　　　　　　　　　　　50 000 000
　　　递延所得税负债{(46 000 000－45 000 000)×25%}　250 000
　　　盈余公积——法定盈余公积　　　　　　　　　　75 000
　　　利润分配——未分配利润　　　　　　　　　　　675 000

(3)报表调整(见表7-1和表7-2)。

表7-1　　　　　　　　　资产负债表

编制单位:A公司　　　　2021年12月31日　　　　　　　　单位:元

资　产	年初余额 调整前	年初余额 调整后	负债和股东权益	年初余额 调整前	年初余额 调整后
……			……		
投资性房地产	45 000 000	46 000 000	递延所得税负债	0	250 000
			盈余公积	1 700 000	1 775 000
……			未分配利润	600 000	1 275 000

表7-2　　　　　　　　　所有者权益变动表

编制单位:A公司　　　　　2021年度　　　　　　　　　　单位:元

项　目	……	盈余公积	未分配利润	……
一、上年年末余额		1 700 000	600 000	
加:会计政策变更		75 000	675 000	
前期差错更正				
二、本年年初余额		1 775 000	1 275 000	
……				

(4)附注说明

2021年1月1日,A公司按照企业会计准则规定,对投资性房地产的后续计量由成本模式改为公允价值模式。此项会计政策变更采用追溯调整法,调增会计政策变更当期,即2021年期初留存收益750 000元,其中,调增未分配利润675 000元。

3.确定会计政策变更对列报前期影响数不切实可行的,应当从可追溯调整的最早期间期初开始应用变更后的会计政策。

4.在当期期初确定会计政策变更对以前各期累积影响数不切实可行的,应当采用未来适用法处理。例如,企业因账簿、凭证超过法定保存期限而销毁,或因不可抗力如火

灾、水灾等而毁坏、遗失，或因人为因素如盗窃、故意毁坏等，可能使当期期初确定会计政策变更对以前各期累积影响数无法计算，即不切实可行，在这种情况下，会计政策变更应当采用未来适用法进行处理。

未来适用法，是指将变更后的会计政策应用于变更日及以后发生的交易或者事项，或者在会计政策变更当期和未来期间确认会计政策变更影响数的方法。

在未来适用法下，不需要计算会计政策变更的累积影响数，也无须重编以前年度的财务报表。对于企业会计账簿记录及财务报表上反映的金额，变更之日仍保留原有的金额，不因会计政策变更而改变以前年度的既定结果，并在现有金额的基础上再按新的会计政策进行核算。

四　会计政策变更的披露

企业应在财务报表附注中披露与会计政策变更有关的下列信息：

1. 会计政策变更的性质、内容和原因。
2. 当期和各个列报前期财务报表中受影响的项目名称和调整金额。
3. 无法进行追溯调整的，说明事实和原因以及开始应用变更后的会计政策的时点、具体应用情况。

任务二　确认会计估计变更

一　会计估计的认定

（一）会计估计的概念

会计估计，是指企业对结果不确定的交易或事项以最近可利用的信息为基础所做的判断。由于商业活动中内在不确定因素的影响，许多财务报表项目不能精确地计量，只能加以估计。

（二）会计估计的特点

会计估计具有如下特点：

1. 会计估计的存在是由于经济活动中内在的不确定因素的影响。在会计核算中，企业应力求保持会计核算的准确性，但有些交易和事项本身具有不确定性，需要根据一定的信息或资料做出估计。一些估计的主要目的是确定资产或负债的账面价值，例如对坏账准备的估计；另一些估计的主要目的是确定将在某一期间记录的收益或费用的金额，例如对某一期间的折旧、摊销金额的估计。可见，在进行会计核算和信息披露的过程中，会计估计是不可避免的。

2. 进行会计估计应当以最近可利用的信息或资料为基础。企业在进行会计估计时，通常应根据当时的情况和经验，以一定的信息或资料为基础进行。但是，随着时间的推移、环境的变化,进行会计估计的基础可能会发生变化,由于最新的信息是最接近目标的信息,以其为基础进行估计最接近实际,所以,进行会计估计时应以最近可利用的信息或资料为基础。例如,某企业在取得一项专利技术时,根据当时的情形估计其使用寿命为10年,后来,由于科学技术的发展,市场上出现了替代技术,使得该专利技术的使用寿命受到影响,该企业应当以此为基础,对该专利技术的使用寿命进行重新估计。

3.进行会计估计并不会削弱会计确认和计量的可靠性。由于存在会计分期和货币计量的前提,在确认和计量过程中,不得不对许多尚在延续中、其结果尚未确定的交易和事项予以估计入账。例如,许多企业的交易跨越若干会计年度,以至于需要在一定程度上做出决定:某一年度发生的开支,哪些可以合理地预期能够产生其他年度以收益形式表示的利益,从而全部或部分向后递延;哪些可以合理地预期在当期能够得到补偿,从而确认为费用。但是,如前所述,会计估计是以最近可利用的信息或资料为基础进行的,建立在具有确凿证据的前提下,例如,企业估计固定资产的使用寿命,应当考虑该项固定资产的技术性能、历史资料、同行业同类固定资产的使用寿命、本企业经营性质等诸多因素,并掌握确凿证据后确定。因此,会计估计并不会削弱会计确认和计量的可靠性。

(三)会计估计的判断

下列各项属于常见的需要进行会计估计的项目:

1. 存货可变现净值的确定。
2. 采用公允价值模式下的投资性房地产公允价值的确定。
3. 固定资产的预计使用寿命与净残值;固定资产的折旧方法、弃置费用的确定。
4. 使用寿命有限的无形资产的预计使用寿命与净残值、摊销方法。
5. 非货币性资产公允价值的确定。
6. 职工薪酬金额的确定。
7. 与债务重组相关的公允价值的确定。
8. 预计负债金额的确定。
9. 收入金额的确定、履约进度的确定。
10. 一般借款资本化金额的确定。
11. 应纳税暂时性差异和可抵扣暂时性差异的确定。

二 会计估计变更的认定

会计估计变更,是指由于资产和负债的当前状况及预期经济利益和义务发生了变化,从而对资产或负债的账面价值或者资产的定期消耗金额进行调整。

如前所述,会计估计应当以最近可利用的信息或资料为基础进行判断。随着时间的推移,如果赖以进行估计的基础发生了变化,或者由于取得新的信息、积累更多的经验以及后来的发展变化,企业可能不得不对会计估计进行修订,即会计估计变更。会计估计变更的情形包括:

1. 赖以进行估计的基础发生了变化。企业进行会计估计,总是依赖于一定的基础。如果其所依赖的基础发生了变化,则会计估计也应相应做出改变。例如,某企业某项无

形资产的摊销年限原定为 10 年,以后发生的情况表明,该资产的受益年限已不足 10 年,则应相应调减摊销年限。

2. 取得了新的信息,积累了更多的经验。企业进行会计估计是就现有资料对未来所做的判断,随着时间的推移,企业有可能取得新的信息,积累更多的经验,在这种情况下,企业可能不得不对会计估计进行修订,即发生会计估计变更。例如,某企业原先根据当时能够得到的信息,对其应收账款每年按余额的 10% 计提坏账准备。现在掌握了新的信息,判定不能收回的应收账款比例已达 20%,企业改按 20% 的比例计提坏账准备。

三 会计政策变更和会计估计变更的划分

企业可以采用以下方法划分会计政策变更与会计估计变更:分析并判断该事项是否涉及会计确认、计量基础选择或列报项目的变更。当至少涉及上述一项划分基础变更的,该事项是会计政策变更;不涉及上述划分基础变更的,该事项可以判断为会计估计变更。

【例 7-3】

某企业原采用年数总和法计提固定资产折旧,后来根据固定资产使用的实际情况,企业决定改用直线法计提固定资产折旧。

该事项前后采用的两种计提折旧的方法都是以历史成本作为计量基础,对该事项的会计确认和列报项目也未发生变更,只是固定资产折旧、固定资产净值等相关金额发生了变化。因此,该事项属于会计估计变更。

【例 7-4】

某企业在前期将某项内部研发项目开发阶段的支出计入当期损益,当期按照《企业会计准则》的规定,该项支出符合无形资产的确认条件,应当确认为无形资产。

该事项的计量基础未发生变更,即都是以历史成本作为计量基础;该事项的会计确认发生变更,即前期将开发阶段的支出确认为一项费用,而后期将其确认为一项资产;同时,会计确认的变更导致该事项在资产负债表和利润表相关项目的列报也发生变更。该事项涉及会计确认和列报项目的变更,所以属于会计政策变更。

企业应正确划分会计政策变更和会计估计变更,并按不同的方法进行相关会计处理。企业通过前述方法仍难以对某项变更进行划分的,应当将其作为会计估计变更处理。

四 会计估计变更的会计处理

企业对会计估计变更应采用未来适用法处理,即在会计估计变更当年及以后期间,采用新的会计估计,不改变以前期间的会计估计,也不调整以前期间的报告结果。具体为:

1. 如果会计估计变更仅影响变更当期,其影响数应于变更当期确认。

2.如果会计估计变更既影响变更当期又影响未来期间,其影响数应在变更当期和未来期间予以确认。

【例 7-5】

> 某企业的一项应计折旧资产,其使用寿命或预计净残值的估计发生的变更,常常影响变更当期及资产以后使用寿命内各个期间的折旧费用,这类会计估计的变更,应于变更当期及以后各期确认。

会计估计变更的影响数应计入变更当期与前期相同的项目中。为了保证不同期间的财务报表具有可比性,会计估计变更的影响数如果以前包括在企业日常活动的损益中,则以后也应包括在相应的损益类项目中;如果会计估计变更的影响数以前包括在特殊项目中,则以后期间也应计入特殊项目。

3.会计估计变更的披露。企业应在财务报表附注中披露与会计估计变更有关的下列信息:
(1)会计估计变更的内容和原因。
(2)会计估计变更对当期和未来期间的影响数。
(3)会计估计变更的影响数不能确定的,披露这一事实和原因。

【例 7-6】

> 甲股份有限公司于 2021 年 12 月 31 日购入一台管理用设备,设备原值 164 000 元,预计使用 8 年,预计净残值为 4 000 元,按直线法计提折旧。2026 年 1 月 1 日,由于新技术的发展,需要对原估计的使用寿命和净残值做出修正,修正后该设备预计尚可使用 2 年,预计净残值为 2 000 元,所得税税率为 25%。
>
> 甲公司对上述会计估计变更的处理如下:
> (1)不调整以前各期折旧,也不计算累积影响数。
> (2)变更日以后改按新的估计提取折旧。
> 按原估计,每年折旧额为 20 000 元,已计提折旧 4 年,累计折旧 80 000 元,固定资产账面价值 84 000 元。2026 年 1 月 1 日起,改按新的使用寿命计提折旧,每年折旧费用为 41 000[(84 000-2 000)/2]元。有关会计处理如下:
>
> 借:管理费用　　　　　　　　　　　　　　　　　　　　41 000
> 　　贷:累计折旧　　　　　　　　　　　　　　　　　　　　41 000
>
> (3)附注说明:
> 本公司一台管理用设备,原值 164 000 元,原预计使用寿命为 8 年,预计净残值为 4 000 元,按直线法计提折旧。由于新技术的发展,该设备已不能继续按原预计使用寿命计提折旧,本公司于 2026 年年初变更该设备的剩余使用寿命为 2 年,预计净残值为 2 000 元。此项会计估计变更使本年度净利润减少了 15 750 [(41 000-20 000)×(1-25%)]元。

任务三　更正前期差错

一、前期差错的认定

前期差错，是指由于没有运用或错误运用下列两种信息，而对前期财务报表造成省略或错报。

1. 编报前期财务报表时预期能够取得并加以考虑的可靠信息。
2. 前期财务报告批准报出时能够取得的可靠信息。

会计差错产生于财务报表项目的确认、计量、列报或披露的会计处理过程中，在当期发现的当期差错应当在财务报表发布之前予以更正。当会计差错直到下一期间才被发现，就形成了前期差错。

前期差错通常包括但不仅限于以下几种情形：

（1）计算以及账户分类错误。例如，企业本应计提500 000元折旧，由于计算错误，得出错误数据为50 000元；又如，企业购入一项3年期债券，意图并有能力持有至到期，但记账时记入了"交易性金融资产"账户，导致账户分类错误，并导致资产负债表中流动资产和非流动资产的列报错误。

（2）应用会计政策错误，即采用了法律、行政法规或者国家统一的会计制度等不允许的会计政策。例如，《企业会计准则》规定，固定资产在尚未达到预定可使用状态前发生的借款费用，满足一定条件时应予资本化，计入固定资产成本；在固定资产达到预定可使用状态后发生的借款费用，计入当期损益。如果企业将固定资产达到预定可使用状态后发生的借款费用，也计入该项固定资产价值，予以资本化，则属于采用了法律、行政法规或者国家统一的会计制度等所不允许的会计政策。

（3）疏忽或曲解事实以及舞弊产生的影响。例如，企业持有的劳务对被投资方有重大影响的长期股权投资，本应采用权益法核算，却错误地采用了成本法；又如，企业持有的用于出租的办公楼，本应确认为"投资性房地产"，而企业却错误地确认为"固定资产"；再如，企业出自主观故意造成会计差错，以便形成对企业财务状况、经营成果和现金流量等会计信息某种特定形式的列报等。

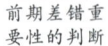

二、前期差错更正的会计处理

企业发现前期差错时，应区分其是否具有重要性进行更正。

重要的前期差错，是指足以影响财务报表使用者对企业财务状况、经营成果和现金流量做出正确判断的前期差错。不重要的前期差错，是指不足以影响财务报表使用者对企业财务状况、经营成果和现金流量做出正确判断的前期差错。一般来说，前期差错所影响的财务报表项目的金额越大、性质越严重，其重要性水平越高。

项目七 会计政策、会计估计变更和差错更正

(一)不重要的前期差错的会计处理

对于不重要的前期差错,可以采用未来适用法更正。即企业不需要调整财务报表相关项目的期初数,但应调整发现当期与前期相同的相关项目。

(二)重要的前期差错的会计处理

企业应当采用追溯重述法更正重要的前期差错,但确定前期差错累积影响数不切实可行的除外。

追溯重述法,是指在发现前期差错时,视同该项前期差错从未发生过,从而对财务报表相关项目进行更正的方法。追溯重述法的具体应用与追溯调整法相同。

此外,对于年度资产负债表日至财务报告批准报出日之间发现的报告年度的会计差错及报告年度前不重要的前期差错,应按照《企业会计准则第29号——资产负债表日后事项》的规定进行处理。

(三)前期差错更正的披露

企业应当在财务报表附注中披露与前期差错有关的下列信息:

1. 前期差错的性质。
2. 各个列报前期财务报表中受影响的项目名称和更正金额。
3. 无法进行追溯重述的,说明该事实和原因以及对前期差错开始进行更正的时点、具体更正情况。

【例7-7】

> 甲公司于2021年9月30日发现,2020年漏记了一项管理用固定资产的折旧费用800 000元,但在所得税申报表中扣除了该项折旧。假设该公司2020年适用的所得税税率为25%,漏记上述折旧使甲公司确认了200 000元的递延所得税负债。除该事项外,无其他纳税调整事项。甲公司按净利润的10%提取法定盈余公积,不做其他利润分配。

根据以上资料,甲公司应将上述差错作为重要的前期差错,进行如下会计处理:

(1)计算差错的影响数

2020年少计累计折旧800 000元;多计所得税费用200 000元;多计净利润600 000元;多计提法定盈余公积60 000元。

(2)调整分录

①补提折旧

借:以前年度损益调整	800 000	
贷:累计折旧		800 000

②调减递延所得税负债

借:递延所得税负债	200 000	
贷:以前年度损益调整		200 000

③将"以前年度损益调整"科目余额转入利润分配

借:利润分配——未分配利润　　　　　　　　　　　　600 000
　　贷:以前年度损益调整　　　　　　　　　　　　　　　　600 000

④调整利润分配有关数字

借:盈余公积　　　　　　　　　　　　　　　　　　　60 000
　　贷:利润分配——未分配利润　　　　　　　　　　　　　60 000

(3)财务报表调整和重述(财务报表略)

甲公司在列报2021年度财务报表时,应调整2021年资产负债表有关项目的年初余额、利润表有关项目的上年金额及所有者权益变动表有关项目的本年金额。

①"资产负债表"项目的调整:调减固定资产800 000元,调减递延所得税负债200 000元,调减盈余公积60 000元,调减未分配利润540 000元。

②"利润表"项目的调整:调增管理费用800 000元,调减所得税费用200 000元。

③"所有者权益变动表"项目的调整:调减"前期差错更正"项目中"盈余公积"本年金额60 000元,"未分配利润"本年金额540 000元。

(4)附注说明

本年度发现2020年漏记固定资产折旧800 000元,在编制2020年和2021年可比的财务报表时,已对该项差错进行了更正。由于此项错误的影响,2020年虚增净利润和留存收益600 000元,少计累计折旧800 000元。

实务训练

一、单项选择题

1.下列选项中,属于会计政策变更的是(　　)。
A.对于初次发生的交易或事项采用新会计政策
B.对于不重要的交易或事项采用新会计政策
C.本期发生的交易或事项与以前相比具有本质差别而采用新会计政策
D.依据会计法律、法规的要求采用新会计政策

2.某公司持有的一项长期股权投资,原持股比例为25%,采用权益法核算;后因追加投资持股比例达到60%,改按成本法核算该项投资,这一事项属于(　　)。
　　A.会计政策变更　　　　　　　　　　　B.会计估计变更
　　C.前期差错更正　　　　　　　　　　　D.企业正常的会计处理

3.为了使提供的会计信息更加可靠、更加相关,以前年度对存货发出采用加权平均法核算,从本年度起改按个别计价法核算。这种方法的改变属于(　　)。
　　A.会计政策变更　　　　　　　　　　　B.会计估计变更

C. 会计政策随意变更　　　　　　　　D. 前期差错更正

4. 对于会计估计变更,企业应采用的会计处理方法是(　　)。

 A. 追溯调整法　　　　　　　　　　B. 未来适用法

 C. 追溯重述法　　　　　　　　　　D. 上述三种方法均可

5. 固定资产折旧方法的改变属于(　　)。

 A. 会计估计变更　　　　　　　　　B. 会计政策变更

 C. 或有事项　　　　　　　　　　　D. 前期差错更正

6. 下列选项中,不属于会计政策变更的是(　　)。

 A. 坏账准备由按应收账款余额3%提取改按5%提取

 B. 存货发出的计价由先进先出法改为加权平均法

 C. 存货的期末计价由成本法改为成本与可变现净值孰低法

 D. 长期股权投资的核算由成本法改为权益法

7. 如果按照《企业会计准则》规定的方法,仍不能区分会计政策变更和会计估计变更,应当(　　)。

 A. 不做处理,待分清后再做处理

 B. 按会计政策变更处理

 C. 按会计估计变更处理

 D. 在两种方法中任选其一

8. A公司2019年1月1日起计提折旧的一台设备,原值320 000元,预计使用8年,净残值为4 000元,按直线法折旧。到2022年年初,由于新技术发展,对原估计的使用寿命修订为6年,净残值为2 000元,则2022年计提的折旧为(　　)元。

 A. 66 500　　　　B. 39 500　　　　C. 67 167　　　　D. 80 000

9. 承接上题,该企业所得税税率为25%,上述会计估计变更对本年度净利润的影响金额为(　　)元。

 A. 20 250　　　　B. 0　　　　　　C. 20 750.25　　　D. 30 375

10. 本期期末发现当期发生的会计差错,应采取的会计处理方法是(　　)。

 A. 直接计入前期净损益项目

 B. 调整前期相同的相关项目

 C. 调整本期相关项目

 D. 不做任何调整

二、多项选择题

1. 下列选项中,属于会计政策变更的有(　　)。

 A. 长期股权投资核算由成本法改为权益法

 B. 无形资产的使用寿命由10年改为8年

 C. 坏账准备计提比率由3%改为6%

 D. 存货发出由先进先出法改为加权平均法

2. 下列选项中,需要进行会计估计的有(　　)。

A. 坏账准备　　　　　　　　　　　　B. 预付购货款
C. 固定资产的预计使用寿命与净残值　　D. 无形资产的受益期限

3. 下列（　　）情况可以进行会计估计变更。

A. 发现会计差错

B. 赖以进行估计的基础发生了变化

C. 取得了新的信息，积累了更多的经验

D. 更换会计工作负责人

4. 下列事项中，不属于会计政策变更的有（　　）。

A. 对与以前相比具有本质差别的事项采用新会计政策

B. 对初次发生的事项采用新会计政策

C. 对不重要的事项采用新会计政策

D. 按照会计法律、法规的要求采用新会计政策

5. 下列属于会计政策的项目有（　　）。

A. 固定资产使用寿命

B. 收入确认原则和方法

C. 所得税会计处理方法

D. 计提坏账准备的比例

6. 对于前期差错更正，应在财务报表附注中披露的内容有（　　）。

A. 前期差错的性质

B. 各个列报前期财务报表中受影响的项目名称和更正金额

C. 前期差错不需要更正的原因

D. 无法进行追溯重述的，说明该事实和原因以及对前期差错开始进行更正的时点、具体更正情况

7. 由于会计政策变更而采用追溯调整法时，需要将累积影响数进行相应账务处理和报表调整，可能涉及的项目有（　　）。

A. 法定盈余公积　　　　　　　　　　B. 任意盈余公积
C. 应付股利　　　　　　　　　　　　D. 未分配利润

8. 下列关于会计估计变更的说法中，正确的有（　　）。

A. 会计估计变更应采用未来适用法

B. 会计估计变更应采用追溯调整法

C. 会计估计变更不改变以前期间的会计估计

D. 不应计算确认会计估计变更的累积影响数

9. 会计政策变更时会计处理方法的选择，应遵循的原则有（　　）。

A. 依据会计法律或法规的需求变更会计政策，国家发布相关的会计处理办法，按国家规定执行，国家没有发布相关的会计处理办法，采用追溯调整法

B. 为提供更可靠、更相关的会计信息变更会计政策，采用追溯调整法

C. 确定会计政策变更对列报前期影响数不切实可行的，从可追溯调整的最早期间期初开始应用变更后的会计政策

D. 在当期期初确定会计政策变更对以前各期累积影响数不切实可行的,采用未来适用法

10. 划分会计政策变更与会计估计变更,应分析判断是否涉及(　　)的变更。
A. 会计确认　　　　　　　　　　B. 计量基础
C. 列报项目　　　　　　　　　　D. 列报金额

三、判断题

❶ 对于影响损益的重要的前期差错,应调整本期利润表相关项目。（　）

❷ 按照《企业会计准则》的规定,会计计量基础属于企业的会计政策。（　）

❸ 如果会计政策变更的累积影响数不能合理确定,应采用未来适用法进行会计处理。（　）

❹ 对于不重要的前期差错,可以采用未来适用法更正。（　）

❺ 为了提供更可靠、更相关的会计信息,企业发生相应的会计政策变更,应采用未来适用法进行处理。（　）

❻ 如果按照《企业会计准则》规定的方法,仍不能区分是会计政策变更还是会计估计变更,应视为会计估计变更,按会计估计变更的会计处理方法进行处理。（　）

❼ 无论是会计政策变更还是会计估计变更,均应计算相应的累积影响数,并采用追溯调整法进行会计处理。（　）

❽ 企业对于初次发生的交易或事项采用新会计政策,不属于会计政策变更。（　）

❾ 企业对于交易性金融资产的公允价值所做的估计,其变更属于会计估计变更。（　）

❿ 追溯重述法的具体应用与追溯调整法相同。（　）

四、计算分析题

❶ 甲股份有限公司于2019年1月购入一项专利权,总价款为500万元,预计有效年限为8年,预计净残值为0。2021年起,由于技术进步,该专利权的预计有效年限变更为6年。该专利技术未计提减值损失,在有效期内摊销的无形资产可以在所得税税前扣除,所得税税率为25%。

要求:
(1)判断上述事项属于会计政策变更还是会计估计变更。
(2)计算2021—2023年上述专利权的摊销额。

❷ 甲股份有限公司自2020年1月1日起执行《企业会计准则》,采用资产负债表债务法核算所得税,所得税税率为25%,2020年年初"递延所得税资产"和"递延所得税负债"账户余额为零,按净利润的10%计提法定盈余公积,不做其他利润分配。2021年12月在财务检查中发现下列问题:

(1)2020年年末某库存商品账面余额为305万元。经检查,该库存商品的预计售价为260万元,预计销售费用和相关税金为5万元。当时由于疏忽,将售价误计为360万元,未计提存货跌价准备。假设按税法规定,计提的存货跌价准备不允许在所得税前

扣除。

(2)2020年12月16日,甲公司支付800万元购入股票作为交易性金融资产。至当年年末尚未销售,12月末的收盘价为740万元。甲公司按其成本列报在资产负债表中。假设按税法规定,交易性金融资产的公允价值变动不计入应纳税所得额。

(3)该公司2018年购入的一项专利权,在2020年未计提摊销额,并因此确认了相应的"递延所得税负债",但在所得税申报表中正确扣除了该摊销额。该专利权的成本为300万元,摊销年限为10年。

要求:对上述问题按照《企业会计准则》的规定进行更正。

❸ 某公司于2019年12月购入一台管理用电子设备,原价为3 200万元,预计使用5年,预计净残值为200万元,采用直线法计提折旧。自2022年1月1日起,由于该电子设备预期实现经济利益的方式发生变化,折旧方法改为年数总和法,预计使用寿命和预计净残值不变。

按照税法规定,该电子类设备采用直线法计提的折旧可在所得税前扣除,预计使用寿命和预计净残值与税法一致。

要求:

(1)判断上述事项属于会计政策变更还是会计估计变更。

(2)计算2022—2024年上述设备的折旧额。

❹ 甲上市公司(以下称甲公司)于2019年12月将一栋当月建造完工的办公楼对外出租,并采用成本模式进行后续计量。该办公楼的原价为3 000万元(等于其建造完工时的公允价值),至2021年1月1日,已提折旧240万元,已提减值准备100万元。2021年1月1日,由于甲公司所在地的房地产存在活跃市场且该办公楼的公允价值能够可靠取得,甲公司决定对该项投资性房地产的计量由成本模式转换为公允价值模式。2021年1月1日,该项房地产的公允价值为2 800万元。甲公司按净利润的10%提取法定盈余公积,采用资产负债表债务法核算所得税,适用的所得税税率为25%。假设税法规定,该房地产采用直线法按照20年计提折旧,预计净残值为0。

要求:

(1)计算会计政策变更的累积影响数。

(2)编制甲公司2021年1月1日会计政策变更的调整分录。

项目八
资产负债表日后事项

项目要点

在会计实践中,资产负债表日与财务报告批准报出日之间常常存在时间差,期间发生的某些事项可能对财务报告使用者有重要影响。本项目主要讲解资产负债表日后事项的确认、计量和相关信息的披露要求,旨在培养学生的职业判断能力和专业胜任能力,以及坚持准则、客观公正的职业素养。

任务一　认识资产负债表日后事项

一　资产负债表日后事项的概念

资产负债表日后事项，是指资产负债表日至财务报告批准报出日之间发生的有利或不利事项。

在理解这个定义时，还需要明确以下几个问题：

1.资产负债表日是指会计年度末和会计中期期末。《中华人民共和国会计法》规定，我国的会计年度采用公历年度，即1月1日至12月31日。因此，年度资产负债表日是指每年的12月31日，中期资产负债表日是指各会计中期期末，包括月末、季末和半年末。

2.财务报告批准报出日是指董事会或类似机构批准财务报告报出的日期，通常是指对财务报告的内容负有法律责任的单位或个人批准财务报告对外公布的批准日期。

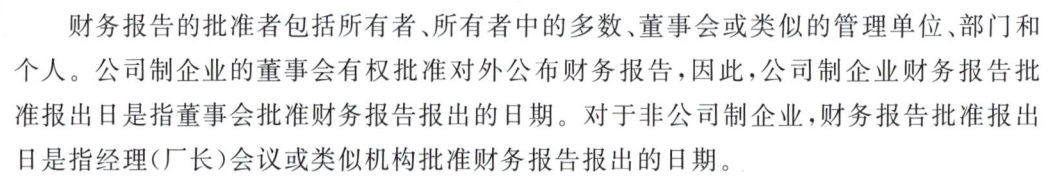

财务报告的批准者包括所有者、所有者中的多数、董事会或类似的管理单位、部门和个人。公司制企业的董事会有权批准对外公布财务报告，因此，公司制企业财务报告批准报出日是指董事会批准财务报告报出的日期。对于非公司制企业，财务报告批准报出日是指经理(厂长)会议或类似机构批准财务报告报出的日期。

3.资产负债表日后事项包括有利事项和不利事项，首先是指资产负债表日后事项必然对企业财务状况和经营成果具有一定影响。如果某事项的发生对企业并无任何影响，则该事项既不是有利事项也不是无利事项，也就不属于资产负债表日后事项。其次，对于资产负债表日后的有利事项和不利事项，其会计处理原则是相同的。如果属于调整事项，则对有利和不利的调整事项均应调整报告年度或报告中期的财务报表；如果属于非调整事项，则对有利和不利的重要的非调整事项均应在报告年度或报告中期的附注中进行披露。

二　资产负债表日后事项涵盖的期间

资产负债表日后事项涵盖的期间是自资产负债表日后次日起至财务报告批准报出日止的一段时间。具体是指：

1.报告期下一期间的第一天至董事会或类似机构批准财务报告对外公布的日期。

2.财务报告批准报出以后、实际报出之前又发生与资产负债表日后事项有关的事项，并由此影响财务报告对外公布日期的，应以董事会或类似机构再次批准财务报告对外公布的日期为截止日期。

【例 8-1】

某上市公司 2020 年年度财务报告于 2021 年 3 月 19 日编制完成,注册会计师完成年度审计工作并签署审计报告的日期为 2021 年 4 月 15 日,经董事会批准财务报告可以对外公布的日期为 2021 年 4 月 21 日,财务报告实际对外公布的日期为 2021 年 4 月 25 日,股东大会召开日期为 2021 年 5 月 22 日。

本例中,资产负债表日后事项涵盖的期间为 2021 年 1 月 1 日至 2021 年 4 月 21 日。如果在 4 月 21 日至 25 日之间又发生与资产负债表日后事项有关的事项,需要调整财务报表相关项目的数字或需要在财务报表附注中披露,经调整或说明后的财务报告再次经董事会批准报出的日期为 2021 年 4 月 27 日,实际对外公布的日期为 2021 年 4 月 29 日,则资产负债表日后事项涵盖的期间为 2021 年 1 月 1 日至 2021 年 4 月 27 日。

三、资产负债表日后事项的内容

资产负债表日后事项包括两类,即资产负债表日后调整事项(以下简称调整事项)和资产负债表日后非调整事项(以下简称非调整事项)。

(一)调整事项

资产负债表日后调整事项,是指对资产负债表日已经存在的情况提供了新的或进一步证据的事项。

如果资产负债表日及所属会计期间已经存在某种情况,但当时并不知道其存在或者不能知道确切结果,资产负债表日后发生的事项能够证实该情况的存在或者确切结果,则该事项属于资产负债表日后事项中的调整事项。如果资产负债表日后事项对资产负债表日的情况提供了进一步的证据,证据表明的情况与原来的估计和判断不完全一致,则需要对原来的会计处理进行调整。

(二)非调整事项

资产负债表日后非调整事项,是指表明资产负债表日后发生的情况的事项。非调整事项的发生不影响资产负债表日企业的财务报表数字,只说明资产负债表日后发生了某些情况。对于财务报告使用者来说,非调整事项说明的情况有的重要,有的不重要;其中重要的非调整事项虽然与资产负债表日的财务报表数字无关,但可能影响资产负债表日以后的财务状况和经营成果,因此应当在财务报表附注中适当披露。

(三)调整事项与非调整事项的区别

某一事项究竟是调整事项还是非调整事项,取决于该事项表明的情况在资产负债表日或以前是否已经存在。若该情况在资产负债表日或以前已经存在,则属于调整事项;反之,则属于非调整事项。

【例 8-2】

甲公司应收乙公司一笔货款,由于债务人乙公司不能偿债,导致甲公司发生坏账损失。假设有两种情况:

(1)2021年12月31日乙公司财务状况良好,甲公司预计应收账款可按时收回,乙公司一个月后(甲公司董事会批准财务报告报出之前)发生重大火灾,几乎烧毁了全部厂房、设备和存货,导致甲公司60%的应收账款无法收回。

(2)2021年12月31日,甲公司根据当时的情况判断,乙公司有可能破产清算,甲公司计提了10%的坏账准备。一个月后(甲公司董事会批准财务报告报出之前)甲公司接到通知,乙公司已宣告破产清算,甲公司估计有80%的应收账款无法收回。

本例中,情况(1)导致甲公司发生坏账的原因是火灾,这一事实完全是资产负债表日后发生的,因此乙公司发生火灾导致甲公司发生坏账的事项属于非调整事项。情况(2)导致甲公司发生坏账的原因是乙公司财务状况恶化,该事实在资产负债表日已经存在,乙公司被宣告破产只是证实了资产负债表日财务状况恶化的事实,因此该事项属于调整事项。

任务二　确认资产负债表日后调整事项

一、调整事项的处理原则

企业发生资产负债表日后调整事项,应当调整资产负债表日已编制的财务报表。对于年度财务报告而言,由于资产负债表日后事项发生在报告年度的次年,报告年度的有关账目已经结账,特别是损益类科目在结账后已无余额。因此,年度资产负债表日后发生的调整事项,应分别以下情况进行处理:

1.涉及损益的事项,通过"以前年度损益调整"科目核算。调整增加以前年度收益或调整减少以前年度亏损的事项,及其调整减少的所得税费用,记入"以前年度损益调整"科目的贷方;调整减少以前年度收益或调整增加以前年度亏损的事项,以及调整增加的所得税费用,记入"以前年度损益调整"科目的借方。"以前年度损益调整"科目的贷方或借方余额,转入"利润分配——未分配利润"科目。

需要注意的是,涉及损益的调整事项如果发生在资产负债表所属年度(报告年度)所得税汇算清缴之前的,应调整报告年度应纳税所得额、应纳所得税额;发生在报告年度所得税汇算清缴之后的,应调整本年度(报告年度的次年)应纳税所得额、应纳所得税额。

2.涉及利润分配调整的事项,直接在"利润分配——未分配利润"科目核算。

3.不涉及损益以及利润分配的事项,调整相关科目。

4.通过上述账务处理后,还应同时调整财务报表相关项目的数字,包括:

(1)资产负债表日编制的财务报表相关项目的期末数或本年发生数。

(2)当期编制的财务报表相关项目的期初数或上年数。

(3)经过上述调整后,如果涉及财务报表附注内容的,还应当调整报表附注相关项目的数字。

二 调整事项的具体会计处理方法

为简化处理,本项目所有例题均假定:财务报告批准报出日为次年3月31日,所得税税率为25%,按净利润的10%提取法定盈余公积,不做其他分配。如无特别说明,调整事项按税法规定均可调整应缴纳的所得税;涉及递延所得税资产的,均假定未来期间很可能取得足够的用来抵扣暂时性差异的应纳所得税额。

1.资产负债表日后诉讼案件结案,法院判决证实了企业在资产负债表日已经存在现时义务,需要调整原先确认的与该诉讼案件相关的预计负债,或确认一项新负债。

这一事项是指导致诉讼的事项在资产负债表日已经发生,但尚不具备确认负债的条件而未确认,因此法院判决后应确认一项新负债;或者虽已确认,但需要调整已确认负债的金额。

【例8-3】

甲公司与乙公司签订一项买卖合同,合同中规定甲公司在2020年11月供应给乙公司一批物资。由于甲公司未能按照合同发货,致使乙公司发生重大经济损失。乙公司通过诉讼程序要求甲公司赔偿经济损失75 000万元。该诉讼案件在2020年12月31日尚未判决,甲公司记录了50 000万元的预计负债,并将该项赔偿款反映在2020年12月31日的财务报表中,乙公司未记录应收赔偿款。2021年2月7日,经法院一审判决,甲公司需要偿付乙公司经济损失60 000万元,甲公司不再上诉,赔偿款已经支付。假定甲、乙公司均于2021年2月15日完成2020年度所得税汇算清缴;根据税法规定,上述预计负债产生的损失不允许在所得税前扣除。

根据资产负债表日后事项准则的规定,甲公司首先应判断该事项属于调整事项,并分别按调整事项的处理原则进行处理。

甲公司的账务处理如下(金额单位:万元):

(1)记录支付的赔偿款

借:以前年度损益调整　　　　　　　　　　　　　　10 000
　　预计负债　　　　　　　　　　　　　　　　　　50 000

贷：其他应付款　　　　　　　　　　　　　　　　　　　60 000
　借：其他应付款　　　　　　　　　　　　　　　　　　　　60 000
　　　贷：银行存款　　　　　　　　　　　　　　　　　　　60 000（注）
　　注：资产负债表日后发生的调整事项如涉及现金收支项目的，均不调整报告年度资产负债表的货币资金项目和现金流量表各项目数字。本例中，虽然已支付了赔偿款，但在调整财务报表相关项目数字时，只需要调整上述第一笔分录，不需要调整上述第二笔分录。上述第二笔分录作为2021年的会计事项处理。

（2）调整递延所得税资产
　借：以前年度损益调整（50 000×25％）　　　　　　　　12 500
　　　贷：递延所得税资产　　　　　　　　　　　　　　　12 500

（3）调整应交所得税
　借：应交税费——应交所得税　　　　　　　　　　　　　15 000
　　　贷：以前年度损益调整（60 000×25％）　　　　　　　15 000

（4）将"以前年度损益调整"科目余额转入"利润分配"
　借：利润分配——未分配利润　　　　　　　　　　　　　　7 500
　　　贷：以前年度损益调整　　　　　　　　　　　　　　　7 500

（5）调整利润分配有关数字
　借：盈余公积　　　　　　　　　　　　　　　　　　　　　 750
　　　贷：利润分配——未分配利润（7 500×10％）　　　　　 750

（6）调整报告年度财务报表项目的数字（财务报表略）
①资产负债表项目的调整
调增其他应付款60 000万元；调减递延所得税资产12 500万元；调减预计负债50 000万元；调减应交税费15 000万元；调减盈余公积750万元；调减未分配利润6 750万元。

②利润表项目的调整
调增营业外支出10 000万元；调减所得税费用2 500万元。

③所有者权益变动表项目的调整
调减净利润7 500万元；调减提取盈余公积750万元。

（7）调整2021年2月资产负债表相关项目的年初数（资产负债表略）
甲公司在编制2021年1月的财务报表时，按照调整前2020年12月31日的资产负债表的数字作为资产负债表的年初数，由于发生了资产负债表日后调整事项，甲公司除了调整2020年度财务报表相关项目的数字外，还应当调整2021年2月的资产负债表相关项目的年初数，其年初数按照2020年12月31日调整后的数字填列。

2.资产负债表日后取得确凿证据,表明某项资产在资产负债表日发生了减值或者需要调整该资产原先确认的减值金额。

这一事项是指在资产负债表日,根据当时的资料判断某项资产可能发生了损失或减值,但没有最后确定是否会发生,因而按照当时的最佳估计金额反映在财务报表中。但在资产负债表日至财务报告批准报出日之间,所取得的新的或进一步的证据能够证明该事实成立,即某项资产已经发生了损失或减值,则应对资产负债表日所做的估计予以修正。

【例 8-4】

甲公司 2020 年 4 月销售给乙企业一批产品,价税合计为 70 200 万元,乙企业于 5 月收到所购物资并验收入库。按合同规定乙企业应于收到所购物资后一个月内付款。由于乙企业财务状况不佳,到 2020 年 12 月 31 日仍未付款。甲公司于 12 月 31 日编制 2020 年度会计报表时,已为该项应收账款提取坏账准备 3 510 万元(假定坏账准备提取比例为 5%)。甲公司于 2021 年 3 月 2 日(汇算清缴前)收到乙企业通知,乙企业已进行破产清算,无力偿还所欠部分货款,预计甲公司可收回应收账款的 40%。假设按照税法规定,甲公司计提的坏账准备不允许在所得税前扣除。本年度除坏账准备外,无其他纳税调整事项。

甲公司接到乙企业通知时,首先判断该事项属于资产负债表日后事项中的调整事项,并根据调整事项的处理原则进行处理。

甲公司的账务处理如下(金额单位:万元):

(1)应补提的坏账准备=70 200×60%−3 510=38 610(万元)

借:以前年度损益调整　　　　　　　　　　　　　　　38 610
　　贷:坏账准备　　　　　　　　　　　　　　　　　　　　　38 610

(2)调整递延所得税资产

借:递延所得税资产　　　　　　　　　　　　　　　9 652.50
　　贷:以前年度损益调整(38 610×25%)　　　　　　　　　　9 652.50

(3)将"以前年度损益调整"科目的余额转入"利润分配"

借:利润分配——未分配利润　　　　　　　　　　　28 957.50
　　贷:以前年度损益调整(38 610−9 652.50)　　　　　　　　28 957.50

(4)调整利润分配有关数字

借:盈余公积　　　　　　　　　　　　　　　　　　2 895.75
　　贷:利润分配——未分配利润(28 957.50×10%)　　　　　 2 895.75

(5)调整报告年度财务报表相关项目的数字(财务报表略)

①资产负债表项目的调整

调减应收账款 38 610 万元;调增递延所得税资产 9 652.50 万元;调减盈余公积 2 895.75 万元;调减未分配利润 26 061.75 万元。

②利润表项目的调整

调增资产减值损失 38 610 万元,调减所得税费用 9 652.50 万元。

③所有者权益变动表项目的调整

调减净利润 28 957.50 万元,调减提取盈余公积 2 895.75 万元。

(6)调整 2021 年 3 月资产负债表相关项目的年初数(资产负债表略)

甲公司在编制 2021 年 1 月、2 月的财务报表时,按照调整前 2020 年 12 月 31 日资产负债表的数字作为资产负债表的年初数,由于发生了资产负债表日后调整事项,甲公司除调整 2020 年度财务报表相关项目的数字外,还应当调整 2021 年 3 月的资产负债表相关项目的年初数,其年初数按照 2020 年 12 月 31 日调整后的数字填列。

3.资产负债表日后进一步确定了资产负债表日前购入资产的成本或售出资产的收入。

这类调整事项包括两方面内容:

(1)若资产负债表日前购入的资产已经按暂估金额等入账,资产负债表日后获得证据可以进一步确定该资产的成本,则应对已入账的资产成本进行调整。例如,企业购建固定资产,在资产负债表日前已经达到预定可使用状态但尚未办理竣工决算,企业按暂估价入账;资产负债表日后办理决算,此时应根据竣工决算的金额调整暂估入账的固定资产成本等。

(2)企业在资产负债表日已根据收入确认条件确认资产销售收入,但资产负债表日后获得关于资产收入的进一步证据,如发生销售退回等,此时也应调整财务报表相关项目的金额。

值得说明的是,资产负债表日后事项中的销售退回,既包括报告年度或报告中期销售的商品在资产负债表日后发生销售退回,也包括报告年度或报告中期以前期间销售的商品在资产负债表日后发生销售退回。即,资产负债表所属期间或以前期间所售商品在资产负债表日后退回的,均应作为资产负债表日后调整事项处理。此外,发生于资产负债表日后至财务报告批准报出日之间的销售退回事项,可能发生于年度所得税汇算清缴之前,也可能发生于年度所得税汇算清缴之后,应分别进行处理。

【例 8-5】

乙公司 2020 年 12 月 15 日销售给丙企业一批产品,销售价格 100 000 万元(不含增值税,增值税税率 13%),成本 80 000 万元。乙公司发出货物后,已确认销售收入并结转销售成本,该货款于当年 12 月 31 日尚未收到。乙公司按应收账款的 4% 计提坏账准备 4 520 万元。2021 年 1 月 15 日,由于存在严重的质量问题,本批货物被退回。假设按照税法规定,乙公司计提的坏账准备不允许在所得税前扣除,本年度除应收丙企业账款计提的坏账准备外,无其他纳税调整事项。乙公司2021年2月28日完成了2020年度所得税汇算清缴。

乙公司首先根据资产负债表日后事项准则的规定判断该事项属于调整事项,再按照调整事项的处理原则进行处理。

乙公司的账务处理如下(金额单位:万元):

(1) 调整销售收入

借:以前年度损益调整　　　　　　　　　　　　　　100 000
　　应交税费——应交增值税(销项税额)　　　　　　13 000
　　贷:应收账款　　　　　　　　　　　　　　　　　　113 000

(2) 调整坏账准备

借:坏账准备　　　　　　　　　　　　　　　　　　4 520
　　贷:以前年度损益调整　　　　　　　　　　　　　　4 520

(3) 调整销售成本

借:库存商品　　　　　　　　　　　　　　　　　　80 000
　　贷:以前年度损益调整　　　　　　　　　　　　　　80 000

(4) 调整原已确认的递延所得税资产

借:以前年度损益调整　　　　　　　　　　　　　　1 130
　　贷:递延所得税资产(4 520×25%)　　　　　　　　1 130

(5) 调整应交所得税

借:应交税费——应交所得税　　　　　　　　　　　5 000
　　贷:以前年度损益调整[(100 000-80 000)×25%]　　5 000

(6) 将"以前年度损益调整"科目余额转入"利润分配"

借:利润分配——未分配利润　　　　　　　　　　　11 610
　　贷:以前年度损益调整(100 000-4 520-80 000+1 130-5 000)
　　　　　　　　　　　　　　　　　　　　　　　　11 610

(7) 调整利润分配有关数字

借:盈余公积　　　　　　　　　　　　　　　　　　1 161
　　贷:利润分配——未分配利润(11 610×10%)　　　　1 161

(8) 调整报告年度财务报表相关项目的数字(略)

【例8-6】

承【例8-5】,假定销售退回的时间为2021年3月1日。

乙公司的账务处理如下(金额单位:万元):

(1)调整销售收入

借:以前年度损益调整 100 000
    应交税费——应交增值税(销项税额) 13 000
  贷:应收账款 113 000

(2)调整坏账准备

借:坏账准备 4 520
  贷:以前年度损益调整 4 520

(3)调整销售成本

借:库存商品 80 000
  贷:以前年度损益调整 80 000

(4)调整原已确认的递延所得税资产

借:以前年度损益调整 1 130
  贷:递延所得税资产(4 520×25%) 1 130

(5)将"以前年度损益调整"科目余额转入"利润分配"

借:利润分配——未分配利润 16 610
  贷:以前年度损益调整(100 000-4 520-80 000+1 130) 16 610

(6)调整利润分配有关数字

借:盈余公积 1 661
  贷:利润分配——未分配利润(16 610×10%) 1 661

(7)调整报告年度财务报表相关项目的数字(略)

4.资产负债表日后发现了财务报表舞弊或差错。

这一事项是指资产负债表日后至财务报告批准报出日之间发现的属于资产负债表期间或以前期间存在的财务报表舞弊或差错,企业发现这一事项后,应当将其作为资产负债表日后调整事项,调整报告期间财务报告相关项目的数字。

【例8-7】

甲公司于2021年3月15日发现2020年漏记了一项管理用固定资产的折旧2 000 000元,所得税申报中也没有包括这笔费用。假设甲公司于2021年3月31日完成了2020年度的所得税汇算清缴,不考虑递延所得税。

根据资产负债表日后事项准则的规定,甲公司首先应判断该事项属于调整事项,并按调整事项的处理原则进行处理。

甲公司的账务处理如下(金额单位:元):

(1)补提折旧

借:以前年度损益调整 2 000 000
  贷:累计折旧 2 000 000

(2)调整应交所得税
借:应交税费——应交所得税　　　　　　　　　　　　　　500 000
　　贷:以前年度损益调整(2 000 000×25%)　　　　　　　　　500 000
(3)将"以前年度损益调整"科目余额转入"利润分配"
借:利润分配——未分配利润　　　　　　　　　　　　　1 500 000
　　贷:以前年度损益调整　　　　　　　　　　　　　　　1 500 000
(4)调整利润分配有关数字
借:盈余公积　　　　　　　　　　　　　　　　　　　　150 000
　　贷:利润分配——未分配利润(1 500 000×10%)　　　　　150 000
(5)调整报告年度财务报表相关项目的数字(略)

任务三　识别资产负债表日后非调整事项

一　非调整事项的处理原则

资产负债表日后发生的非调整事项,是表明资产负债表日后发生的情况的事项,与资产负债表日存在状况无关,不应调整资产负债表日的财务报表。但有的非调整事项对财务报告使用者具有重大影响,如不加以说明,将不利于财务报告使用者做出正确决策,因此,应当在附注中披露重要的非调整事项的性质、内容及其对财务状况和经营成果的影响。

二　非调整事项的具体会计处理方法

资产负债表日后发生的非调整事项,应当在报表附注中披露每项重要的资产负债表日后非调整事项的性质、内容及其对财务状况和经营成果的影响。如无法做出估计,应说明理由。

需要披露的非调整事项的主要例子有:
1. 资产负债表日后发生重大诉讼、仲裁、承诺。
2. 资产负债表日后资产价格、税收政策、外汇汇率发生重大变化。
3. 资产负债表日后因自然灾害导致资产发生重大损失。

【例 8-8】

> 甲企业拥有某外国企业（乙企业）10%的股权，无重大影响，投资成本3 000 000元。乙企业的股票在国外的某家股票交易所上市交易。在编制2021年12月31日的资产负债表时，甲企业对乙企业投资的账面价值按初始投资成本反映。2022年1月，该国发生海啸造成乙企业的股票市场价值大幅下跌，甲企业对乙企业的股权投资遭受重大损失。
>
> 本例中，自然灾害导致的资产重大损失对企业资产负债表日后财务状况的影响较大，如果不加以披露，有可能使财务报告使用者做出错误的决策，因此应作为非调整事项在报表附注中进行披露。本例中海啸发生在2022年1月，属于资产负债表日后才发生或存在的事项，应当作为非调整事项在2021年度报表附注中进行披露。

4. 资产负债表日后发行股票和债券以及其他巨额举债。

5. 资产负债表日后资本公积转增资本。

6. 资产负债表日后发生巨额亏损。

7. 资产负债表日后发生企业合并或处置子公司。

8. 资产负债表日后，企业利润分配方案中拟分配的以及经审议批准宣告发放的股利或利润。

资产负债表日后，企业制订利润分配方案、拟分配或经审议批准宣告发放股利或利润的行为，并不会致使企业在资产负债表日形成现时义务，虽然发生该事项可导致企业负有支付股利或利润的义务，但支付义务在资产负债表日尚不存在，不应调整资产负债表日的财务报告，因此，该事项为非调整事项。但由于该事项对企业资产负债表日后的财务状况有较大影响，可能导致现金较大规模流出、企业股权结构变动等，为便于财务报告使用者更充分了解相关信息，企业需要在财务报告中适当披露该信息。

任务四　披露资产负债表日后事项

企业应当在财务报表附注中披露与资产负债表日后事项有关的下列信息：

1. 财务报告的批准报出者和财务报告批准报出日。

按照有关法律、行政法规等规定，企业所有者或其他方面有权对报出的财务报告进行修改的，应当披露这一情况。

2. 每项重要的资产负债表日后非调整事项的性质、内容及其对财务状况和经营成果的影响。无法做出估计的，应当说明原因。

企业在资产负债表日后取得了影响资产负债表日存在情况的新的或进一步的证据，应当调整与之相关的披露信息。

实务训练

一、单项选择题

1. 资产负债表日后事项是指（　　）。
   A. 对资产负债表日已经存在的情况提供了新的或进一步证据的事项
   B. 表明资产负债表日后发生的情况的事项
   C. 自资产负债表日至财务报告批准报出日之间发生的有利或不利事项
   D. 自资产负债表日至财务报告编制完成日之间发生的有利或不利事项

2. 资产负债表日后调整事项，应调整财务报表相关项目，但不包括（　　）项目的调整。
   A. 提取盈余公积　　　　　　B. 货币资金
   C. 管理费用　　　　　　　　D. 应交税费

3. 资产负债表日后事项截止的时点是指（　　）。
   A. 财务报告编制完成日　　　B. 注册会计师审计完成日
   C. 有权机关批准财务报告对外报出日　D. 股东大会召开日期

4. 调整事项与非调整事项的共同点是（　　）。
   A. 发生于资产负债日至财务报告批准报出日之间
   B. 存在于资产负债表日或以前
   C. 与资产负债表日的存在状况无关
   D. 均对财务报告的编制产生重大影响

5. 某上市公司2020年度财务报告于2021年2月10日编制完成，注册会计师完成审计及签署审计报告的日期是2021年4月10日，经董事会批准对外公布的日期是4月20日，股东大会召开的日期是5月25日，按照《企业会计准则》的规定，资产负债表日后事项涵盖的期间为（　　）。
   A. 2021年1月1日至2021年2月10日
   B. 2021年2月10日至2021年4月10日
   C. 2021年1月1日至2021年4月20日
   D. 2021年2月10日至2021年5月25日

6. 下列项目中，在"以前年度损益调整"账户的借方反映的是（　　）。
   A. 调整以前年度损益而相应增加的主营业务收入
   B. 调整以前年度损益而相应减少的所得税费用
   C. 调整以前年度损益而相应增加的管理费用
   D. 调整增加本期提取的盈余公积

7. 某公司2020年度财务报告批准报出日为2021年4月10日。该公司在2021年

1月1日至4月10日发生的下列事项中,属于资产负债表日后调整事项的是(　　)。

A. 公司的一桩诉讼案件败诉,支付赔款金50万元,公司在2020年年末已确认预计负债30万元

B. 因遭受水灾,上年购入的存货发生损失100万元

C. 公司董事会提出2020年度的利润分配方案,每10股送3股股票股利

D. 公司支付2020年财务报告审计费40万元

8. 甲公司在2021年2月2日应收B企业账款500万元,双方约定在当年的12月20日偿还,但12月20日B企业宣告破产无法偿付欠款,在甲公司2021年12月31日的资产负债表中,对该笔500万元款项应(　　)。

A. 作为非调整事项处理

B. 作为调整事项处理

C. 不需要反映

D. 作为2021年发生的业务反映

9. 资产负债表日后期间发生下列事项,应作为调整事项的是(　　)。

A. 为子公司的银行贷款提供担保

B. 对资产负债表日存在的债务签订债务重组协议

C. 资产负债表日的诉讼案件结案

D. 债务人遭受自然灾害导致资产负债表日存在的应收账款无法偿还

10. 调整事项在进行调整处理时,不能调整的报表是(　　)。

A. 资产负债表

B. 利润表

C. 现金流量表

D. 所有者权益变动表

二、多项选择题

1. 以下对于资产负债表日后调整事项的表述中,正确的有(　　)。

A. 调整事项是对资产负债表日已经存在的情况提供了新的或进一步证据的事项

B. 对于调整事项,应当调整资产负债表日编制的财务报表

C. 对于调整事项,应当在资产负债表日编制的财务报表附注中进行披露

D. 调整事项如果属于涉及损益和利润分配的事项,应分别在"以前年度损益调整"和"利润分配——未分配利润"账户核算

2. 某上市公司财务报告批准报出日为2021年4月20日,该公司在2021年3月发生的下列事项中,应作为资产负债表日后调整事项的有(　　)。

A. 发行债券筹资

B. 发现2020年度重大会计差错

C. 外汇汇率发生较大变动

D. 已确认为报告年度销售的货物,在资产负债表日后被退回

3. 在资产负债表日至财务报告批准报出日之间发生的下列事项中,属于资产负债表

日后非调整事项的有（　　）。

A. 董事会制订财务报告所属期间的现金股利分配方案

B. 购买子公司

C. 发生火灾损失

D. 在资产负债表日或以前提起的诉讼，以不同于资产负债表日登记的金额结案

4. 某上市公司 2020 年度财务报告批准报出日为 2021 年 4 月 20 日，该公司在 2021 年 3 月发生的下列事项中，应作为资产负债表日后调整事项的有（　　）。

A. 2021 年 1 月销售的商品，在 2021 年 3 月被退回

B. 发现 2020 年无形资产少摊销 300 元

C. 发现 2020 年固定资产少提折旧 2 000 万元

D. 发现 2019 年固定资产少提折旧 1 000 万元

5. 发生资产负债表日后调整事项，应调整的财务报表相关项目包括（　　）。

A. 报告年度资产负债表相关项目的期末数

B. 报告年度利润表相关项目的本年数

C. 当期编制的资产负债表相关项目的年初数

D. 现金流量表的相关项目数字

6. 下列表述中，正确的有（　　）。

A. 调整事项是对资产负债表日已经存在的情况提供了新的或进一步证据的事项

B. 非调整事项是表明资产负债表日后发生的情况的事项

C. 调整事项和非调整事项的区别在于该事项表明的情况在资产负债表日或以前是否已经存在

D. 调整事项和非调整事项均包括有利事项或不利事项

7. 甲公司因违约在 2020 年 10 月被乙公司起诉，该诉讼在 2020 年 12 月 31 日尚未判决，甲公司认为很可能败诉，并确认预计负债 300 万元，2021 年 2 月 16 日财务报告批准报出之前，法院判决甲公司偿付乙公司经济损失 350 万元，甲公司不再上诉并支付赔偿款。该事项作为资产负债表日后调整事项，甲公司应作的会计处理包括（　　）。

A. 调整"以前年度损益调整"和其他相关账户

B. 调整 2020 年 12 月 31 日资产负债表相关项目的期末数

C. 调整 2020 年度利润表相关项目的本年数

D. 调整 2021 年 2 月资产负债表相关项目的年初数

8. 对于资产负债表日后非调整事项，应在财务报表附注中披露（　　）。

A. 重要的非调整事项的性质、内容

B. 重要的非调整事项对经营成果的影响

C. 重要的非调整事项对财务状况的影响

D. 重要的非调整事项对财务状况和经营成果的影响无法估计的，应当说明理由

9. 资产负债表日后非调整事项的特点包括（　　）。

A. 在资产负债表日或以前已经存在

B. 在资产负债表日并未发生或存在

C. 在资产负债表日后得以证实

D. 不影响资产负债表日存在状况

10. 下列资产负债表日后事项中,应调整报告年度财务报表相关项目金额的有( )。

A. 资产负债表日未决诉讼结案,实际判决金额与已确认预计负债不同

B. 新证据表明存货在资产负债表日的可变现净值与原估计不同

C. 董事会拟定的利润分配方案中涉及盈余公积的分配

D. 发现报告年度的财务报表舞弊或差错

三、判断题

❶ 设置"以前年度损益调整"账户对资产负债表日后调整事项进行调整时,该账户余额应转入"利润分配——未分配利润"账户,结转后"以前年度损益调整"账户应无余额。
( )

❷ 企业某项固定资产在资产负债表日后因自然灾害发生重大损失,公司应将其作为调整事项。
( )

❸ 在资产负债表日后至财务报告批准报出日之间,董事会制订的该报告年度所属期间的现金股利分配方案应作为调整事项。
( )

❹ 资产负债表日后发生的调整事项如涉及现金收支,不需要调整报告年度现金流量表,但应调整报告年度资产负债表的货币资金项目。
( )

❺ 所有在资产负债表日至财务报告批准报出日之间发生的销售货物退回,都属于资产负债表日后调整事项。
( )

❻ 属于资产负债表日后调整事项的销售退回,是指报告年度和报告年度以前销售的货物在报告年度资产负债表日后期间退回。
( )

❼ 资产负债表日至财务报告批准报出日之间发生的重大诉讼、仲裁,属于非调整事项。
( )

❽ 所有的资产负债表日后非调整事项,均应在财务报表附注中披露相关信息。
( )

❾ 资产负债表日后事项包括有利事项和不利事项,但它们的处理原则是不同的。
( )

❿ 企业在判断或有事项的存在及有关金额时,依据《或有事项》准则处理;当或有事项确定成为资产负债表日后事项时,依据《资产负债表日后事项》准则处理。 ( )

四、计算分析题

❶ 甲公司因严重违约于 2020 年 8 月被乙公司起诉,原告提出索赔 50 万元。2020 年 12 月 31 日,甲公司估计很可能赔偿 10 万元至 30 万元之间的某一金额。2021 年 2 月 24 日,法院做出一审判决:甲公司在判决后 30 日内向原告赔偿 40 万元,甲公司已经执行。甲公司 2020 年财务报告批准报出日和所得税汇算清缴完成日均为 2021 年 3 月 30 日,所得税税率为 25%,期末按净利润的 10% 和 5% 分别提取法定盈余公积和任意盈

余公积。假设税法规定,预计负债产生的损失不允许在所得税前扣除。

要求:

(1)写出甲公司2020年12月31日预计赔偿的会计分录。

(2)写出甲公司2021年2月24日该调整事项的会计分录。

❷ 甲公司2020年6月销售给乙企业一批产品,货款200 000元(不含增值税),增值税税率为13%,乙企业于7月收到所购物资并验收入库。合同规定一个月内付款。由于乙企业财务状况不佳,到2020年12月31日仍未付款,甲公司于2021年3月1日收到乙企业通知,乙企业已进行破产清算,无力偿还货款,预计甲公司可收回应收账款的30%,甲公司原按应收账款余额的5%计提坏账准备,财务报告批准报出日和所得税汇算清缴完成日均为2021年3月30日,所得税税率为25%,期末按净利润的10%和5%分别计提了法定盈余公积和任意盈余公积。假设税法规定,坏账准备不允许在所得税前扣除。

要求:

(1)做出甲公司该调整事项的会计处理。

(2)对甲公司财务报表相关项目的调整予以说明。

❸ 甲公司2020年11月向乙公司销售产品,销售价格为250 000元(不含增值税),增值税税率为13%,销售成本为200 000元,甲公司将上述货款和增值税一并计入应收账款,并按5%计提坏账准备。2021年1月10日,甲公司收到乙公司通知,因产品质量与合同不符该批产品被退回。甲公司财务报告批准报出日为2021年4月20日,所得税汇算清缴完成日为2021年3月30日,所得税税率为25%,期末按净利润的10%和5%分别提取了法定盈余公积和任意盈余公积。假设税法规定,坏账准备不允许在所得税前扣除。

要求:

(1)做出甲公司该调整事项的会计处理。

(2)对甲公司财务报表相关项目的调整予以说明。

❹ 2021年3月20日,甲公司发现2020年12月31日计算某库存商品的可变现净值时发生差错,该库存商品的成本为5 500万元,预计可变现净值应为4 600万元,但当时误预计为4 000万元。甲公司财务报告批准报出日为2021年4月20日,所得税汇算清缴完成日为2021年3月30日,所得税税率为25%,期末按净利润的10%和5%分别提取了法定盈余公积和任意盈余公积。假设税法规定,存货跌价准备不允许在所得税前扣除。

要求:

(1)做出甲公司该调整事项的会计处理。

(2)对甲公司财务报表相关项目的调整予以说明。

项目九
关联方披露

项目要点

  对关联方关系及其交易的披露,有助于会计信息使用者了解企业真实的财务状况和经营成果。本项目主要讲解关联方关系的判定、关联方交易的类别、关联方关系及其交易的披露要求等,旨在培养学生的职业判断能力,坚守客观公正、不偏不倚的会计诚信。

任务一　识别关联方

一、与关联方有关的几个概念

（一）控制与母子公司

1. 控制

控制，是指投资方拥有对被投资方的权力，通过参与被投资方的相关活动而享有可变回报，并且有能力运用对被投资方的权力影响其回报金额。

控制可以采取不同的途径，主要有：

（1）以所有权方式达到控制的目的。这是指一方拥有另一方半数以上表决权资本，包括：直接控制、间接控制、直接和间接控制。

（2）以所有权和其他方式达到控制的目的。这是指一方拥有另一方表决权资本的比例虽然不超过半数，但通过其拥有的表决权资本和其他方式达到控制的目的。主要包括：通过与被投资单位其他投资者之间的协议，拥有被投资单位半数以上表决权；根据章程或协议，有权决定被投资单位的财务和经营政策；有权任免被投资单位的董事会或类似机构的多数成员；在被投资单位的董事会或类似机构中占多数表决权。

（3）以法律或协议形式达到控制的目的。这是指一方虽然不拥有另一方表决权资本的控制权，但通过法律或协议形式实质上能够控制另一方的财务和经营政策。如企业承包一家无投资关系、也无其他关联方关系的企业，则承包企业通过协议（承包合同）达到控制被承包企业的目的。

2. 母公司和子公司

母公司是指有一个或一个以上子公司的企业（或主体，下同）；子公司是指被母公司控制的企业。如果一方直接、间接、直接和间接拥有另一方半数以上表决权资本，或虽然一方拥有另一方表决权资本的比例不超过半数，但通过其他方式能够控制另一方时，投资企业即为被投资企业的母公司，被投资企业为投资企业的子公司。

可见，当一方与另一方具有投资与被投资关系，并且具有控制与被控制关系时，才构成母子公司。

（二）共同控制和合营企业

1. 共同控制

共同控制，是指按照合同约定对某项经济活动所共有的控制，仅在与该项经济活动相关的重要财务和经营决策需要分享控制权的投资方一致同意时存在。

共同控制的基本特征是：

（1）两方或多方共同决定某项经济活动的财务和经营政策，合营方的任何一方都不能单方面做出决定。

(2)共同控制的基本方式是:合营各方所持表决权资本的比例相同,并按合同约定共同控制;合营各方虽然所持表决权资本的比例不同,但按合同约定共同控制。

(3)共同控制在对经济活动相关的重要财务和经营政策需要分享控制权的投资方一致同意时存在。也就是说,即使有长期的合同约定存在,也不能保证实现共同控制,一旦分享控制权的投资各方与对合同约定的某项经济活动涉及的相关重要财务和经营政策存在意见分歧,就无法形成合同约定的共同控制。

2.合营企业

合营企业是指按合同规定经营活动由投资双方或若干方共同控制的企业。可见,合营企业与共同控制相联系,其特点在于投资各方均不能对被投资企业的财务和经营政策单独做出决策,必须由投资各方共同做出决策,并由合同约束投资各方的行为。可见,合营企业是以共同控制为前提的,投资企业与其他投资者一起共同控制合营企业。

(三)重大影响和联营企业

1.重大影响

重大影响,是指对一个企业的财务和经营政策有参与决策的权力,但并不能够控制或者与其他方一起共同控制这些政策的制定。

当一方拥有另一方20%或以上至50%表决权资本,或者一方虽然只拥有另一方20%以下表决权资本,但实际上具有参与经营决策的能力,一般认为对另一方具有重大影响。

参与决策的途径主要包括:在董事会或类似的权力机构中派有代表;参与决策的制定过程;相互交换管理人员,或使其他企业依赖于本企业的技术资料等。

2.联营企业

联营企业是指投资者对其具有重大影响,但不是投资者的子公司或合营企业的企业。可见,通常情况下,联营企业与重大影响相联系。

二 关联方的概念及其特征

《企业会计准则》规定,一方控制、共同控制另一方或对另一方施加重大影响,以及两方或两方以上同受一方控制、共同控制或重大影响的,构成关联方。关联方关系则是指有关联的各方之间的相互关系。

(一)关联方涉及两方或多方

关联方之间存在相互关系,必须存在于两方或多方之间,任何单独的个体不能构成关联方关系。

(二)关联方以各方之间的影响为前提

关联方以各方之间的影响为前提,这种影响包括控制或被控制、共同控制或被共同控制、施加重大影响或被施加重大影响。因此,建立控制、共同控制和施加重大影响是关联方关系存在的主要特征。

(三)关联方关系的存在可能会影响交易的公允性

企业之间发生交易时,往往会从各自的利益出发,一般不会接受不利于自身的交易条款,此时,企业之间在不受各方关系影响的基础上所形成的交易视为公平交易。但是,存在关联方关系时,关联方之间的交易可能不是建立在公平交易基础上。因为,关联方交易往往不存在竞争性、自由市场交易的条件。另外,即使关联方交易是在公平交易基础上进行的,对于重要关联方交易披露也是有用的,因为它可以提供未来可能再发生,而且很可能以不同形式发生的交易类型的信息。

三 关联方关系存在的主要形式

关联方关系的存在是以控制、共同控制或重大影响为前提条件的。在判断是否存在关联方关系时,应当遵循实质重于形式原则。从某一会计主体出发,与其存在关联方关系的各方主要包括:

1. 该企业的母公司,不仅包括直接或间接地控制该企业的其他企业,也包括能够对该企业实施直接或间接控制的单位等。

（1）一个企业直接控制一个或多个企业。例如,母公司控制一个或若干个子公司,则母公司和子公司之间存在关联方关系。

（2）一个企业通过一个或若干个企业间接控制一个或多个企业。例如,母公司通过其子公司,间接控制子公司的子公司,表明母公司与其子公司的子公司存在关联方关系。

（3）一个企业直接地和通过一个或若干个中间企业间接地控制一个或多个企业。例如,母公司对某一企业的投资虽然没有达到控股的程度,但由于其子公司也拥有该企业的股份或权益,如果母公司与其子公司对该企业的投资之和达到拥有该企业一半以上表决权资本的控制权,则母公司直接和间接地控制该企业,表明母公司与该企业之间存在关联方关系。

2. 该企业的子公司,包括直接或间接地被该企业控制的其他企业,也包括直接或间接地被该企业控制的企业、单位、基金等特殊目的实体。

3. 与该企业受同一母公司控制的其他企业。两个或多个企业有相同的母公司,对它们都具有控制能力,即两个或多个企业如果有相同的母公司,它们的财务和经营政策都由相同的母公司决定,各个被投资企业之间由于受相同母公司的控制,可能为自身利益而进行的交易受到某种限制。因此,与该企业受同一母公司控制的两个或多个企业之间构成关联方关系。

4. 对该企业实施共同控制的投资方。对企业实施直接或间接共同控制的投资方与该企业之间是关联方关系,但这些投资方之间并不能仅仅因共同控制了同一家企业而被视为存在关联方关系。例如,甲、乙、丙三个企业共同控制丁企业,从而甲和丁、乙和丁、丙和丁构成关联方关系,如果不存在其他关联方关系,甲和乙、甲和丙以及乙和丙之间不构成关联方关系。

5. 对该企业施加重大影响的投资方。这里的重大影响包括直接的重大影响和间接的重大影响。对企业实施重大影响的投资方与该企业之间是关联方关系,但这些投资方之间并不能仅仅因为对同一家企业具有重大影响而视为存在关联方关系,例如,甲企业和丙企业均能够对乙企业实施重大影响,如果甲和丙不存在其他关联方关系,则甲和丙

不构成关联方关系。

6.该企业的合营企业。合营企业是以共同控制为前提的,两方或多方共同控制某一企业时,该企业则为投资者的合营企业。例如,甲、乙、丙、丁企业各占戊企业有表决权资本的25％,按照合同规定,投资各方按照出资比例控制E企业,在这种情况下,甲和戊、乙和戊、丙和戊以及丁和戊之间构成关联方关系。

7.该企业的联营企业。联营企业和重大影响是相联系的,如果投资者能对被投资企业施加重大影响,则该被投资企业被视为投资者的联营企业。

8.该企业的主要投资者个人及与其关系密切的家庭成员。

主要投资者个人是指能够控制、共同控制一个企业或者对一个企业施加重大影响的个人投资者。关系密切的家庭成员,是指在处理与企业的交易时可能影响该个人或受该个人影响的家庭成员,如父母、配偶、兄弟、姐妹和子女等。

(1)企业与其主要投资者个人之间的关系。例如,张某是甲企业的主要投资者,则甲企业与张某构成关联方关系。

(2)企业与其主要投资者个人关系密切的家庭成员之间的关系。例如,甲企业的主要投资者张某的妻子与甲企业构成关联方关系。

9.该企业或其母公司的关键管理人员及与其关系密切的家庭成员。

关键管理人员是指有权力并负责计划、指挥和控制企业活动的人员。通常情况下,企业关键管理人员负责管理企业的日常活动,并且负责制订经营计划、战略目标、指挥调度生产经营活动等,主要包括董事长、董事、董事会秘书、总经理、总会计师、财务总监、主管各项事务的副总经理以及行使类似职能的人员等。

(1)企业与其关键管理人员之间的关系。例如,甲企业的总经理与甲企业构成关联方关系。

(2)企业与其关键管理人员关系密切的家庭成员之间的关系。例如,甲企业的总经理吴某的儿子与甲企业构成关联方关系。

(3)企业与其母公司的关键管理人员之间的关系。

(4)企业与其母公司的关键管理人员关系密切的家庭成员之间的关系。

10.该企业主要投资者个人、关键管理人员或与其关系密切的家庭成员控制、共同控制或施加重大影响的其他企业。其主要形式有:

(1)企业与受该企业主要投资者个人控制、共同控制或施加重大影响的其他企业之间的关系。例如,甲企业的主要投资者H拥有乙企业60％的表决权资本,则甲企业和乙企业存在关联方关系。

(2)企业与受该企业关键管理人员控制、共同控制或施加重大影响的其他企业之间的关系。例如,甲企业的董事L控制乙企业,则甲企业和乙企业存在关联方关系。

(3)企业与受该企业主要投资者个人关系密切的家庭成员控制、共同控制或施加重大影响的其他企业之间的关系。例如,甲企业的主要投资者H的儿子拥有乙企业70％的表决权资本,则甲企业和乙企业存在关联方关系。

(4)企业与受该企业关键管理人员关系密切的家庭成员控制、共同控制或施加重大影响的其他企业之间的关系。例如,甲企业的财务总监F的妻子控制乙企业,则甲企业和乙企业存在关联方关系。

企业设立的企业年金基金也构成企业的关联方。

四 关联方关系界定的例外情况

需要注意的是,下列情形不构成关联方:

(1)与该企业发生日常往来的资金提供者、公用事业单位、政府部门和机构,以及与该企业发生大量交易而存在经济依存关系的单个客户、供应商、特许商、经销商和代理商之间,不存在关联方关系。

(2)与该企业共同控制合营企业的合营者之间,通常不存在关联方关系。因为,如果两个企业按照合同分享一个合营企业的控制权,某个企业单方面无法做出合营企业的经营和财务决策,而合营企业是一个独立的法人,合营方各自对合营企业有重大影响,但无法影响对方。在没有其他关联方关系的情况下,不能认定各合营者之间存在关联方关系。

(3)仅仅同受国家控制而不存在其他关联方关系的企业,不构成关联方。

任务二 识别关联方交易

一 关联方交易的认定

关联方交易,是指在关联方之间转移资源、劳务或义务的行为,而不论是否收取价款。这一定义的要点有:

1. 按照关联方的判断标准,构成关联方关系的企业之间、企业与个人之间的交易,即通常是在关联方关系已经存在的情况下,关联各方之间的交易。

2. 资源或义务的转移是关联方交易的主要特征。通常情况下,在资源或义务转移的同时,风险和报酬也相应转移。

3. 关联方之间资源或义务的转移价格是了解关联方交易的关键。会计上确认资源或义务的转移通常是以风险和报酬的转移为依据,并以各方同意的价格为计量标准。关联方在确定价格时可能有一定程度的弹性,而在非关联方之间的交易中则没有这种弹性,非关联方之间的交易价格一般是公平价格。

二 关联方交易的类型

判断一项交易是否属于关联方交易,应以交易是否发生为依据,而不以是否收取价款为前提。关联方交易的类型主要有:

1. 购买或销售商品。购买或销售商品是关联方交易较常见的交易事项。例如,企业

集团成员之间互相购买或销售商品,从而形成了关联方交易。

2.购买或销售除商品以外的其他资产。例如,母公司向其子公司出售设备或建筑物等。

3.提供或接受劳务。例如,甲企业为乙企业的联营企业,甲企业专门从事设备维修服务,乙企业的所有设备均由甲企业负责维修,乙企业每年支付一定的设备维修费用。

4.担保。担保包括在借贷、买卖、货物运输、加工承揽等经济活动中,担保的目的是保障其债权的实现。当存在关联方关系时,一方往往为另一方提供为取得借款等经济活动所需要的担保。

5.提供资金(包括以现金或非现金形式提供的贷款或权益性资金)。例如,企业从其关联方取得借款,或权益性资金在关联方之间的增减变动等。

6.租赁。租赁通常包括经营租赁和融资租赁等,关联方之间的租赁合同也是主要的交易事项。

7.代理。代理主要是依据合同条款,一方可为另一方代理某些事务,如代理销售货物或代理签订合同等。

8.研究与开发项目的转移。在存在关联方关系时,有时某一企业所研究与开发的项目会由于一方的要求而放弃或转移给其他企业。例如,乙公司是甲公司的子公司,甲公司要求乙公司停止对某一新产品的研究和试制,并将乙公司研究的现有成果转给甲公司最近购买的、研究和开发能力超过乙公司的丙公司继续研制,从而形成关联方交易。

9.许可协议。当存在关联方关系时,关联方之间可能达成某项协议,允许一方使用另一方的商标等,从而形成了关联方之间的交易。

10.代表企业或由企业代表另一方进行债务结算。这是一种典型的在关联企业之间转移义务的情况,从而在关联方企业之间转移风险。

11.关键管理人员的薪酬。企业支付给关键管理人员的薪酬,也是一项主要的关联方交易。

任务三　披露关联方关系和关联方交易

关联方关系及关联方交易的披露,目的是增强会计信息的真实性和完整性,有利于信息使用者了解会计主体受关联方影响的程度,评价会计主体的经营情况,包括会计主体所面临的风险和机会。

关联方披露的要求包括:

一、企业无论是否发生关联方交易,均应当在财务报表附注中披露与母公司和子公司有关的下列信息:

(一)母公司和子公司的名称。

1.母公司不是该企业最终控制方的,还应当披露最终控制方的名称。

以图9-1为例:

```
甲公司 —98%→ 乙公司 —65%→ 丙公司
```

图 9-1　需披露关联方

甲公司持有乙公司 98％的股份,乙公司持有丙公司 65％的股份。甲、乙、丙均应对外提供财务报表,则丙公司披露关联方时,不仅应披露母公司乙公司的名称,还应披露最终控制方甲公司的名称。

2.母公司和最终控制方均不对外提供财务报表的,还应当披露母公司之上与其最相近的对外提供财务报表的母公司名称。

以图 9-2 为例:

```
甲公司 —95%→ 乙公司 —85%→ 丙公司
                                    ↓92%
戊公司 —95%→ 戊公司 —87%→ 丁公司
```

图 9-2　需披露关联方

则戊公司在披露关联方时,至少披露丁公司(母公司)、戊公司(子公司)、甲公司(最终控制方)。若甲公司、丁公司均不对外提供财务报表,则戊公司披露关联方时,还应披露丙公司的关联方信息(丙公司在戊公司的母公司丁公司之上,且最相近)。

(二)母公司和子公司的业务性质、注册地、注册资本(或实收资本、股本)及其变化。

(三)母公司对该企业或者该企业对子公司的持股比例和表决权比例。

【例 9-1】

A 公司为股份有限公司(以下简称 A 公司),对外提供财务报表,其母公司、子公司的关联方信息披露如下。

A 公司的母公司有关信息披露见表 9-1:

表 9-1　　　　　　　　母公司信息　　　　　　　　单位:万元

母公司名称	注册地	业务性质	注册资本
Q 公司	保定淮海路××号	工业加工	13 000

A 公司的子公司有关信息披露见表 9-2:

表 9-2　　　　　　　　子公司信息　　　　　　　　单位:万元

子公司名称	注册地	业务性质	注册资本	本公司合计持股比例	本公司合计享有的表决权比例
H 公司	沈阳黄河大街×号	工业加工	650	(略)	(略)
I 公司	天津新华街××号	商业零售	700	(略)	(略)

二、企业与关联方发生关联交易的,应当在附注中披露关联方关系的性质,交易类型及交易要素。

交易要素至少应当包括:

1. 交易的金额。
2. 未结算项目的金额、条款和条件,以及有关提供或取得担保的信息。
3. 未结算应收项目的坏账准备金额。
4. 定价政策。

三、关联方交易应当分别关联方以及交易类型予以披露。类型相似的关联方交易,在不影响财务报表阅读者正确理解关联方交易对财务报表影响的情况下,可以合并披露。

四、企业只有在提供确凿证据的情况下,才能披露关联方交易是公平交易。

【例9-2】

承【例9-1】,甲公司2021年关联方交易情况如下:

(1)乙公司是甲公司和丙公司的合营企业。2021年10月20日,甲公司为乙公司提供贷款担保。被担保贷款本金2 000万元,期限2年,年利率5%。根据合同,乙公司到期无法偿还该贷款时,甲公司对该贷款本金及利息承担还款责任。

2021年,甲公司与乙公司存在关联方交易。因为乙公司是甲公司和丙公司的合营企业,且甲公司为乙公司提供担保,则披露如下:

"乙公司是本公司的合营企业。2021年10月20日,本公司为乙公司提供贷款担保。被担保贷款本金2 000万元,期限2年,年利率5%。根据合同,乙公司到期无法偿还该贷款时,本公司对该贷款本金及利息承担还款责任。"

(2)汪某为甲公司和丁公司的董事长。由于丁公司生产的某种产品为名牌产品,甲公司生产的同样产品也使用丁公司的商标,并与丁公司签订了商标使用许可合同,合同中规定,甲公司每年按照该种产品销售收入的1‰向丁公司支付商标使用费。本年度甲公司共支付给丁公司商标使用费500万元。

2021年,甲公司与丁公司存在关联方交易。因为甲公司和丁公司的董事长同为一人,则披露如下:

"汪某为本公司和丁公司的董事长。本公司生产的产品使用丁公司的商标,并与丁公司签订了商标使用许可合同,合同中规定本公司每年按照该种产品销售收入的1‰向丁公司支付商标使用费。本年度共支付丁公司商标使用费500万元。"

(3)2021年度甲公司支付给关键管理人员的薪酬(包括采用货币、实物形式和其他形式的工资、福利、奖金、特殊待遇及有价证券等)总额为350万元人民币。

2021年支付关键管理人员的薪酬属于关联方交易,则披露如下:

"2021年度本公司支付给关键管理人员的薪酬(包括采用货币、实物形式和其他形式的工资、福利、奖金、特殊待遇及有价证券等)总额为350万元人民币。"

实务训练

一、单项选择题

1. 甲公司为上市公司,下列个人或企业中,与甲公司构成关联方关系的是( )。
   A. 甲公司的监事陆某
   B. 甲公司的监事陆某的儿子
   C. 甲公司的代理商
   D. 甲公司的董事长刘某控制的乙公司

2. 下列表述中,不正确的是( )。
   A. 两方或两方以上同受一方控制、共同控制或重大影响,构成关联方
   B. 一方控制、共同控制或对另一方施加重大影响,构成关联方
   C. 企业与受该企业关键管理人员控制的其他企业构成关联方
   D. 企业与受该企业主要投资者个人关系密切的家庭成员共同控制或施加重大影响的其他企业,不构成关联方

3. 下列选项中,不属于关联方关系的是( )。
   A. 同一母公司的各个子公司之间
   B. 公司与其供应商之间
   C. 企业与其联营企业之间
   D. 企业与其主要投资者个人之间

4. 下列选项中,不属于关联方关系的是( )。
   A. 甲直接控制乙,甲与乙
   B. 甲乙共同控制丙,甲与乙
   C. 乙丙同受甲控制,乙与丙
   D. 甲对乙能够施加重大影响,甲与乙

5. A公司为上市公司,下列个人或企业中,与A公司构成关联方关系的是( )。
   A. A公司监事张某之女
   B. A公司监事张某控制的甲公司
   C. A公司总经理李某的弟弟自己创办的独资企业
   D. 持有A公司8%表决权资本的刘某控股的乙公司

6. 甲公司拥有乙公司60%的股份,乙公司已纳入甲公司合并财务报表的合并范围。2021年度,甲公司向乙公司销售商品600万元。下列说法中,正确的是( )。
   A. 乙公司在个别财务报表中披露与甲公司的关联方关系,但不需在个别财务报表中披露与甲公司的交易
   B. 甲公司在合并财务报表中既要披露与乙公司的关联方关系,也要在合并财务报表中披露与乙公司的交易
   C. 甲公司在合并财务报表中披露与乙公司的关联方关系,但不需在合并财务报表中披露与乙公司的交易
   D. 甲公司不需在合并财务报表中披露与乙公司的关联方关系,但应在合并财务报表中披露与乙公司的交易

7. 下列不属于关联方关系的是( )。

A. 甲公司董事长同时兼任乙公司的总经理,甲公司和乙公司的关系

B. A 公司和 B 公司同受 W 公司的控制,A 公司和 B 公司之间的关系

C. E 公司拥有 F 公司 10% 的股份,F 公司生产产品的技术资料依赖于 E 公司,E 公司和 F 公司的关系

D. 丙公司拥有丁公司 19% 的股份,丙公司和丁公司的关系

8. 下列不与甲公司之间构成关联方关系的是（　　）。

A. 甲公司拥有乙公司 20% 的股份,甲公司除每年从乙公司的利润分配中获得应享有的利润外,其他股东权利委托某资产管理公司全权代理(甲公司与乙公司之间无其他关系)

B. 甲公司与丁公司签订承包合同(甲公司与丁公司之间无其他关系),承包合同规定,甲公司承包丁公司的子公司 S 企业,承包期 3 年,在承包期限内甲公司全面负责 S 企业的财务和经营决策

C. 甲公司的总经理为丙公司的董事长

D. 甲公司与其总经理拥有 51% 股份的戊公司

9. A 公司、B 公司、C 公司各出资三分之一建立 D 公司,对 D 公司构成共同控制。D 公司又出资 80% 建立 E 公司,以下不存在关联方关系的是（　　）。

A. A 公司与 D 公司　　　　　　B. C 公司与 D 公司

C. B 公司与 E 公司　　　　　　D. D 公司与 E 公司

10. A 公司为 B 公司的母公司,B 公司为 C 公司的母公司,C 公司为 D 公司的主要原材料供应商。在不考虑其他因素的情况下,下列公司之间,不构成关联方关系的是（　　）。

A. A 公司与 B 公司　　　　　　B. A 公司与 C 公司

C. C 公司与 D 公司　　　　　　D. B 公司与 C 公司

11. A 公司与 B 公司为母子公司,以下符合披露要求的事项是（　　）。

A. 本期没有交易时不必披露关联方之间的经济性质或类型

B. 本期没有交易时不必披露关联方的主营业务

C. 本期交易金额很大时要将各个类型交易合并披露

D. 无论有无交易均要披露关联方之间的经济性质或类型、关联方的主营业务等信息

12. A 公司和 B 公司共同控制 C 公司,A 公司和 B 公司共同控制 D 公司,则不构成关联方关系的是（　　）。

A. A 公司与 C 公司　　　　　　B. A 公司与 D 公司

C. B 公司与 C 公司　　　　　　D. A 公司与 B 公司

13. 以下企业中,与甲公司构成关联方关系的是（　　）。

A. 甲公司总经理的配偶持股 10% 的 A 公司

B. 甲公司总会计师配偶所控制企业的子公司

C. 持有甲公司 10% 表决权资本的某个人持有 W 公司 40% 的表决权资本并可以施加影响

D. 持有甲公司 10% 表决权资本的某个人持有 B 公司 80% 的表决权资本

二、多项选择题

1. 下列选项中,属于关联方交易的有( )。
   A. 企业将现金借给其合营企业
   B. 企业为其子公司提供借款担保
   C. 企业向其子公司追加投资
   D. 企业将生产的产品出售给其联营企业

2. 下列方式中属于控制的影响类型有( )。
   A. 通过与被投资单位其他投资者之间的协议,拥有被投资单位半数以上表决权
   B. 根据章程或协议,有权决定被投资单位的财务和经营政策
   C. 有权任免被投资单位的董事会或类似机构的多数成员
   D. 在被投资单位的董事会或类似机构占多数表决权

3. "关联方披露"准则当中所指"关系密切的家庭成员"包括( )。
   A. 父母、子女   B. 配偶
   C. 兄弟姐妹   D. 姐夫

4. "关联方披露"准则当中所指"关键管理人员"包括( )。
   A. 董事   B. 财务总监
   C. 主管各项事务的副总经理 D. 董事会秘书

5. 以下应判定为关联方的有( )。
   A. 企业与其合营企业   B. 企业与其联营企业
   C. 同受一方控制的多个企业之间 D. 同受国家控制而不存在其他关联方关系

6. 甲、乙、丙、丁四家公司均为股份有限公司。甲公司的总经理为乙公司的董事长;丁公司拥有乙公司10%的表决权资本且丁公司生产的专用产品每年有50%以上销售给乙公司,并拥有甲公司55%的表决权资本;乙公司拥有丙公司60%的表决权资本。上述公司之间存在关联方关系的有( )。
   A. 甲公司与乙公司   B. 乙公司与丙公司
   C. 丙公司与丁公司   D. 乙公司与丁公司

7. 甲公司为乙公司的母公司,乙公司为丙公司的母公司,甲公司持有丁公司30%有表决权股份,并派人参与其生产经营决策的制定,戊公司由甲公司董事直接控制。不考虑其他因素,下列各公司中,构成关联方的有( )。
   A. 甲公司与丙公司   B. 乙公司与丙公司
   C. 甲公司与丁公司   D. 乙公司与丁公司

8. 一般情况下,以下公司中甲公司对其拥有控制权的有( )。
   A. A公司30%的权益性资本由甲公司拥有,甲公司全面负责A公司的经营管理
   B. B公司30%的权益性资本由甲公司拥有,甲公司有权任免B公司董事会的多数成员
   C. C公司30%的权益性资本由甲公司拥有,甲公司受托管理其他投资者在C公司30%的股份

D. D 公司 30％的权益性资本由甲公司拥有,甲公司在 D 公司董事会会议上有 30％投票权

9. A 公司拥有 B 公司 60％的股份,A 公司拥有 C 公司的 50％的股份,B 公司拥有 D 公司 40％的股份,C 公司拥有 E 公司 60％的股份,B 公司拥有 F 公司 60％的股份。则下列存在关联方关系的公司有(　　)。

　　A. A 公司和 B 公司　　　　　　　B. A 公司和 C 公司
　　C. A 公司和 F 公司　　　　　　　D. A 公司和 E 公司

10. 关联方交易的交易要素包括(　　)。

　　A. 交易金额
　　B. 未结算项目的金额、条款和条件
　　C. 定价政策
　　D. 未结算应收项目的坏账准备金额

11. 以下公司中,M 公司对其拥有控制权的有(　　)。

　　A. 甲公司,其 50％的权益性资本由 M 公司拥有
　　B. 乙公司,其 40％的权益性资本由 M 公司拥有,M 公司全面负责乙公司的经营管理
　　C. 丙公司,其 40％的权益性资本由 M 公司拥有,M 公司有权任免丙公司董事会的多数成员
　　D. 丁公司,其 40％的权益性资本由 M 公司拥有,M 公司在丁公司董事会会议上有半数以上投票权

12. 以下企业中张某可以成为其主要投资者个人的企业有(　　)。

　　A. 甲企业,张某直接拥有其 15％的表决权资本
　　B. 乙企业,张某持股 80％的另一家公司拥有其 15％的表决权资本
　　C. 丙企业,张某直接拥有其 8％的表决权资本
　　D. 丁企业,张某直接拥有其 8％的表决权资本,张某持股 80％的另一家公司拥有其 15％的表决权资本

13. 假设无其他影响因素,以下构成关联方关系的有(　　)。

　　A. 赵某拥有 A 公司 15％表决权资本,赵某拥有 B 公司 80％表决权资本,A 公司与 B 公司
　　B. 赵某拥有 A 公司 15％表决权资本,赵某的妻子是 B 公司的总经理,A 公司与 B 公司
　　C. 赵某是 A 公司的总经理,赵某是 B 公司的副总经理,A 公司与 B 公司
　　D. 赵某是 A 公司的总经理,赵某的妻子拥有 B 公司 80％表决权资本,A 公司与 B 公司

14. 下列说法中,正确的有(　　)。

　　A. A 公司拥有 B 公司 35％的表决权资本,C 公司拥有 B 公司 25％的表决权资本,A 公司和 C 公司达成协议,C 公司在 B 公司的权益由 A 公司代表,则 A 公司控制 B 公司
　　B. A 公司拥有 B 公司 20％的表决权资本,同时根据章程或协议,A 公司负责 B 公司的经营管理,则 A 公司控制 B 公司

C. A 公司拥有 B 公司 40% 的表决权资本,但是根据章程或协议等能够任免董事会的董事,则 A 公司控制 B 公司

D. A 公司拥有 B 公司 40% 的表决权资本,但是能够控制 B 公司董事会,从而能够控制其财务和经营政策,则 A 公司控制 B 公司

三、判断题

❶ 主要投资者个人是指能够控制、共同控制一个企业或者对一个企业施加重大影响的个人投资者。( )

❷ 企业只有在提供确凿证据的情况下,才能披露关联方交易是公平交易。( )

❸ 甲公司和乙公司共同控制丙公司,则甲公司和乙公司之间存在关联方关系。( )

❹ 受同一母公司所控制的子公司之间均是关联方。( )

❺ 企业无论是否发生关联方交易,均应当在财务报表附注中披露与母公司和子公司有关的信息。( )

❻ 甲企业和乙企业同时对丙企业施加重大影响,因此,甲乙双方就是关联方。( )

❼ A、B、C、D 企业各占 F 企业表决权资本的 25%,因此,A 和 F、B 和 F、C 和 F 以及 D 和 F 之间构成关联方关系。( )

❽ 某自然人虽未持有一个企业 10% 或以上表决权资本,但仍然是持股比例最高者,可确认此人为"主要投资者个人"。( )

❾ A 公司拥有 M 公司 20% 的表决权资本,A 公司控制的 B 公司拥有 M 公司 51% 的表决权资本,则 A 公司可通过 B 公司控制 M 公司。( )

❿ 王某是 A 公司的总经理,其拥有 B 公司 85% 的表决权资本,则 A 公司与 B 公司构成关联方。( )

项目十
租　赁

项目要点

在市场经济条件下,越来越多的企业通过租赁的形式获取相关资产的使用权。本项目主要介绍租赁会计模型,以及租赁业务的具体确认、计量和信息披露,旨在诠释我国企业会计准则国际趋同的要义,拓展学生的专业视野,增强民族自信,培育国家情怀。

任务一　识别租赁

一、租赁的定义

租赁，是指在一定期间内，出租人将资产的使用权让与承租人以获取对价的合同。租赁的定义强调三点内容：第一，租赁是一项合同，任何合同均会导致合同各方获得一定的权利并承担一定的义务。第二，在租赁合同中，出租人的义务是让渡资产的使用权，并因此获得了向承租人收取租金的权利。同时，出租人保留了与租赁资产所有权相关的权利，如出售，或继续出租等。第三，在租赁合同中，承租人获得了租赁期内使用租赁资产的权利，并因此而承担向出租人支付租金的义务。此外，承租人还要承担在租赁期结束时将租赁资产以指定的状态归还出租人的义务。

二、租赁的识别

在合同开始日，企业应当评估合同是否为租赁或者包含租赁。如果合同中一方让渡了在一定期间内控制一项或多项已识别资产使用的权利以换取对价，则该合同为租赁或者包含租赁。之所以在合同开始日评估合同是否包含租赁，是因为出租人必须在合同开始日对租赁进行分类。租赁分为经营租赁和融资租赁，且两种租赁的会计处理方式不同。

上述所称"在一定期间内控制一项或多项已识别资产使用的权利"，是指有权获得在使用期间内因使用已识别资产所产生的几乎全部经济利益，并有权在该使用期间主导已识别资产的使用。存在下列情况之一的，可视为客户有权主导对已识别资产在整个使用期间内的使用：

（1）客户有权在整个使用期间主导已识别资产的使用目的和使用方式。

（2）已识别资产的使用目的和使用方式在使用期开始前已预先确定，并且客户有权在整个使用期间自行或主导他人按照其确定的方式运营该资产，或者客户设计了已识别资产并在设计时已预先确定了该资产在整个使用期间的使用目的和使用方式。

【例10-1】

A公司与船舶公司签订合同，使用双方指定的船舶（"远航号"）将一批货物从大连运至厦门，船舶公司没有调换船舶的权利。合同详细规定了所运输货物的种类、启运地和目的地、提船和交船日期、费用标准等，所运送的货物实质上将占用该船全部的载重量。整个航程中由船舶公司操作和维护船舶，并负责船上货物的安全运送。在合同期间，A公司不能雇用其他方操作船舶，也不能自己操作船舶。

本例中,该合同不包含租赁。具体分析如下:

(1)合同中存在一项已识别资产("远航号"),因为该船舶已在合同中被明确指定,而且船舶公司无权调换。

(2)A公司实质上拥有该船舶在使用期间产生的全部经济利益。由于A公司的货物将占用该船舶的全部载重量,因此限制了其他方从该船舶的使用中获取经济利益。

(3)最重要的是,A公司没有如何使用船舶、为何目的使用船舶的主导权。因为这些事项已在合同中预先确定(在特定期间将特定货物从大连运至厦门)。在使用期间,A公司无权改变该船舶的使用方式和使用目的,也没有船舶使用的其他权利(例如,无权操作船舶)。在船舶的使用上,A公司与使用该船舶运送货物的其他众多客户拥有同样的权利。

【例10-2】

A公司与船舶公司签订合同,使用指定的船舶("远航号")5年,且船舶公司无权加以调换。在使用期间,除禁止驶向高风险水域、禁止装载危险物品等限制之外,由A公司决定运送何种货物,并决定是否航行、何时航行以及驶向哪个港口。5年中,由船舶公司操作和维护船舶,并负责船上货物的安全运输。

本例中,该合同包含租赁,A公司拥有指定的船舶("远航号")5年的使用权。具体分析如下:

(1)合同中存在一项已识别资产("远航号"),因为所使用船舶已在合同中有明确规定,资产供应方(船舶公司)无权调换所指定的船舶。

(2)在使用期间,A公司可以主导该船舶的使用目的和使用方式,因为A公司可以决定是否航行、驶向何处、何时航行以及运输的货物种类。实际上,A公司有权获得该船舶5年期间所产生的全部经济利益,因为A公司对该船舶拥有排他性使用权。

(3)尽管5年期间由船舶公司负责船舶的操作和维护,但操作和维护建立在A公司对该船舶的使用方式和使用目的的决策基础之上,并没有影响A公司的主导权。

企业在评估合同是否为租赁或者包含租赁时,如果资产的供应方在整个使用期间拥有对该资产的实质性替换权,则该资产不属于已识别资产。同时符合下列条件时,表明资产的供应方拥有资产的实质性替换权:

(1)资产的供应方拥有在整个使用期间替换资产的实际能力。

(2)资产的供应方通过行使替换资产的权利将获得经济利益。

企业难以确定资产的供应方是否拥有对该资产的实质性替换权的,应当视为资产的供应方没有对该资产的实质性替换权。

【例 10-3】

> A鲜饮制作商(以下称客户)与某机场签订一项合同,在3年内使用该机场特许经营区销售其产品。合同规定了经营区面积,但地点可位于该机场的任一登机区。在合同期间内,该机场有权在任何时间变更客户的经营区地点。该机场变更客户经营区所处位置的成本很小,因为客户使用自己的售货亭销售产品,易于移动。该机场中有很多区域可供使用,且满足合同中的特许经营区要求。

本例中,该合同不包含租赁。具体分析如下:

尽管合同中规定了客户使用的经营区面积,但这并非一项已识别资产,因为该机场拥有变更客户所使用经营区的实质性权利。这是因为:

(1)该机场拥有合同期间改变客户所使用经营区的实际能力。该机场中的许多区域均可满足合同规定的区域要求,而且该机场有权不经客户同意,随时将客户使用的经营区变更为另一符合要求的位置。

(2)该机场将获得因经营区变更而产生的经济利益。因为客户的售货亭易于移动,该机场变更客户使用的经营区域,成本极小。通过改变,该机场可以最有效地利用机场登机区,从变更机场空间中受益。

任务二　承租人的会计处理

一、确认和初始计量

依据《企业会计准则第21号——租赁》的规定,在租赁期开始日,承租人应当对租赁确认使用权资产和租赁负债,但进行简化处理的短期租赁和低价值资产租赁除外(有关短期租赁和低价值资产租赁的表述,详见本节"三、短期租赁和低价值资产租赁")。即在初始计量日,不需要对租赁进行分类,除特定情形外,承租人要将租赁期内使用标的资产的权利确认为资产,将支付租赁付款额的义务确认为一项负债。与此相关的概念如下:

(1)租赁期开始日,是指出租人提供租赁资产使其可供承租人使用的起始日期。将租赁期开始日作为初始计量日,是因为只有此时承租人才会取得使用资产的权利,从而承担支付租赁付款额的义务。

(2)使用权资产,是指承租人可在租赁期内使用租赁资产的权利。

(3)租赁期,是指承租人有权使用租赁资产且不可撤销的期间。若承租人有续租选择权,即有权选择续租该资产,且合理确定将行使该选择权的,租赁期还应当包含续租选择权涵盖的期间;若承租人有终止租赁选择权,即有权选择终止租赁该资产,但合理确定将不会行使该选择权的,租赁期应当包含终止租赁选择权涵盖的期间。

在租赁期开始日,使用权资产应当按照成本进行初始计量。该成本包括:①租赁负债的初始计量金额;②在租赁期开始日或之前支付的租赁付款额,存在租赁激励的,扣除已享受的租赁激励相关金额;③承租人发生的初始直接费用;④承租人为拆卸及移除租赁资产、复原租赁资产所在场地或将租赁资产恢复至租赁条款约定状态预计将发生的成本。与此相关的概念如下:

(1)租赁激励,是指出租人为达成租赁向承租人提供的优惠,包括出租人向承租人支付的与租赁有关的款项、出租人为承租人偿付或承担的成本等。例如,在房屋租赁中,出租人为承租人承担应支付的房屋租赁中介的费用。

(2)初始直接费用,是指为达成租赁所发生的增量成本。增量成本是指若企业不取得该租赁,则不会发生的成本。例如,中止原预先存在的租赁协议有关的赔偿。

在租赁期开始日,租赁负债应当按照租赁期开始日尚未支付的租赁付款额的现值进行初始计量。在计算租赁付款额的现值时,承租人应当采用租赁内含利率作为折现率。无法确定租赁内含利率的,应当采用承租人增量借款利率作为折现率。与此相关的概念如下:

(1)租赁付款额,是指承租人向出租人支付的与在租赁期内使用租赁资产的权利相关的款项,包括:①固定付款额及实质固定付款额,存在租赁激励的,扣除租赁激励相关金额;②取决于指数或比率的可变租赁付款额,该款项在初始计量时根据租赁期开始日的指数或比率确定;③购买选择权的行权价格,前提是承租人合理确定将行使该选择权;④行使终止租赁选择权需支付的款项,前提是租赁期反映出承租人将行使终止租赁选择权;⑤根据承租人提供的担保余值预计应支付的款项。

(2)租赁内含利率,是指使出租人的租赁收款额的现值与未担保余值的现值之和等于租赁资产公允价值与出租人的初始直接费用之和的利率。

(3)承租人增量借款利率,是指承租人在类似经济环境下为获得与使用权资产价值接近的资产,在类似期间以类似抵押条件借入资金须支付的利率。

上述所称"实质固定付款额",是指在形式上可能包含变量但实质上无法避免的付款额。例如,某项租赁协议规定,承租人应按照营业额的10%支付月租金,但月租金不得低于5 000元。这里的5 000元,即属于实质固定付款额。

上述所称"可变租赁付款额",是指承租人为取得在租赁期内使用租赁资产的权利,向出租人支付的因租赁期开始日后的事实或情况发生变化(而非时间推移)而变动的款项。可变租赁付款额包括两类:一是取决于指数或比率的可变租赁付款额,例如,与消费者价格指数挂钩的款项、与基准利率挂钩的款项和为反映市场租金费率变化而变动的款项等,从承租人的角度看,此类租赁付款额是不可避免的,只有具体金额是可变的;二是取决于指数或比率之外的其他因素的可变租赁付款额,从承租人的角度看,此类付款额虽具有可变性,但实质上是可以避免的,因此不计入租赁付款额。例如,某项租赁协议规定,承租人应按照营业额的一定比例支付租金,若年营业额不超过100万元,支付比例为10%;若年营业额超过100万元,支付比例为5%。但根据过往的经验,承租人的营业额从未超过100万元。此例中,按照营业额的5%支付租金,虽具有可变性,但实质上是可以避免的。

上述所称"担保余值",是指与出租人无关的一方向出租人提供担保,保证在租赁结束时租赁资产的价值至少为某指定的金额。

上述所称"未担保余值",是指租赁资产余值中,出租人无法保证能够实现或仅由与出租人有关的一方予以担保的部分。

【例10-4】

A公司与京东方房地产公司签订一项租期为10年、租用某写字楼的合同,到期时可续租5年。前10年租赁付款额为50 000元/年,续租的租赁付款额为55 000元/年,均在每年年初支付。此外,A公司支付给承办本次租赁的房产中介机构20 000元中介费,即初始直接费用。为激励承租人租赁,作为出租人的京东方房地产公司同意返还5 000元的房产中介费。在租赁期开始日,承租人不能合理确定是否行使续租选择权,且承租人的增量借款利率为5%,不考虑增值税等相关税费。

本例中,由于承租人不能合理确定是否行使续租选择权,因而租赁期限为10年。由于该租赁的内含利率不能确定,承租人选择5%的增量借款利率作为折现率。在租赁期开始日,承租人的账务处理如下:

借:使用权资产	405 390
租赁负债——未确认融资费用	94 610
贷:租赁负债——租赁付款额	450 000
银行存款	50 000
借:使用权资产	20 000
贷:银行存款	20 000
借:银行存款	5 000
贷:使用权资产	5 000

(注:租赁负债的初始计量金额=450 000-94 610=355 390)

二 后续计量

在租赁期开始日后,承租人应当采用成本模式对使用权资产进行后续计量,主要包括以下几个方面:

(1)承租人应当对使用权资产计提折旧。

承租人能够合理确定租赁期届满时取得租赁资产所有权的,应当在租赁资产剩余使用寿命内计提折旧。承租人无法合理确定租赁期届满时能够取得租赁资产所有权的,应当在租赁期与租赁资产剩余使用寿命两者孰短的期间内计提折旧。

(2)承租人应当确定使用权资产是否发生减值,并对已识别的减值损失进行会计处理。

(3)因续租选择权、终止租赁选择权、购买选择权的评估结果发生变化导致重新确定租赁付款额,或者根据担保余值预计的应付金额发生变动、因用于确定租赁付款额的指数或比率变动而导致未来租赁付款额发生变动,或因实质固定付款额变动重新计量租赁负债时,应当相应调整使用权资产的账面价值。

【例 10-5】

承【例 10-4】,假设承租人 A 公司在租赁期满无法取得租赁资产的所有权,且租赁资产剩余使用寿命长于租赁期间。承租人采用直线法计提折旧。

承租人每年计提折旧的账务处理如下:
借:管理费用[(405 390+20 000−5 000)÷10]　　　　　　42 039
　　贷:使用权资产累计折旧　　　　　　　　　　　　　　　　42 039
承租人第一年支付租金的账务处理如下:
借:租赁负债——租赁付款额　　　　　　　　　　　　　　50 000
　　贷:银行存款　　　　　　　　　　　　　　　　　　　　　50 000
借:财务费用(355 390×5%)　　　　　　　　　　　　　　17 770
　　贷:租赁负债——未确认融资费用　　　　　　　　　　　 17 770
后续租赁期间的账务处理略。

【例 10-6】

A 公司与某租赁公司签订一项租期为 10 年、租用某大型设备的合同,租赁付款额为 50 000 元/年,每年年初支付。合同规定,租赁付款额每两年增加一次,增加的金额取决于前 24 个月的居民消费价格指数。在租赁期开始日,居民消费价格指数为 125。假设租赁内含利率无法确定,承租人的增量借款利率为 5%。不考虑增值税等相关税费。

在租赁期开始日,承租人的账务处理如下:
借:使用权资产　　　　　　　　　　　　　　　　　　　　405 390
　　租赁负债——未确认融资费用　　　　　　　　　　　　 94 610
　　贷:租赁负债——租赁付款额　　　　　　　　　　　　　450 000
　　　　银行存款　　　　　　　　　　　　　　　　　　　　50 000

【例 10-7】

承【例 10-6】,假设在租赁期的第 3 年年初,居民消费价格指数为 135。相关计算如下:

第 1 年和第 2 年共计提折旧 81 078(405 390÷10×2)元,共确认利息费用 33 928 元(其中,第 1 年利息=355 390×5%=17 770 元,第 2 年利息=[355 390×(1+5%)−50 000]×5%=16 158 元)。

第3年年初,在尚未因居民消费价格指数变动而调整未来租赁付款额以及未支付第3年租赁付款额之前,租赁负债为339 318(355 390+33 928－50 000)元。

按居民消费价格指数调整后的第3年租赁付款额为54 000(50 000×135÷125)元。由于居民消费价格指数发生变动,未来的租赁付款额也将发生变动,第3年年初,承租人重新计量的租赁负债金额为366 466{54 000×[(P/A,5%,7)+1]}元,与原账面余额339 318元的差额为27 148元,应相应调整使用权资产和租赁负债。账务处理如下:

借:使用权资产　　　　　　　　　　　　　　　　27 148
　　租赁负债——未确认融资费用(32 000－27 148)　4 852
　贷:租赁负债——租赁付款额(4 000×8)　　　　　32 000

第3年年初,承租人支付租赁付款额的账务处理如下:

借:租赁负债——租赁付款额　　　　　　　　　　54 000
　贷:银行存款　　　　　　　　　　　　　　　　54 000
借:财务费用(366 466×5%)　　　　　　　　　　18 323.3
　贷:租赁负债——未确认融资费用　　　　　　　18 323.3

在租赁期开始日后,承租人还应注意如下会计事项:

(1)承租人应当按照固定的周期性利率计算租赁负债在租赁期内各期间的利息费用,并计入相关资产成本或当期损益。该周期性利率,是指初始计量时所采用的折现率,或因租赁合同变更所采用的修订后的折现率。

(2)未纳入租赁负债计量的可变租赁付款额应当在实际发生时计入当期损益。按照《企业会计准则第1号——存货》等其他准则规定应当计入相关资产成本的,从其规定。

【例10-8】

假设租赁合同要求承租人每年按照所租赁设备产生的销售收入的1‰支付可变租赁付款额。除此以外,其他条件均与【例10-6】相同。假设在租赁期第1年,承租人所租赁设备产生的销售收入为600 000元。

在租赁期开始日,承租人确认使用权资产和租赁负债的账务处理均与【例10-7】相同。这是因为,本例中的可变租赁付款额与未来销售额挂钩,不满足租赁付款额的定义。

在租赁期第1年,承租人发生的与租赁相关的额外费用6 000(600 000×1‰)元,应确认为销售费用。账务处理如下:

借:销售费用　　　　　　　　　　　　　　　　　6 000
　贷:银行存款　　　　　　　　　　　　　　　　6 000

三、短期租赁和低价值资产租赁

短期租赁,是指在租赁期开始日,租赁期不超过12个月的租赁。需要说明的是,《企业会计准则第21号——租赁》规定,包含购买选择权的租赁不属于短期租赁。

低价值资产租赁,是指单项租赁资产为全新资产时价值较低的租赁。

低价值资产租赁的判定仅与资产的绝对价值有关,不受承租人规模、性质或其他情况影响。承租人转租或预期转租租赁资产的,原租赁不属于低价值资产租赁。

【例 10-9】

2021年4月1日,A公司与B公司签订租赁合同,租入B公司的办公楼及办公设备,租期为3年,月租金为200 000元(含税),其中,办公楼180 000元,办公设备20 000元(包括办公家具、饮水机以及多功能复印设备等)。办公楼的增值税税率为9%,办公设备的增值税税率为13%,双方均为增值税一般纳税人。

本例中,办公设备中的各单项资产为全新资产时属于价值资产较低的资产,这部分租赁属于低价值资产租赁。

《企业会计准则第21号——租赁》规定,对于短期租赁和低价值资产租赁,承租人可以选择不确认使用权资产和租赁负债。做出该选择的承租人应当将短期租赁和低价值资产租赁的租赁付款额,在租赁期内各个期间按照直线法或其他系统合理的方法计入相关资产成本或当期损益。其他系统合理的方法能够更好地反映承租人的受益模式的,承租人应当采用该方法。

【例 10-10】

承【例 10-9】,假设A公司选择不确认使用权资产和租赁负债,并按照直线法确认租赁付款额,租赁期内每月的账务处理如下(假设租金按月支付并取得增值税专用发票):

进项税额 = 20 000 ÷ (1+13%) × 13% = 2 300.88(元)

借:管理费用　　　　　　　　　　　　　　　　　　　17 699.12
　　应交税费——应交增值税(进项税额)　　　　　　　2 300.88
　贷:银行存款　　　　　　　　　　　　　　　　　　　20 000

任务三　出租人的会计处理

一、出租人的租赁分类

《企业会计准则第21号——租赁》规定,出租人应当在租赁开始日将租赁分为融资租赁和经营租赁。与此相关的概念如下：

(1)租赁开始日,是指租赁合同签署日与租赁各方就主要租赁条款做出承诺日二者中的较早者。租赁开始日的会计意义,是对租赁进行分类,并选择恰当的会计处理方法。

(2)融资租赁,是指实质上转移了与租赁资产所有权有关的几乎全部风险和报酬的租赁。其所有权最终可能转移,也可能不转移。

(3)经营租赁,是指除融资租赁以外的其他租赁。

一项租赁属于融资租赁还是经营租赁取决于交易的实质,而不是合同的形式。如果一项租赁实质上转移了与租赁资产所有权有关的几乎全部风险和报酬,出租人应当将该项租赁分类为融资租赁。这里的"风险"包括由于生产能力的闲置或技术陈旧可能造成的损失,以及由于经济状况的改变可能造成的回报变动。这里的"报酬"可以表现为预期在标的资产的经济寿命期间经营的盈利以及因增值或减值变现可能产生的利得。

一项租赁存在下列一种或多种情形的,通常分类为融资租赁：

(1)在租赁期届满时,租赁资产的所有权转移给承租人。

(2)承租人有购买租赁资产的选择权,所订立的购买价款与预计行使选择权时租赁资产的公允价值相比足够低,因而在租赁开始日就可以合理确定承租人将行使该选择权。

(3)资产的所有权虽然不转移,但租赁期占租赁资产使用寿命的大部分。

(4)在租赁开始日,租赁收款额的现值几乎相当于租赁资产的公允价值。

(5)租赁资产性质特殊,如果不做较大改造,只有承租人才能使用。

一项租赁存在下列一种或多种迹象的,也可能分类为融资租赁：

(1)若承租人撤销租赁,撤销租赁对出租人造成的损失由承租人承担。

(2)资产余值的公允价值波动所产生的利得或损失归属于承租人。

(3)承租人有能力以远低于市场水平的租金继续租赁至下一期间。

这是因为,以上几种情形都表明与租赁资产所有权有关的几乎全部风险和报酬均已转移给了承租人。

二 出租人对融资租赁的会计处理

(一)融资租赁的初始计量

在租赁期开始日,出租人应当对融资租赁确认应收融资租赁款,并终止确认融资租赁资产。出租人对应收融资租赁款进行初始计量时,应当以租赁投资净额作为应收融资租赁款的入账价值。与此相关的概念如下：

租赁投资净额,是指未担保余值和租赁期开始日尚未收到的租赁收款额按照租赁内含利率折现的现值之和。

租赁收款额,是指出租人因让渡在租赁期内使用租赁资产的权利而应向承租人收取的款项,包括：①承租人需支付的固定付款额及实质固定付款额,存在租赁激励的,扣除租赁激励相关金额;②取决于指数或比率的可变租赁付款额,该款项在初始计量时根据租赁期开始日的指数或比率确定;③购买选择权的行权价格,前提是合理确定承租人将行使该选择权;④承租人行使终止租赁选择权需支付的款项,前提是租赁期反映出承租人将行使终止租赁选择权;⑤由承租人、与承租人有关的一方以及有经济能力履行担保义务的独立第三方向出租人提供的担保余值。

【例 10-11】

A公司与皓天租赁公司签订一项租期为3年、租赁某大型设备的合同,租赁付款额为240 000元/年,每年年末支付,且在租期结束时,A公司仅需要支付名义金额5 000元,即可取得该设备的所有权。在租赁期开始日,该设备的原值为970 000元,已提折旧291 000元,账面价值等于公允价值,预计使用寿命5年。假设租期结束时,合理估计的未担保余值为80 000元。不考虑相关税费。

在租赁期开始日,皓天租赁公司的有关会计处理如下:

(1)判定租赁类型。

本例中,租赁合同约定了优惠购买选择权,即在租期结束时,A公司仅需要支付名义金额5000元,即可取得租赁设备的所有权。因此可以合理判定,承租人将会行使购买选择权,本租赁为融资租赁。

(2)确定应收融资租赁款的入账价值。

租赁内含利率是使得下列等式成立的折现率:

240 000×(P/A,r,3)+5 000×(P/F,r,3)+80 000×(P/F,r,3)=679 000元,用插值法计算,结果为8.54%。

应收融资租赁款的入账价值=240 000×(P/A,8.54%,3)+5 000×(P/F,8.54%,3)+80 000×(P/F,8.54%,3)=679 000元

(3)账务处理如下。

借:应收融资租赁款——租赁收款额(240 000×3+80 000+5 000)
                                           805 000

贷:融资租赁资产   679 000

  应收融资租赁款——未实现融资收益   126 000

(注:应收融资租赁款的入账价值=805 000-126 000=679 000元)

(二)融资租赁的后续计量

出租人应当按照固定的周期性利率计算并确认租赁期内各个期间的利息收入。该周期性利率,是指初始计量时所采用的折现率,或因租赁合同变更所采用的修订后的折现率。

出租人取得的未纳入租赁投资净额计量的可变租赁付款额应当在实际发生时计入当期损益,这一做法与承租人相同。

【例 10-12】

承【例 10-11】,皓天租赁公司后续的账务处理如下:

第一年年末：
借：银行存款　　　　　　　　　　　　　　　　　　　　　240 000
　　贷：应收融资租赁款——租赁收款额　　　　　　　　　　　　　240 000
借：应收融资租赁款——未实现融资收益(679 000×8.54%)　　57 986.60
　　贷：租赁收入　　　　　　　　　　　　　　　　　　　　　57 986.60
第二年年末：
借：银行存款　　　　　　　　　　　　　　　　　　　　　240 000
　　贷：应收融资租赁款——租赁收款额　　　　　　　　　　　　　240 000
借：应收融资租赁款——未实现融资收益{[679 000×(1+8.54%)−240 000]×8.54%}
　　　　　　　　　　　　　　　　　　　　　　　　　　　42 442.66
　　贷：租赁收入　　　　　　　　　　　　　　　　　　　　　42 442.66
第三年年末：
借：银行存款　　　　　　　　　　　　　　　　　　　　　240 000
　　贷：应收融资租赁款——租赁收款额　　　　　　　　　　　　　240 000
借：应收融资租赁款——未实现融资收益(126 000−57 986.60−42 442.66)
　　　　　　　　　　　　　　　　　　　　　　　　　　　25 570.74
　　贷：租赁收入　　　　　　　　　　　　　　　　　　　　　25 570.74
借：银行存款　　　　　　　　　　　　　　　　　　　　　5 000
　　贷：应收融资租赁款——租赁收款额　　　　　　　　　　　　　5 000
借：营业外支出　　　　　　　　　　　　　　　　　　　　80 000
　　贷：应收融资租赁款——未担保余值　　　　　　　　　　　　　80 000

生产商或经销商作为出租人的融资租赁，在租赁期开始日，该出租人应当按照租赁资产公允价值与租赁收款额按市场利率折现的现值两者孰低确认收入，并按照租赁资产账面价值扣除未担保余值的现值后的余额结转销售成本。生产商或经销商出租人为取得融资租赁发生的成本，应当在租赁期开始日计入当期损益。

对于生产商或经销商作为出租人的融资租赁，之所以采用以上方法核算，是因为生产商或经销商通常为客户提供购买资产或租赁资产的选择，租赁交易常常成为他们的营销手段。生产商或经销商出租人的融资租赁产生的利润或损失相当于按照考虑了适用的交易量或商业折扣的正常售价直接销售标的资产所产生的利润或损失。由于获得融资租赁所发生的成本主要与生产商或经销商赚取的销售利润有关，所以其不属于初始直接费用的范畴，不计入租赁投资净额，在租赁期开始日计入当期损益。

三　出租人对经营租赁的会计处理

在经营租赁中，与租赁资产所有权有关的风险和报酬实质上并没有转移给承租人，出租人应按租赁资产的性质，将其列示在资产负债表的相关项目中。出租人对经营租赁的会计处理也比较简单，主要问题是解决应收的租金与确认为当期收入之间的关系，以及经营租赁资产折旧的计提。

在租赁期内各个期间,出租人应当采用直线法或其他系统合理的方法,将经营租赁的租赁收款额确认为租金收入。其他系统合理的方法能够更好地反映因使用租赁资产所产生经济利益的消耗模式的,出租人应当采用该方法。

出租人发生的与经营租赁有关的初始直接费用应当资本化,计入租赁资产的成本,在租赁期内按照与租金收入确认相同的基础进行分摊,分期计入当期损益。

对于经营租赁资产中的固定资产,出租人应当采用类似资产的折旧政策计提折旧;对于其他经营租赁资产,应当根据该资产适用的企业会计准则,采用系统合理的方法进行摊销。

出租人应当按照《企业会计准则第8号——资产减值》的规定,确定经营租赁资产是否发生减值,并进行相应会计处理。

出租人取得的与经营租赁有关的未计入租赁收款额的可变租赁付款额,应当在实际发生时计入当期损益。

【例10-13】

2022年1月1日,A公司向B租赁公司租入1套生产设备,租期为3年,设备账面价值为100万元,预计使用年限10年。租赁合同规定,租金总额为60万元,租赁期开始日一次性预付租金5万元,第一年年末支付租金20万元,第二年年末支付租金20万元,第三年年末支付租金15万元,租赁期满后B公司将设备收回。

分析:此项租赁未满足融资租赁的任何一条标准,应作为经营租赁。

出租人B公司的会计处理如下:

(1)租赁期开始日预收租金:

借:固定资产——出租　　　　　　　　　　　　　1 000 000
　　贷:固定资产——在库　　　　　　　　　　　　　1 000 000
借:银行存款　　　　　　　　　　　　　　　　　　50 000
　　贷:预收账款　　　　　　　　　　　　　　　　　50 000

(2)第一年年末、第二年年末收取租金:

借:银行存款　　　　　　　　　　　　　　　　　　200 000
　　贷:租赁收入　　　　　　　　　　　　　　　　　200 000

(3)第三年年末收取租金:

借:银行存款　　　　　　　　　　　　　　　　　　150 000
　　预收账款　　　　　　　　　　　　　　　　　　 50 000
　　贷:租赁收入　　　　　　　　　　　　　　　　　200 000
借:固定资产——在库　　　　　　　　　　　　　1 000 000
　　贷:固定资产——出租　　　　　　　　　　　　　1 000 000

任务四　租赁的列报

列报,是指交易和事项在财务报表中的列示和在附注中的披露。其中,"列示"通常反映资产负债表、利润表、现金流量表和所有者权益变动表等报表中的信息,"披露"通常反映附注中的信息。

一、承租人的列报

依据《企业会计准则第21号——租赁》,承租人应当按如下方法列报与租赁有关的信息:

1. 承租人应当在资产负债表中单独列示使用权资产和租赁负债。其中,租赁负债通常分别非流动负债和一年内到期的非流动负债列示。

2. 在利润表中,承租人应当分别列示租赁负债的利息费用与使用权资产的折旧费用。租赁负债的利息费用在财务费用项目列示。

3. 在现金流量表中,偿还租赁负债本金和利息所支付的现金应当计入筹资活动现金流出,支付的按本准则第三十二条简化处理的短期租赁付款额和低价值资产租赁付款额以及未纳入租赁负债计量的可变租赁付款额应当计入经营活动现金流出。

4. 承租人应当在财务报表附注中披露与租赁有关的下列信息:

(1)各类使用权资产的期初余额、本期增加额、期末余额以及累计折旧额和减值金额。

(2)租赁负债的利息费用。

(3)计入当期损益的简化处理的短期租赁费用和低价值资产租赁费用。

(4)未纳入租赁负债计量的可变租赁付款额。

(5)转租使用权资产取得的收入。

(6)与租赁相关的总现金流出。

(7)售后租回交易产生的相关损益。

(8)其他按照《企业会计准则第37号——金融工具列报》应当披露的有关租赁负债的信息。

承租人对短期租赁和低价值资产租赁进行简化处理的,应当披露这一事实。此外,承租人还应当根据理解财务报表的需要,披露有关租赁活动的其他定性和定量信息。此类信息包括:

(1)租赁活动的性质,如对租赁活动基本情况的描述。

(2)未纳入租赁负债计量的未来潜在现金流出。

(3)租赁导致的限制或承诺。

(4)售后租回交易除产生的相关损益之外的其他信息。

(5)其他相关信息。

二、出租人的列报

依据《企业会计准则第21号——租赁》，出租人应当按如下方法列报与租赁有关的信息：

1. 出租人应当根据资产的性质，在资产负债表中列示经营租赁资产。

2. 出租人应当在附注中披露与融资租赁有关的下列信息：

(1) 销售损益、租赁投资净额的融资收益以及与未纳入租赁投资净额的可变租赁付款额相关的收入。

(2) 资产负债表日后连续五个会计年度每年将收到的未折现租赁收款额，以及剩余年度将收到的未折现租赁收款额总额。

(3) 未折现租赁收款额与租赁投资净额的调节表。

3. 出租人应当在附注中披露与经营租赁有关的下列信息：

(1) 租赁收入，并单独披露与未计入租赁收款额的可变租赁付款额相关的收入。

(2) 将经营租赁固定资产与出租人持有自用的固定资产分开，并按经营租赁固定资产的类别提供《企业会计准则第4号——固定资产》要求披露的信息。

(3) 资产负债表日后连续五个会计年度每年将收到的未折现租赁收款额，以及剩余年度将收到的未折现租赁收款额总额。

4. 此外，出租人还应当根据理解财务报表的需要，披露有关租赁活动的其他定性和定量信息。此类信息包括：

(1) 租赁活动的性质，如对租赁活动基本情况的描述。

(2) 对其在租赁资产中保留的权利进行风险管理的情况。

(3) 其他相关信息。

实务训练

一、单项选择题

1. 下列选项中，可作为区分融资租赁和经营租赁的标准是(　　)。

A. 租赁资产的使用权是否转移给承租人

B. 租赁资产的所有权是否转移给承租人

C. 租赁资产的使用权和所有权是否转移给承租人

D. 租赁资产的风险和报酬是否实质上转移给承租人

2. 租赁开始日是指(　　)。

A. 租赁协议日

B. 租赁各方就主要租赁条款做出承诺日

C. 租赁协议日与租赁各方就主要租赁条款做出承诺日二者中的较早者

D. 租赁协议日或租赁各方就主要租赁条款做出承诺日两者任选其一

3.在租赁期开始日,使用权资产应当按照( )进行初始计量。
A.成本 B.现值
C.公允价值 D.可变现净值

4.在融资租入固定资产未达到预定可使用状态前,各期分摊未确认融资费用时,所做会计分录正确的是( )。
A.借:在建工程 B.借:财务费用
 贷:未确认融资费用 贷:未确认融资费用
C.借:固定资产 D.借:管理费用
 贷:未确认融资费用 贷:未确认融资费用

5.下列选项中,承租人未纳入租赁负债计量的是( )。
A.固定付款额
B.实质固定付款额
C.取决于指数或比率的可变租赁付款额
D.取决于指数或比率之外的其他因素的可变租赁付款额

6.生产商或经销商出租人为取得融资租赁发生的成本,应当在租赁期开始日计入( )。
A.未担保余值 B.租赁投资净额
C.当期损益 D.初始直接费用

7.包含( )的租赁不属于短期租赁。
A.购买选择权 B.优惠购买选择权
C.续租选择权 D.终止租赁选择权

8.承租人租入一台设备,租赁期开始日该设备尚可使用年限为10年,租赁期为8年,承租人将于租赁期满时以1万元的价格购买该设备,该设备在租赁期满时的公允价值为30万元。则该设备计提折旧的期限为( )年。
A.15 B.10
C.8 D.以上都不对

二、多项选择题

1.在租赁期开始日,承租人应当对租赁确认使用权资产和租赁负债,进行简化处理的( )除外。
A.短期租赁 B.低价值资产租赁
C.经营租赁 D.融资租赁

2."在一定期间内控制已识别资产使用的权利",是指( )。
A.有权获得在使用期间内因使用已识别资产所产生的几乎全部经济利益
B.有权获得已识别资产所产生的几乎全部经济利益
C.有权在该使用期间主导已识别资产的使用
D.始终有权主导已识别资产的使用

3. 承租人的租赁付款额包括（　　）。

A. 固定付款额及实质固定付款额

B. 取决于指数或比率的可变租赁付款额

C. 购买选择权的行权价格

D. 行使终止租赁选择权需支付的款项

4. 租赁存在下列（　　）情形的，通常分类为融资租赁。

A. 在租赁期届满时，租赁资产的所有权转移给承租人

B. 资产的所有权虽然不转移，但租赁期占租赁资产使用寿命的大部分

C. 在租赁开始日，租赁收款额的现值几乎相当于租赁资产的公允价值

D. 租赁资产性质特殊，如果不做较大改造，只有承租人才能使用

5. 承租人在计算租赁付款额的现值时，可采用的折现率有（　　）。

A. 租赁内含利率

B. 承租人增量借款利率

C. 同期银行贷款利率

D. 租赁合同利率

6. 出租人关于融资租赁的租赁收款额包括（　　）。

A. 承租人需支付的固定付款额及实质固定付款额

B. 取决于指数或比率的可变租赁付款额

C. 购买选择权的行权价格

D. 承租人行使终止租赁选择权需支付的款项

7. 租赁存在下列（　　）迹象的，也可能分类为融资租赁。

A. 若承租人撤销租赁，撤销租赁对出租人造成的损失由承租人承担

B. 若承租人撤销租赁，撤销租赁对出租人造成的损失由出租人承担

C. 资产余值的公允价值波动所产生的利得或损失归属于承租人

D. 承租人有能力以远低于市场水平的租金继续租赁至下一期间

8. 承租人应当在财务报表附注中披露的与租赁有关的信息包括（　　）。

A. 未纳入租赁负债计量的可变租赁付款额

B. 租赁负债的利息费用

C. 与租赁相关的总现金流出

D. 计入当期损益的简化处理的短期租赁费用和低价值资产租赁费用

三、判断题

❶ 承租人应当对使用权资产计提折旧。　　　　　　　　　　　　　　　　　（　　）

❷ 短期租赁，是指在租赁期开始日，租赁期不超过 6 个月的租赁。　　　　（　　）

❸ 低价值资产租赁，是指单项租赁资产为全新资产时价值较低的租赁。　　（　　）

❹ 对于短期租赁和低价值资产租赁，承租人可以选择不确认使用权资产和租赁负债。　　　　　　　　　　　　　　　　　　　　　　　　　　　　　　　　（　　）

❺ 承租人应当确定使用权资产是否发生减值，并对已识别的减值损失进行会计处理

。   （ ）
  ❻ 初始直接费用一律记入"管理费用"科目。   （ ）
  ❼ 租赁投资净额与租赁收款额的含义相同。   （ ）
  ❽ 租赁期开始日,是指承租人有权行使其使用租赁资产权利的日期,表明租赁行为的开始。   （ ）

四、计算分析题

❶ 客户与一家服装制造商(以下称供应商)签订一项在 3 年内购买特定型号、质量和数量的衬衫的合同,合同中明确规定了衬衫的型号、质量和数量。该供应商仅有一家工厂能够满足客户的要求,供应商不能提供其他工厂或其他第三方的衬衫。工厂的生产能力超过客户合同规定的需要量(客户合同实质上没有覆盖该工厂的全部生产能力)。供应商全权决定工厂的运营,包括产出水平以及未被客户利用的产能用来履行哪些客户合同。

要求:判断该合同是否包含租赁,并说明理由。

❷ 客户与一家信息技术公司(以下称供应商)签订一项使用指定服务器的合同,期限为 3 年。根据客户的要求,供应商提供服务器并安装在客户的场所。在使用期间内,供应商还将在需要时提供修理和维护服务。只有发生故障时,供应商方可调换服务器。服务器中存储何种数据、如何整合服务器及其经营等均由客户决定,而且在使用期间,客户还可以改变这些决定。

要求:判断该合同是否包含租赁,并说明理由。

❸ 2022 年 1 月 1 日,A 公司自 B 公司租入 1 座仓库,租期为 3 年,仓库账面价值为 1 000 万元,预计使用年限为 10 年。租赁合同规定,租金总额为 150 万元,租赁期开始日一次性预付租金 20 万元,第一年年末支付租金 50 万元,第二年年末支付租金 50 万元,第三年年末支付租金 30 万元,租赁期满后 B 公司将仓库收回。假设租赁内含利率为 6%,不考虑增值税等税费。

要求:做出承租人和出租人的会计处理。

❹ 2022 年 1 月 1 日,M 公司从 Y 公司租入一台大型设备,租赁协议如下:
(1)租赁期开始日,租赁资产的公允价值为 281 524 元,与账面价值相等。
(2)年租金为 100 000 元,于每年年末支付。
(3)租期为 3 年,该项租赁资产预计尚可使用 5 年,租赁合同不可撤销。
(4)承租人担保余值 30 000 元。
(5)承租人同类资产采用直线法计提折旧。
(6)假设无法取得出租人的租赁内含利率,承租人的增量借款利率为 6%。
(7)租赁期满,租赁资产归承租人所有,预计净残值为 0。

要求:根据上述资料,不考虑增值税等税费,做出承租人和出租人的会计处理。

项目十一
编制合并财务报表

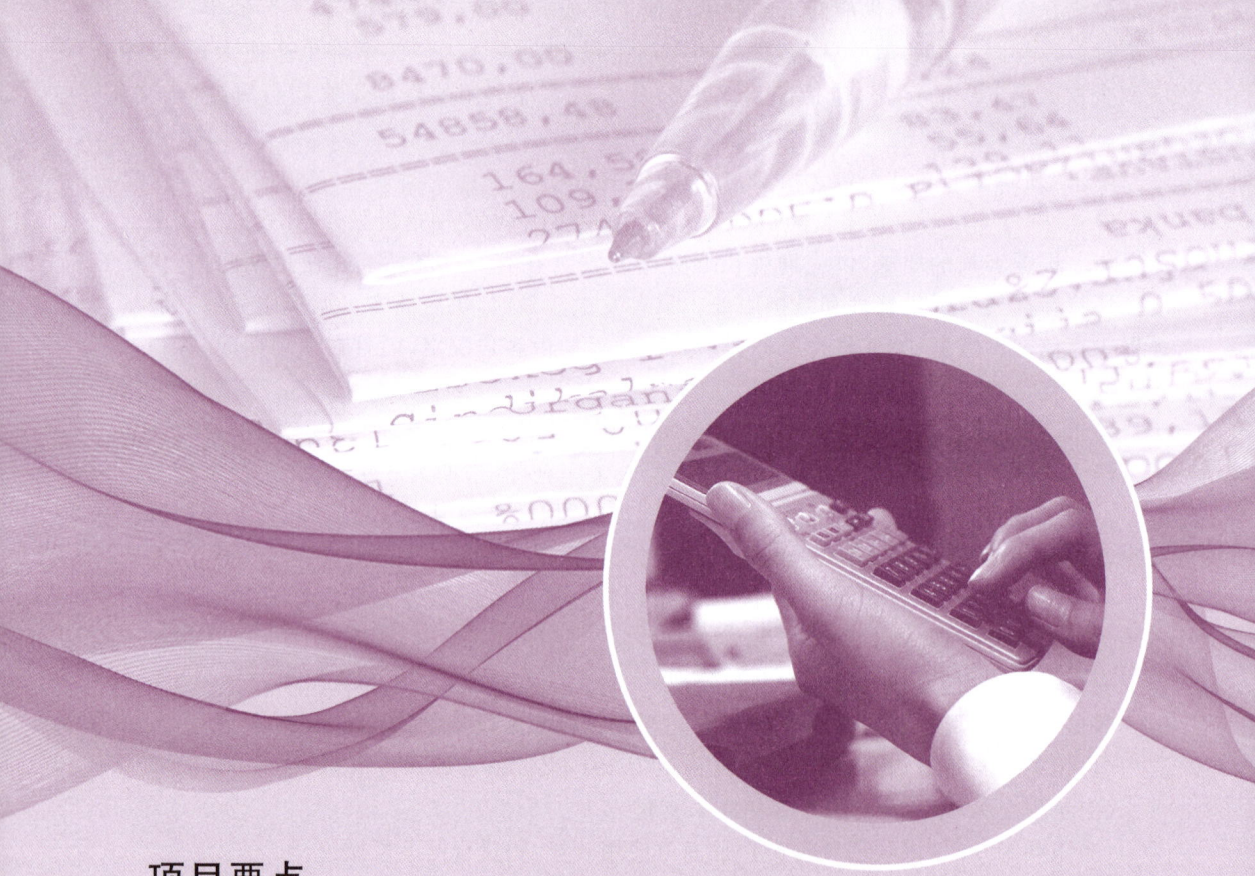

项目要点

合并财务报表的编制,有利于避免母公司利用控制关系人为粉饰财务报表情况的发生。本项目主要讲述合并财务报表的编制方法、步骤,强化会计职业承担的社会责任,培养学生"诚信为本,不做假账"的职业理念,塑造坚持准则、客观公正的职业精神。

任务一　认识合并财务报表

一　合并财务报表的概念

合并财务报表是指反映母公司和其全部子公司形成的企业集团整体财务状况、经营成果和现金流量的财务报表。这里的母公司，是指控制一个或一个以上主体（含企业、被投资单位中可分割的部分，以及企业所控制的结构化主体等，下同）的主体。子公司，是指被母公司控制的主体。

合并财务报表至少应当包括下列组成部分：(1)合并资产负债表；(2)合并利润表；(3)合并现金流量表；(4)合并所有者权益（或股东权益）变动表；(5)附注。

企业集团中期期末编制合并财务报表的，至少应当包括合并资产负债表、合并利润表、合并现金流量表和附注。

与个别财务报表相比，合并财务报表由于涵盖了构成一个企业集团的各个组成部分，是综合反映企业集团整体情况的财务报表，具有如下特点：

1. 合并财务报表反映的对象是由母公司和其全部子公司组成的会计主体（企业集团），是经济意义的主体，而不是单个意义上的法律主体。即：合并财务报表反映的是企业集团整体的财务状况、经营成果和现金流量，其范围包括了若干个法人（包括母公司及其全部子公司）组成的会计主体。

2. 合并财务报表的编制者是母公司。仅在能够对其他企业实施控制，形成母子公司关系的情况下，母公司才编制合并财务报表，并不是所有企业都需编制合并财务报表。

但是，如果母公司是投资性主体，且不存在为其投资活动提供相关服务的子公司，则不应当编制合并财务报表。

3. 合并财务报表的编制基础是构成企业集团的母、子公司的个别财务报表。合并财务报表是以纳入合并范围的企业个别财务报表为基础，根据其他相关资料，在合并工作底稿中通过编制抵销分录将企业集团内部交易予以抵销后形成。

4. 合并财务报表的编制遵循特定方法。合并财务报表是在对纳入合并范围的企业个别财务报表或经调整的个别财务报表进行汇总的基础上，通过编制抵销分录，将企业集团内部交易对个别财务报表的影响予以抵销，然后合并财务报表各项目的数额编制。

二　合并财务报表的合并范围

合并财务报表的合并范围是指纳入合并财务报表编报的子公司的范围，主要明确哪些子公司应当包括在合并财务报表合并范围之内，哪些子公司应当排除在合并财务报表合并范围之外。明确合并范围是编制合并财务报表的前提。

合并财务报表的合并范围应当以控制为基础予以确定。控制，是指投资方拥有对被

投资方的权力,通过参与被投资方的相关活动而享有可变回报,并且有能力运用对被投资方的权力影响其回报金额。

(一)投资方拥有对被投资方的权力

1.通常情况下,在不存在其他因素时,持有半数以上表决权的投资方控制被投资方,但是,当章程或者其他协议存在某些特殊约定(如被投资方相关活动的决策需要三分之二以上表决权比例通过)时,拥有半数以上但未达到约定比例等并不意味着能够控制被投资方。

投资方持有被投资方半数以上表决权的情况通常包括如下三种:一是投资方直接持有被投资方半数以上表决权,二是投资方间接持有被投资方半数以上表决权,三是投资方以直接和间接方式合计持有被投资方半数以上表决权。

2.有时,投资方自己持有的表决权虽然只有半数或以下,但通过与其他表决权持有人之间的协议使其可以持有足以主导被投资方相关活动的表决权,从而拥有对被投资方的权力。

3.也可能,投资方拥有多数表决权但没有权力。确定持有半数以上表决权的投资方是否拥有权力,关键在于该投资方现时是否有能力主导被投资方的相关活动。例如,被投资方相关活动被政府、法院、管理人、接管人、清算人或监管人等其他方主导时,投资方虽然持有多数表决权,但也不可能主导被投资方的相关活动。

(二)因参与被投资方的相关活动而享有可变回报

投资方享有被投资方的可变回报通常表现为股利。除此之外,还包括被投资方发行的债务工具产生的利息、投资方对被投资方投资的价值变动等。

(三)有能力运用对被投资方的权力影响其回报金额

投资方在判断是否控制被投资方时,应当确定其自身是以主要责任人还是代理人的身份行使决策权,在其他方拥有决策权的情况下,还需要确定其他方是否以其代理人的身份代为行使决策权。

代理人仅代表主要责任人行使决策权,不控制被投资方。投资方将被投资方相关活动的决策权委托给代理人的,应当将该决策权视为自身直接持有。

母公司应当将其全部子公司(包括母公司所控制的单独主体)纳入合并财务报表的合并范围。

如果母公司是投资性主体,则母公司应当仅将为其投资活动提供相关服务的子公司(如有)纳入合并范围并编制合并财务报表;其他子公司不应当予以合并,母公司对其他子公司的投资应当按照公允价值计量且其变动计入当期损益。

当母公司同时满足下列条件时,该母公司属于投资性主体:

1.该公司是以向投资者提供投资管理服务为目的,从一个或多个投资者处获取资金。

2.该公司的唯一经营目的,是通过资本增值、投资收益或两者兼有而让投资者获得回报。

3.该公司按照公允价值对几乎所有投资的业绩进行考量和评价。

三、合并财务报表的编制程序

1. 对子公司的个别财务报表进行调整。

编制合并财务报表时,首先应对各子公司进行分类,分为同一控制下企业合并中取得的子公司和非同一控制下企业合并中取得的子公司两类。

(1)同一控制下企业合并中取得的子公司

对于同一控制下企业合并中取得的子公司,其采用的会计政策、会计期间与母公司一致的情况下,编制合并财务报表时,应以有关子公司的个别财务报表为基础,不需要进行调整;子公司采用的会计政策、会计期间与母公司不一致的情况下,则需要考虑重要性原则,按照母公司的会计政策和会计期间,对子公司的个别财务报表进行调整,或者要求子公司按照母公司的会计政策、会计期间另行编报财务报表。

(2)非同一控制下企业合并中取得的子公司

对于非同一控制下企业合并中取得的子公司,除应考虑会计政策及会计期间的差别需要对子公司的个别财务报表进行调整外,还应当根据母公司在购买日设置的备查簿中登记的该子公司有关可辨认资产、负债的公允价值,对子公司的个别财务报表进行调整,使子公司的个别财务报表反映为在购买日公允价值基础上确定的可辨认资产、负债等在本期资产负债表日应有的金额。

2. 编制合并工作底稿。

合并工作底稿的作用是为合并财务报表的编制提供基础。在合并工作底稿中,对母公司和纳入合并范围的子公司的个别财务报表各项目的金额进行汇总和抵销处理,最终计算得出合并财务报表各项目的合并金额。

3. 将母公司、子公司个别资产负债表、利润表、现金流量表、所有者权益变动表各项目的数据录入合并工作底稿,并在合并工作底稿中对母公司和子公司个别财务报表各项目的数据进行汇总,计算得出个别资产负债表、利润表、现金流量表、所有者权益变动表各项目合计金额。

4. 在合并工作底稿中编制抵销分录和调整分录,将内部交易对合并财务报表有关项目的影响进行抵销处理。

编制抵销分录,进行抵销处理是合并财务报表编制的关键和主要内容,其目的在于将个别财务报表各项目的加总金额中重复的因素予以抵销。对于属于非同一控制下企业合并中取得的子公司的个别财务报表进行合并时,应当首先根据母公司设置的备查簿的记录,以记录的子公司各项可辨认资产、负债在购买日的公允价值为基础,通过编制调整分录,对该子公司的个别财务报表进行调整。

5. 计算合并财务报表各项目的合并金额。

在母公司、子公司个别财务报表各项目加总金额的基础上,分别计算出合并财务报表中各项资产类项目、负债类项目、所有者权益类项目、收入类项目和费用类项目等的合并金额。其计算方法如下:

(1)资产类各项目,其合并金额根据该项目加总额,加上该项目抵销分录有关的借方发生额,减去该项目抵销分录有关的贷方发生额计算确定。

(2)负债类各项目和所有者权益类各项目,其合并金额根据该项目加总额,减去该项目抵销分录有关的借方发生额,加上该项目抵销分录有关的贷方发生额计算确定。

(3)收入类各项目,其合并金额根据该项目加总额,减去该项目抵销分录的借方发生额,加上该项目抵销分录的贷方发生额计算确定。

(4)费用类各项目,其合并金额根据该项目加总额,加上该项目抵销分录的借方发生额,减去该项目抵销分录的贷方发生额计算确定。

6.填列合并财务报表。

根据合并工作底稿中计算出的资产、负债、所有者权益、收入、费用类以及现金流量表中各项目的合并金额,填列生成正式的合并财务报表。

任务二　编制合并资产负债表

合并资产负债表应当以母公司和子公司的个别资产负债表为基础,在抵销母公司与子公司、子公司相互之间发生的内部交易对合并资产负债表的影响后,由母公司合并编制。

一　将对子公司的长期股权投资按照权益法进行调整

在合并工作底稿中应编制的调整分录为:

按照应享有子公司当期实现净损益的份额,借记或贷记"长期股权投资"项目,贷记或借记"投资收益"项目。

按照应享有子公司当期实现其他综合收益的份额,借记或贷记"长期股权投资"项目,贷记或借记"其他综合收益"项目。

按照应享有子公司当期宣告分派的利润或现金股利的份额,借记"投资收益"项目,贷记"长期股权投资"项目。

对于子公司除净损益、其他综合收益和利润分配以外所有者权益的其他变动,母公司按照应享有或应承担的份额,借记或贷记"长期股权投资"项目,贷记或借记"资本公积"项目。

【例 11-1】

2021年1月1日,甲公司以银行存款3 000万元取得乙公司80%的表决权(假定甲公司与乙公司的企业合并属于非同一控制下的企业合并)。甲公司备查簿中记录的乙公司在2021年1月1日可辨认资产、负债的公允价值与其账面价值相同。其他资料如下:

(1)2021年1月1日,乙公司所有者权益总额为3 500万元,其中实收资本2 000万元,资本公积为1 500万元,盈余公积为零,未分配利润为零。

(2)2021年,乙公司净利润1 000万元,年末未分配利润1 000万元。乙公司因持有其他权益工具投资的公允价值上升计入当期其他综合收益的金额为100万元(该金额为扣除相关所得税影响后的净额。其他权益工具投资当期公允价值上升总额为133.33万元,乙公司适用所得税税率为25%,应确认递延所得税负债为33.33万元)。

2021年12月31日,乙公司所有者权益总额为4 600万元,其中实收资本为2 000万元,资本公积1 500万元,其他综合收益100万元,盈余公积为零,未分配利润为1 000万元。

(3)假定甲公司和乙公司的会计政策和会计期间一致。

(4)甲公司和乙公司个别资产负债表如表11-1和表11-2所示。

表11-1　　　　　　　　　　　资产负债表

编制单位:甲公司　　　　　2021年12月31日　　　　　　　　　　单位:万元

资　　产	期末余额	年初余额	负债和所有者权益	期末余额	年初余额
流动资产:			流动负债:		
货币资金	1 000	3 000	应付票据及应付账款	4 000	3 000
应收票据及应收账款	5 200	4 300	预收款项	200	300
其中:应收乙公司票据	400		其中:预收乙公司款项	100	
应收乙公司账款	475		应付职工薪酬	1 000	2 100
预付款项	770		应交税费	800	1 000
存货	1 000	3 800	流动负债合计	6 000	6 400
其中:向乙公司购入存货	1 000				
流动资产合计	7 970	11 100	非流动负债:		
			长期借款	2 000	2 000
非流动资产:			应付债券	600	600
债权投资	200	200	非流动负债合计	2 600	2 600
其中:持有乙公司债券	200	200	负债合计	8 600	9 000
长期股权投资	4 700	1 700			
其中:对乙公司投资	3 000				
其他权益工具投资			所有者权益:		
固定资产	4 100	3 300	实收资本(股本)	4 000	4 000
其中:向乙公司购入固定资产	300		资本公积	800	800
			盈余公积	1 000	732
无形资产	630	700	未分配利润	3 200	2 468
非流动资产合计	9 630	5 900	所有者权益合计	9 000	8 000
资产总计	17 600	17 000	负债和所有者权益合计	17 600	17 000

185

表 11-2　　　　　　　　　　　　资产负债表

编制单位:乙公司　　　　2021 年 12 月 31 日　　　　　　　　单位:万元

资　产	期末余额	年初余额	负债和所有者权益	期末余额	年初余额
流动资产:			流动负债:		
货币资金	500	300	应付票据及应付账款	900	900
应收票据及应收账款	1 660	700	其中:应付甲公司票据	400	
预付款项	400		应付甲公司账款	500	
其中:预付甲公司账款	100		预收款项		50
存货	1 100	2 900	应付职工薪酬	100	350
流动资产合计	3 660	3 900	应交税费	60	200
			流动负债合计	1 060	1 500
非流动资产:			非流动负债:		
债权投资			长期借款	666.67	700
其他权益工具投资	784.08	650.75	应付债券	200	200
长期股权投资			其中:应付甲公司债券	200	200
固定资产	2 115.92	1 349.25	递延所得税负债	33.33	0
无形资产			非流动负债合计	900	900
非流动资产合计	2 900	2 000	负债合计	1 960	2 400
			所有者权益		
			实收资本(股本)	2 000	2 000
			资本公积	1 500	1 500
			其他综合收益	100	
			盈余公积	0	0
			未分配利润	1 000	0
			所有者权益合计	4 600	3 500
资产总计	6 560	5 900	负债及所有者权益合计	6 560	5 900

甲公司在编制 2021 年合并资产负债表时,因其对乙公司的长期股权投资采用成本法核算,首先应当按照权益法进行调整,在合并工作底稿中应做的调整分录如下(单位:万元):

(1)确认甲公司在 2021 年乙公司实现净利润 1 000 万元中所享有的份额 800(1 000×80%)万元。

```
借:长期股权投资——乙公司                    800
    贷:投资收益                                  800
```

(2)对于乙公司所有者权益中因其他权益工具投资公允价值上升的部分,按照权益法一方面调整长期股权投资的账面价值,同时调整甲公司的其他综合收益80(100×80%)万元。

```
借:长期股权投资——乙公司                     80
    贷:其他综合收益                              80
```

二、编制合并资产负债表时应进行的抵销处理

合并资产负债表是以母公司和子公司的个别资产负债表为基础编制的,对于集团内部交易,母子公司均在其个别资产负债表中进行了反映。此时,资产、负债和所有者权益类各项目的加总数额中,必然包含有重复计算的因素。作为反映企业集团整体财务状况的合并资产负债表,必须将这些重复计算的因素予以剔除,进行抵销处理。

编制合并资产负债表时需要进行抵销处理的项目主要有:(1)母公司对子公司长期股权投资项目与子公司所有者权益项目;(2)母公司与子公司、子公司相互之间发生的内部债权债务项目;(3)存货项目,即内部购进存货价值中包含的未实现内部销售损益;(4)固定资产项目,即内部购进固定资产价值中包含的未实现内部销售损益;(5)无形资产项目,即内部购进无形资产价值中包含的未实现内部销售损益;(6)与抵销的长期股权投资、应收账款、存货、固定资产、无形资产等资产相关的折旧、摊销、资产减值准备项目。

(一)长期股权投资项目与子公司所有者权益项目的抵销

母公司对子公司进行的股权投资,一方面反映为长期股权投资以外的其他资产的减少,另一方面反映为长期股权投资的增加,在母公司个别资产负债表中作为资产类项目中的长期股权投资列示。子公司接受这一投资时,一方面增加资产,另一方面作为实收资本处理,在其个别资产负债表中一方面反映为实收资本的增加,另一方面反映为相对应的资产的增加。从企业集团整体来看,母公司对子公司的股权投资实际上相当于母公司将资本拨付下属核算单位,并不引起整个企业集团的资产、负债和所有者权益的增减变动。因此,编制合并财务报表时应当在母公司与子公司财务报表数据简单相加的基础上,将母公司对子公司长期股权投资项目与子公司所有者权益项目予以抵销。

1.在全资子公司的情况下,在合并工作底稿中编制抵销分录时,借记"实收资本""资本公积""其他综合收益""盈余公积"和"未分配利润——年末"项目(非同一控制下企业合并中购买日确定的被购买方可辨认资产、负债的公允价值与其账面价值不同的,是指经调整后的被购买方所有者权益项目),贷记"长期股权投资"项目。

当母公司对子公司长期股权投资数额与子公司所有者权益总额不一致时,其差额则作为商誉处理,应按其差额,借记"商誉"项目;上述差额,如为贷方差额,在合并当期记入

合并利润表,贷记"营业外收入"项目,在合并以后期间,调整期初未分配利润。

2. 在纳入合并范围的子公司为非全资子公司的情况下,在合并工作底稿中编制抵销分录时,借记"实收资本""资本公积""其他综合收益""盈余公积"和"未分配利润——年末"项目,贷记"长期股权投资"和"少数股东权益"项目。当母公司对子公司长期股权投资的金额与在子公司所有者权益中享有的份额不一致时,其差额比照全资子公司的原则处理。

"少数股东权益"项目,反映子公司所有者权益中不属于母公司的份额,即除母公司外的其他投资者在子公司所有者权益中所享有的份额。

应当说明的是,对于同一控制下企业合并中取得的子公司,因长期股权投资按照权益法调整后与应享有子公司所有者权益的份额相等,上述抵销过程中不产生差额,合并中不形成商誉或应计入损益的因素。

【例 11-2】

承【例 11-1】,2021 年 12 月 31 日,甲公司对乙公司长期股权投资调整后的金额为 3 880 万元,与其在乙公司股东权益中所享有的金额 3 680(4 600×80％)万元之间的差额 200 万元,应作为商誉处理。另外乙公司股东权益中 20％的部分,即 920(4 600×20％)万元属于少数股东权益。

其抵销分录如下(单位:万元):

(3)借:股本　　　　　　　　　　　　　　　　　2 000
　　　资本公积　　　　　　　　　　　　　　　　1 500
　　　其他综合收益　　　　　　　　　　　　　　　100
　　　盈余公积　　　　　　　　　　　　　　　　　　0
　　　未分配利润——年末　　　　　　　　　　　1 000
　　　商誉　　　　　　　　　　　　　　　　　　　200
　　贷:长期股权投资　　　　　　　　　　　　　3 880
　　　少数股东权益　　　　　　　　　　　　　　　920

对于子公司相互之间持有的长期股权投资,也应当比照母公司对子公司的股权投资的抵销方法进行抵销处理。

但公司持有母公司的长期股权投资,应当视为企业集团的库存股,作为所有者权益的减项,在合并资产负债表中所有者权益项目下以"减:库存股"项目列示。

(二)内部债权与债务项目的抵销

母公司与子公司、子公司相互之间的债权和债务项目,是指母公司与子公司、子公司相互之间的应收账款与应付账款、预付账款和预收账款、应付债券与债券投资等项目。发生在母公司与子公司、子公司相互之间的这些项目,集团内部企业的一方在其个别资产负债表中反映为资产,而另一方则在其个别资产负债表中反映为负债。但从企业集团整体角度考虑,它只是内部资金运动,既不能增加企业集团的资产,也不能增加负债。为此,在编制合并财务报表时也应当将内部债权债务项目予以抵销。

1.应收账款与应付账款的抵销

【例 11-3】

承【例 11-1】,甲公司 2021 年年末个别资产负债表中应收账款 475 万元为 2021 年向乙公司销售商品发生的应收销货款的账面价值,甲公司对该笔应收账款计提坏账准备 25 万元。乙公司 2021 年年末个别资产负债表中应付账款 500 万元为 2021 年向甲公司购进商品发生的应付购货款。

编制合并财务报表时,其抵销分录如下(单位:万元):

(4)借:应付账款   500
   贷:应收账款   500
(5)借:应收账款——坏账准备   25
   贷:信用减值损失   25

2.应收票据与应付票据、预付账款与预收账款等的抵销

【例 11-4】

承【例 11-1】,甲公司 2021 年年末个别资产负债表中预收账款 100 万元为乙公司预付账款;应收票据 400 万元为乙公司的应付票据;乙公司应付债券 200 万元为甲公司的债权投资。有关资产均未计提相关的减值准备。

编制合并财务报表时,其抵销分录如下(单位:万元):

(6)将内部预收账款与内部预付账款抵销:
借:预收账款   100
  贷:预付账款   100
(7)将内部应收票据与内部应付票据抵销:
借:应付票据   400
  贷:应收票据   400
(8)将债权投资与应付债券抵销:
借:应付债券   200
  贷:债权投资   200

在有些情况下,企业持有的集团内部债券并不是从发行债券的企业直接购进的,而是在证券市场上购进的。在这种情况下,债权投资中的债券投资与发行债券企业的应付债券抵销时,可能会出现差额,该差额应当计入合并利润表的投资收益或财务费用项目。

(三)存货价值中包含的未实现内部销售损益的抵销

存货价值中包含的未实现内部销售损益是由于企业集团内部商品购销(或劳务提供,下同)活动引起的。在内部购销活动中,销售企业将集团内部销售作为收入确认并计算销售损益。购买企业则是以支付的购货款作为存货成本入账。在本期未实现对外销

售而形成期末存货时,其存货价值中也相应地包括两部分内容:一部分为真正的存货成本(销售企业销售该商品的成本);另一部分为销售企业的销售损益(销售收入减去销售成本的差额)。对于期末存货价值中包括的这部分销售损益,从企业集团整体来看,并不是真正实现的损益。因为从整个企业集团来看,集团内部企业之间的商品购销活动实际上相当于一个企业内部物资调拨活动,既不会实现损益,也不会增加或减少商品的价值。正是从这一意义上来说,将期末存货价值中包括的这部分销售企业作为损益确认的部分,称之为未实现内部销售损益。因此,在编制合并资产负债表时,应当将存货价值中包含的未实现内部销售损益予以抵销。编制抵销分录时,按照集团内部销售企业销售该商品的销售收入,借记"营业收入"等项目,按照其销售成本,贷记"营业成本"等项目,按照当期期末存货价值中包含的未实现内部销售损益的数额,贷记"存货"项目。

企业集团内部购进商品后并且在期末形成存货的情况下,进行抵销处理时,也可以按照内部销售收入,借记"营业收入"项目,贷记"营业成本"项目;同时按照期末内部购进形成的存货价值中包含的未实现内部销售损益的金额,借记"营业成本"项目,贷记"存货"项目。

【例11-5】

承【例11-1】,乙公司2021年向甲公司销售商品1 000万元,其销售成本800万元,销售毛利率20%。甲公司2021年购进后全部未实现对外销售形成期末存货。

编制合并财务报表时,其抵销分录如下(单位:万元):

(9)借:营业收入　　　　　　　　　　　　　　　　　　1 000
　　　贷:营业成本　　　　　　　　　　　　　　　　　　　　1 000
(10)借:营业成本　　　　　　　　　　　　　　　　　　 200
　　　 贷:存货　　　　　　　　　　　　　　　　　　　　　　 200

(四)内部固定资产交易的抵销

内部固定资产交易是指集团内部企业将自身生产的产品销售给集团内部的其他企业作为固定资产使用。购买企业自集团内部购进固定资产,在其个别资产负债表中以支付的价款作为固定资产的原价列示,编制合并财务报表时,首先应将该固定资产原价中包含的未实现内部销售损益予以抵销。其次,购买企业使用该固定资产时计提了折旧,其折旧费计入相关资产的成本或当期损益。由于购买企业是以该固定资产的取得成本作为原价计提折旧,在取得成本中包含有销售企业由于该固定资产交易所实现的损益(未实现内部销售损益),其各期计提的折旧额大于或小于不包含未实现内部销售损益时计提的折旧额,因此还必须将当期多计提或少计提的折旧金额予以抵销。其抵销程序如下:

将内部交易固定资产相关的销售收入、销售成本及其原价中包含的未实现内部销售损益予以抵销。即按销售企业由于该固定资产交易所实现的销售收入,借记"营业收入"项目,按照其销售成本,贷记"营业成本"项目,按照该固定资产的销售收入与销售成本之间的差额(未实现内部销售损益),贷记"固定资产——原价"项目。

将内部交易固定资产当期多计提或少计提的折旧费用和累计折旧予以抵销。以销售价格高于销售成本,存在未实现内部销售利润的情况为例,从单个企业来说,计提折旧时,一方面增加当期费用或计入相关资产成本,另一方面形成累计折旧。因此,对内部交易固定资产当期多计提的折旧费用抵销时,应按照当期多计提折旧的金额,借记"固定资产——累计折旧"项目,贷记"管理费用"等项目(假设本项目有关举例中购买企业购入的固定资产供管理部门使用)。

【例 11-6】

承【例 11-1】,2021 年 1 月 1 日,乙公司以 300 万元的价格将其生产的产品销售给甲公司,其销售成本 270 万元,因该固定资产交易实现的销售利润为 30 万元。假设甲公司对该固定资产采用年限平均法计提折旧,使用寿命 3 年,预计净残值为零。为简化处理,假定甲公司 2021 年按 12 个月计提折旧。

编制合并财务报表时,其抵销分录如下(单位:万元):

(11)该固定资产相关的销售收入、销售成本及原价中包含的未实现内部销售损益的抵销:

借:营业收入　　　　　　　　　　　　　　　　　　　300
　　贷:营业成本　　　　　　　　　　　　　　　　　　270
　　　　固定资产——原价　　　　　　　　　　　　　 30

(12)该固定资产当期多计提折旧的抵销:

该固定资产折旧年限 3 年,原价为 300 万元,预计净残值为零,当期计提的折旧额为 100 万元,而按抵销其原价中包含的未实现内部销售损益后的原价计算,应计提的折旧额为 90 万元,当期多计提的折旧额为 10 万元。

借:固定资产——累计折旧　　　　　　　　　　　　　10
　　贷:管理费用　　　　　　　　　　　　　　　　　　10

三、合并资产负债表的编制

【例 11-7】

承【例 11-1】至【例 11-6】,编制合并资产负债表。

根据上述资料,首先甲公司应当将甲、乙公司的个别资产负债表的数据录入合并工作底稿(合并工作底稿见表 11-3),并计算各项目的合计金额;其次,编制调整分录,按照权益法调整甲公司对乙公司的长期股权投资;再次,编制抵销分录,将甲公司与乙公司之间的内部交易对合并资产负债表的影响予以抵销;最后,根据合并工作底稿的合并金额,编制该企业集团的合并资产负债表(表 11-4)。

表 11-3　　　　　　　　　合并工作底稿(资产负债表部分)　　　　　　　单位:万元

项目	甲公司报表余额	调整分录 借方	调整分录 贷方	乙公司报表金额	调整分录 借方	调整分录 贷方	合计余额	抵销分录 借方	抵销分录 贷方	少数股东权益	合并余额
流动资产:											
货币资金	1 000			500			1 500				1 500
应收票据及应收账款	5 200			1 660			6 860	(5)25	900		5 985
其中:应收乙公司票据	400						400		(7)400		0
应收乙公司账款	475						475	(5)25	(4)500		0
预付款项	770			400			1 170		(6)100		1 070
其中:预付甲公司款项				100			100		(6)100		0
存货	1 000			1 100			2 100		(10)200		1 900
其中:向乙公司购入存货	1 000						1 000		(10)200		800
流动资产合计	7 970			3660			11 630	25	1 200		10 455
非流动资产:											
债权投资	200						200		(8)200		
其中:持有乙公司债券	200						200		(8)200		0
长期股权投资	4 700	(1)800 (2)80					5 580		(3)3 880		1 700
其中:对乙公司投资	3 000	(1)800 (2)80					3 880		(3)3 880		0
其他权益工具投资				784.08			784.08				784.08
固定资产	4 100			2 115.92			6 215.92	(12)10	(11)30		6 195.92
其中:向乙公司购入固定资产	300						300	(12)10	(11)30		270
无形资产	630						630				630
商誉								(3)200			200
非流动资产合计	9 630	880		2 900			13 410	210	4 110		9 510
资产总计	17 600	880		6 560			25 040	235	5 310		19 965
流动负债:											
应付票据及应付账款	4 000			900			4 900	(7)400 (4)500			4 000
其中:应付甲公司票据				400			400	(7)400			0
应付甲公司账款				500			500	(4)500			0

（续表）

项目	甲公司报表余额	调整分录 借方	调整分录 贷方	乙公司报表金额	调整分录 借方	调整分录 贷方	合计余额	抵销分录 借方	抵销分录 贷方	少数股东权益	合并余额
预收款项	200						200	(6)100			100
其中:预收乙公司款项	100						100	(6)100			0
应付职工薪酬	1 000			100			1 100				1 100
应交税费	800			60			860				860
流动负债合计	6 000			1 060			7 060	1 000			6 060
非流动负债:											
长期借款	2 000			666.67			2 666.67				2 666.67
应付债券	600			200			800	(8)200			600
其中:应付甲公司债券				200			200	(8)200			0
递延所得税负债	0			33.33			33.33				33.33
非流动负债合计	2 600			900			3 500	200			3 300
负债合计	8 600			1 960			10 560	1 200			9 360
所有者权益:											
实收资本(股本)	4 000			2 000			6 000	(3)2 000			4 000
资本公积	800			1 500			2 300	(3)1 500			800
其他综合收益		(2)80		100			180	(3)100			80
盈余公积	1 000			0			1 000	(3)0			1 000
未分配利润	3 200	(1)800		1 000			5 000	(3)1 000　(5)25 (9)1 000(9)1 000 (10)200　(11)270 (11)300　(12)10			3 805
少数股东权益										(3)920	920
股东权益合计	9 000	880		4 600			14 480	6 100	1 305	920	10 605
负债及所有者权益合计	17 600	880		6 560			25 040	7 300	1 305	920	19 965

表 11-4　　　　　　　　　　合并资产负债表

编制单位：甲公司　　　　2021 年 12 月 31 日　　　　　　　　单位：万元

资　　产	期末余额	年初余额	负债和所有者权益	期末余额	年初余额
流动资产：			流动负债：		
货币资金	1 500		应付票据及应付账款	4 000	
应收票据及应收账款	5 985				
			预收款项	100	
预付款项	1 070		应付职工薪酬	1 100	
存货	1 900		应交税费	860	
流动资产合计	10 455		流动负债合计	6 060	
非流动资产：			非流动负债：		
债权投资	0		长期借款	2 666.67	
长期股权投资	1700		应付债券	600	
其他权益工具投资	784.08		递延所得税负债	33.33	
固定资产	6 195.92		非流动负债合计	3 300	
无形资产	630		负债合计	9 360	
商誉	200		所有者权益：		
非流动资产合计	9 510		实收资本（股本）	4 000	
			资本公积	800	
			其他综合收益	80	
			盈余公积	1 000	
			未分配利润	3 805	
			归属于母公司所有者权益合计	9 685	
			少数股东权益	920	
			所有者权益合计	10 605	
资产总计	19 965		负债和所有权益合计	19 965	

任务三　编制合并利润表

合并利润表应当以母公司和子公司的个别利润表为基础,在抵销母公司与子公司、子公司之间发生的内部交易对合并利润表的影响后,由母公司合并编制。

一　编制合并利润表时应进行的抵销处理

利润表作为以单个企业为会计主体进行会计核算的结果,分别从母公司本身或子公司本身反映一定会计期间的经营成果。在以个别利润表为基础计算的收入和费用等项目的加总金额中,也必然包含有重复计算的因素。在编制合并利润表时,也需要将这些重复的因素予以剔除。

编制合并利润表时需要进行抵销处理的项目,主要有:(1)内部营业收入和内部营业成本项目;(2)内部购进商品作为固定资产、无形资产等资产使用时涉及的折旧、摊销项目;(3)内部应收款项计提的坏账准备等减值准备项目;(4)内部投资收益(利息收入)与利息支出项目。

(一)内部营业收入和内部营业成本的抵销处理

内部营业收入是指企业集团内部母公司与子公司、子公司相互之间(以下称成员企业)发生的商品销售(或劳务提供,下同)活动所产生的营业收入。内部营业成本是指企业集团内部母公司与子公司、子公司相互之间发生的销售商品的营业成本。在进行内部营业收入和内部营业成本抵销时,应分别按不同的情况进行处理。

1. 母公司与子公司、子公司相互之间销售商品,期末全部实现对外销售

在这种情况下,对于同一购销业务,在销售企业和购买企业的个别利润表中都作了反映。但从企业集团整体来看,这一购销业务只是实现了一次对外销售,其销售收入只是购买企业向企业集团外部企业销售该产品的销售收入,其销售成本只是销售企业向购买企业销售该商品的成本。销售企业向购买企业销售该商品的收入属于内部销售收入,相应地,购买企业向企业集团外部企业销售该产品的销售成本则属于内部销售成本。因此在编制合并财务报表时,就必须将重复反映的内部营业收入与内部营业成本予以抵销。进行抵销处理时,应借记"营业收入"等项目,贷记"营业成本"等项目。

【例 11-8】

承【例 11-1】,假设甲公司 2021 年个别利润表的营业收入中有 3 500 万元系向乙公司销售产品取得的销售收入,该产品销售成本为 3 000 万元。乙公司在本期将该产品全部售出,其销售收入为 5 000 万元,销售成本为 3 500 万元,并分别在其个别利润表中单独列示。

对此,编制合并利润表将内部营业收入和内部营业成本予以抵销时,应编制如下抵销分录(单位:万元):

(13) 借：营业收入　　　　　　　　　　　　　　　　　　　　　　　3 500
　　　贷：营业成本　　　　　　　　　　　　　　　　　　　　　　　　　3 500

2. 母公司与子公司、子公司相互之间销售商品，期末未实现对外销售形成存货

在内部购进的商品未实现对外销售的情况下，销售企业是按照一般的销售业务确认销售收入、结转销售成本、计算销售损益，并在其个别利润表中列示。这一业务从整个企业集团来看，实际上只是商品存放地点发生变动，并没有真正实现集团对外销售，不应确认销售收入、结转销售成本以及计算销售损益。因此，对于该内部购销业务，在编制合并财务报表时，应当将销售企业由此确认的内部营业收入和内部营业成本予以抵销。对于这一经济业务，从购买企业来说，则以支付的购货价款作为存货成本入账，并在其个别资产负债表中作为资产列示。这样，购买企业的个别资产负债表中存货的价值里就包含有销售企业实现的销售损益（未实现内部销售损益）。编制合并利润表时，应将存货价值中包含的未实现内部销售损益予以抵销。

【例11-9】

承【例11-5】，在编制合并利润表时，将内部营业收入、内部营业成本及存货价值中包含的未实现内部销售损益予以抵销。

其抵销分录如下（单位：万元）：

(9) 借：营业收入　　　　　　　　　　　　　　　　　　　　　　　1 000
　　　贷：营业成本　　　　　　　　　　　　　　　　　　　　　　　　　1 000
(10) 借：营业成本　　　　　　　　　　　　　　　　　　　　　　　　200
　　　贷：存货　　　　　　　　　　　　　　　　　　　　　　　　　　　200（注）

注：在合并工作底稿资产负债表部分抵销。

对于内部购进的商品部分实现对外销售、部分形成期末存货的情况，可以将内部购买的商品分解为两部分来理解：一部分为当期购进并全部实现对外销售；另一部分为当期购进但未实现对外销售而形成期末存货。【例11-8】介绍的就是前一部分的抵销处理；【例11-9】介绍的则是后一部分的抵销处理。将【例11-8】和【例11-9】的抵销处理合并在一起，就是第三种情况下的抵销处理。其抵销处理如下（单位：万元）：

借：营业收入(3 500+1 000)　　　　　　　　　　　　　　　　　4 500
　　贷：营业成本(3 500+1 000)　　　　　　　　　　　　　　　　　　4 500
借：营业成本(0+200)　　　　　　　　　　　　　　　　　　　　　200
　　贷：存货(0+200)　　　　　　　　　　　　　　　　　　　　　　　200

对于内部营业收入的抵销，也可按照如下方法进行抵销处理：按照内部销售收入的金额，借记"营业收入"项目，按照期末存货价值中包含的未实现内部销售损益的金额，贷记"存货"项目，按其差额，贷记"营业成本"项目。

(二)购买企业内部购进的商品作为固定资产、无形资产使用时的抵销处理

在企业集团内母公司与子公司、子公司相互之间将自身的产品销售给其他企业作为固定资产(作为无形资产等的处理原则类似)使用的情况下,对于销售企业来说是作为存货销售进行会计处理的,即在销售时确认收入、结转成本和计算销售损益,并以此在其个别利润表中列示;对于购买企业来说,则以购买价格作为固定资产原值记账,该固定资产入账价值中既包括销售企业生产该产品的成本,也包括销售企业由于该产品销售所实现的销售损益(未实现内部销售损益)。购买企业虽然以支付给销售企业的购买价格作为固定资产原价入账,但从整个企业集团来说,应当以销售企业生产该产品成本作为固定资产原价在合并财务报表中反映。因此,编制合并利润表时应将销售企业由于该固定资产交易所实现的销售收入、结转的销售成本予以抵销;并将内部交易形成的固定资产原价中包含的未实现内部销售损益予以抵销。在对销售商品形成的固定资产或无形资产所包含的未实现内部销售损益进行抵销的同时,还应当对固定资产的折旧额或无形资产的摊销额与未实现的内部销售损益相关的部分进行抵销。

【例 11-10】

承【例 11-6】,与购进固定资产有关的抵销处理如下(单位:万元):

(11)该固定资产相关的销售收入、销售成本以及原价中未实现内部销售损益的抵销:

借:营业收入　　　　　　　　　　　　　　　　　　　　　　300
　　贷:营业成本　　　　　　　　　　　　　　　　　　　　　270
　　　　固定资产——原价　　　　　　　　　　　　　　　　30(注)

注:在合并资产负债表部分抵销。

(12)该固定资产折旧年限 3 年,原价为 300 万元,预计净残值为零,当期计提的折旧额为 100 万元,而按抵销其原价中包含的未实现内部销售损益后的原价计算应计提的折旧额为 90 万元,当期多计提的折旧额为 10 万元。

借:固定资产——累计折旧　　　　　　　　　　　　　　　10(注)
　　贷:管理费用　　　　　　　　　　　　　　　　　　　　10

注:在合并资产负债表部分抵销。

(三)内部应收账款计提的坏账准备等减值准备的抵销处理

编制合并资产负债表时,需要将内部应收账款与应付账款相互抵销,与此相联系,还需要将内部应收账款计提的坏账准备予以抵销。企业计提坏账准备进行账务处理时,一方面借记"信用减值损失"项目,另一方面贷记"坏账准备"项目,并作为应收账款的备抵项目在个别资产负债表列示。因此,编制合并财务报表将信用减值损失中包含的本期内部应收账款计提的坏账准备抵销时,应减少当期信用减值损失,减少坏账准备余额,即借记"应收账款——坏账准备"项目,贷记"信用减值损失"项目。

【例11-11】

承【例11-3】,在编制合并财务报表时,其抵销分录如下(单位:万元):

(5)借:应收账款——坏账准备　　　　　　　　　25(注)
　　　贷:信用减值损失　　　　　　　　　　　　　　　25

注:在合并工作底稿资产负债表部分抵销。

(四)内部投资收益(利息收入)和利息费用的抵销处理

企业集团内部母公司与子公司之间、子公司相互之间可能发生持有对方债券的内部交易。在这种情况下,发行债券的企业计提利息费用时,将其作为"财务费用"处理,并在其个别利润表中反映;而持有债券的企业,将购买债券作为"债权投资"(为简化合并处理,假设购买债券的企业将该债券投资确认为"债权投资")列示,当期获得的利息收入则作为投资收益处理,并在其个别利润表中反映。在编制合并财务报表时,应当在抵销内部发行的应付债券和债权投资等内部债权债务的同时,将内部应付债券与债权投资相关的利息费用与投资收益(利息收入)抵销。进行抵销处理时,借记"投资收益"项目,贷记"财务费用"项目。

【例11-12】

承【例11-4】,假设乙公司2021年应向甲公司支付的债券利息为20万元(该债券的票面利率与实际利率相同)。

编制合并利润表时,应将内部债券投资收益与内部债券利息费用相互抵销,其抵销分录如下(单位:万元):

(14)借:投资收益　　　　　　　　　　　　　　　20
　　　贷:财务费用　　　　　　　　　　　　　　　　20

(五)母公司与子公司、子公司相互之间持有对方长期股权投资的投资收益的抵销处理

内部投资收益是指母公司对子公司或子公司对母公司、子公司相互之间的长期股权投资的收益,即母公司对子公司的长期股权投资在合并工作底稿中按权益法调整的投资收益,实际上就是子公司当期营业收入减去营业成本和期间费用、所得税费用后的余额与其持股比例相乘的结果(如存在需要调整的情况,还应考虑有关的调整)。在子公司为全资子公司的情况下,母公司对某一子公司投资收益实际上就是该子公司当期实现的净利润(或经过调整后的净利润)。编制合并利润表,实际上是将子公司的营业收入、营业成本和期间费用视为母公司本身的营业收入、营业成本和期间费用同等看待,与母公司相应的项目进行合并。也就是将子公司的本期净利润还原为营业收入、营业成本和期间费用处理。因此,编制合并利润表时,必须将对子公司长期股权投资收益予以抵销。

由于合并所有者权益变动表中的本年利润分配项目是站在整个企业集团角度,反映

对母公司股东和子公司少数股东的利润分配情况,因此,子公司的个别所有者权益变动表中的本年利润分配各项目的金额,包括提取盈余公积、对所有者的分配和期末未分配利润的金额都必须予以抵销。

在子公司为全资子公司的情况下,子公司本期净利润就是母公司本期对子公司长期股权投资按权益法调整的投资收益。假定子公司期初未分配利润为零,子公司本期净利润就是其本期可供分配的利润,是本期子公司利润分配的来源,而子公司本期利润分配(包括提取盈余公积、对所有者的分配等)的金额与期末未分配利润的金额则是本期利润分配的结果。母公司对子公司的长期股权投资按权益法调整的投资收益正好与子公司的本年利润分配项目相抵销。

在子公司为非全资子公司的情况下,母公司本期对子公司长期股权投资按权益法调整的投资收益与本期少数股东损益之和,就是子公司本期净利润,同样假定子公司期初未分配利润为零,母公司本期对子公司长期股权投资按权益法调整的投资收益与本期少数股东损益之和正好与子公司本期利润分配项目相抵销。

将上述项目抵销时,在子公司为全资子公司的情况下,应当编制的抵销分录为:借记"投资收益""未分配利润——年初"项目,贷记"本年利润分配——提取盈余公积""应付股利"(包括转作股本的股利,下同)、"未分配利润——年末"项目。在子公司为非全资子公司的情况下,则应当编制的抵销分录为:借记"投资收益""少数股东损益""未分配利润——年初"项目,贷记"本年利润分配——提取盈余公积""应付股利""未分配利润——年末"项目。

【例 11-13】

承【例 11-1】,乙公司为非全资子公司,本年净利润 1 000 万元。甲公司拥有其 80%的股份。甲公司按照权益法确认的对乙公司本年投资收益为 800(1 000×80%)万元,乙公司本期少数股东损益为 200(1 000×20%)万元。乙公司年初未分配利润为零,乙公司尚未进行利润分配。

应编制如下抵销分录(单位:万元):

(15)借:投资收益　　　　　　　　　　　　　　　800
　　　少数股东损益　　　　　　　　　　　　　　200
　　　未分配利润——年初　　　　　　　　　　　　0
　　贷:本年利润分配——提取盈余公积　　　　　　0
　　　　　　　　　　——应付股利　　　　　　　　0
　　　未分配利润——年末　　　　　　　　　　1 000

需要说明的是,在将母公司投资收益等项目与子公司本年利润分配项目抵销时,应将子公司个别所有者权益变动表中提取的盈余公积全额抵销,即通过"本年利润分配——提取盈余公积""应付股利"和"未分配利润"项目,将其全部抵销。在合并财务报表中不需要再将已经抵销的提取盈余公积的金额调整回来。

二 合并利润表的编制

【例 11-14】

承【例 11-8】至【例 11-13】，甲公司与乙公司 2021 年度个别利润表的资料见表 11-5。

表 11-5　　　　　　　　　　　　利润表
　　　　　　　　　　　　　　　2021 年　　　　　　　　　　　　单位：万元

项目	甲公司	乙公司
一、营业收入	8 700	6 300
减：营业成本	4 450	4 570
税金及附加	300	125
销售费用	15	10
管理费用	100	12
财务费用	300	90
信用减值损失	25	
加：公允价值变动损益		
投资收益	500	
二、营业利润	4 010	1 493
加：营业外收入		
减：营业外支出	10	
三、利润总额	4 000	1 493
减：所得税费用	1 320	493
四、净利润	2 680	1 000

根据上述资料和抵销分录，可编制合并工作底稿（表 11-6）。根据合并工作底稿的合并金额，可编制企业集团 2021 年度的合并利润表（表 11-7）。

表 11-6　　　　　　　合并工作底稿（利润表部分）　　　　　　单位：万元

项目	甲公司	借方调整	贷方调整	甲公司调整后	乙公司	合计	借方抵销	贷方抵销	合并金额
一、营业收入	8 700			8 700	6 300	15 000	(9)1 000 (11)300 (13)3 500		10 200
减：营业成本	4 450			4 450	4 570	9 020	(10)200	(9)1 000 (11)270 (13)3 500	4 450

(续表)

项 目	甲公司	借方调整	贷方调整	甲公司调整后	乙公司	合计	借方抵销	贷方抵销	合并金额
税金及附加	300			300	125	425			425
销售费用	15			15	10	25			25
管理费用	100			100	12	112		(12)10	102
财务费用	300			300	90	390		(14)20	370
信用减值损失	25			25		25		(5)25	0
加:公允价值变动损益									
投资收益	500	(1)800		1 300		1 300	(14)20 (15)800		480
二、营业利润	4 010	800		4 810	1 493	6 303	5 820	4 825	5 308
加:营业外收入									
减:营业外支出	10			10		10			10
三、利润总额	4 000	800		4 800	1 493	6 293	5 820	4 825	5 298
减:所得税费用	1 320			1 320	493	1 813			1 813
四、净利润	2 680	800		3 480	1 000	4 480	5 820	4 825	3 485
归属于母公司所有者的净利润									3 285
少数股东损益									200

表 11-7　　　　　　　　　　　合并利润表

编制单位:甲公司　　　　　　　2021 年度　　　　　　　　　单位:万元

项 目	本年金额	上年金额
一、营业收入	10 200	
减:营业成本	4 450	
税金及附加	425	
销售费用	25	
管理费用	102	
财务费用	370	
信用减值损失	0	
加:公允价值变动损益(损失以"—"号填列)		

(续表)

项　目	本年金额	上年金额
投资收益（损失以"－"号填列）	480	
二、营业利润（亏损以"－"号填列）	5 308	
加：营业外收入		
减：营业外支出	10	
三、利润总额（亏损总额以"－"号填列）	5 298	
减：所得税费用	1 813	
四、净利润（净亏损以"－"号填列）	3 485	
归属于母公司所有者的净利润	3 285	
少数股东损益	200	

任务四　编制合并现金流量表

合并现金流量表是综合反映母公司及其所有子公司组成的企业集团在一定会计期间现金和现金等价物流入和流出的报表。现金流量表要求按照收付实现制反映企业经济业务引起的现金流入和流出。

一、编制合并现金流量表时应进行的抵销处理

合并现金流量表应当以母公司及子公司的个别现金流量表为基础，在抵销母公司与子公司、子公司相互之间发生的内部交易对合并现金流量表的影响后，由母公司合并编制。在编制时应进行抵销处理的项目主要有：(1)母公司与子公司、子公司相互之间当期以现金投资或收购股权增加的投资所产生的现金流量；(2)母公司与子公司、子公司相互之间当期取得投资收益收到的现金与分配股利、利润或偿还利息支出的现金流量；(3)母公司与子公司、子公司相互之间以现金结算债权与债务所产生的现金流量；(4)母公司与子公司、子公司相互之间当期销售商品所产生的现金流量；(5)母公司与子公司、子公司相互之间处置固定资产、无形资产和其他长期资产收回的现金净额，与购建固定资产、无形资产和其他长期资产支付的现金流量；(6)母公司与子公司、子公司相互之间发生的其他内部交易所产生的现金流量。

（一）企业集团内部当期以现金投资或收购股权增加的投资所产生的现金流量的抵销处理

母公司直接以现金对子公司进行的长期股权投资或以现金从子公司的其他所有者（企业集团内的其他子公司）处收购股权，表现为母公司现金流出，在母公司个别现金流量表中作为投资活动现金流出列示。子公司接受这一投资（或处置投资）时，表现为现金流入，在其个别现金流量表中反映为筹资活动的现金流入（或投资活动的现金流入）。从企业集团整体来看，相当于母公司将资本下拨下属核算单位，并不引起整个企业集团的现金流量的增减变动，因此，在编制合并现金流量表时，应当予以抵销。

（二）企业集团内部当期取得投资收益收到的现金与分配股利、利润或偿还利息支出的现金的抵销处理

母公司对子公司进行的长期股权投资和债权投资，在持有期间收到子公司分派的现金股利（利润）或债券利息，表现为现金流入，在母公司个别现金流量表中作为取得投资收益收到的现金列示。子公司在其个别现金流量表中反映为分配股利、利润或偿还利息支出的现金。从整个企业集团来看，这种投资收益的现金收支并不引起整个企业集团现金流量的增减变动，因此，在编制合并现金流量表时应当予以抵销。

（三）企业集团内部以现金结算债权与债务所产生的现金流量的抵销处理

母公司与子公司、子公司相互之间当期以现金结算应收账款或应付账款等债权与债务，表现为现金的流入或现金流出，在母公司个别现金流量表中作为收到其他与经营活动有关的现金或支付其他与经营活动有关的现金列示，在子公司个别现金流量表中作为支付其他与经营活动有关的现金或收到其他与经营活动有关的现金列示。从整个企业集团来看，这种现金结算债权债务并不引起整个企业集团现金流量的增减变动，因此，在编制合并现金流量表时应当予以抵销。

（四）企业集团内部当期销售商品所产生的现金流量的抵销处理

母公司向子公司当期销售商品（或子公司向母公司当期销售商品或子公司相互之间销售商品）所收到的现金，表现为现金流入，在母公司个别现金流量表中作为销售商品、提供劳务收到的现金列示。子公司向母公司支付购货款，表现为现金流出，在其个别现金流量表中反映为购买商品、接受劳务支付的现金。从企业集团整体来看，这种内部商品购销现金收支并不引起整个企业集团现金流量的增减变动，因此，编制合并现金流量表时应当予以抵销。

（五）企业集团内部处置固定资产等收回的现金净额与购建固定资产等支付的现金流量的抵销处理

母公司向子公司处置固定资产等长期资产，表现为现金流入，在母公司个别现金流量表中作为处置固定资产、无形资产和其他长期资产收回的现金净额列示。子公司表现为现金流出，在其个别现金流量表中反映为购建固定资产、无形资产和其他长期资产支付的现金。从整个企业集团来看，这种固定资产处置与购置的现金收支并不引起整个企业集团现金流量的增减变动。编制合并现金流量表时，应当将母公司与子公司、子公司相互之间处置固定资产、无形资产和其他长期资产收回的现金净额与购建固定资产、无形资产和其他长期资产支付的现金相互抵销。

二 合并现金流量表中有关少数股东权益项目的反映

合并现金流量表的编制与个别现金流量表相比,一个特殊问题就是子公司为非全资子公司的情况下,涉及子公司与其少数股东之间的现金流入和现金流出的处理问题。

对于子公司与其少数股东之间发生的现金流入和现金流出,从整个企业集团来看,也影响到其整体的现金流入和流出数量的增减变动,必须在合并现金流量表中予以反映。子公司与其少数股东之间发生的影响现金流入和现金流出的经营业务包括:少数股东对子公司增加权益性投资、少数股东依法从子公司中抽回权益性投资、子公司向其少数股东支付现金股利或利润等。为了便于企业集团合并财务报表使用者了解企业集团现金流量的情况,有必要将子公司与其少数股东之间的现金流入和现金流出的情况单独予以反映。

对于子公司少数股东增加在子公司的权益性投资,在合并现金流量表中应当在"筹资活动产生的现金流量"之下的"吸收投资收到的现金"项目下"其中:子公司吸收少数股东投资收到的现金"项目反映。

对于子公司向少数股东支付现金股利或利润,在合并现金流量表中应当在"筹资活动产生的现金流量"之下的"分配股利、利润或偿付利息支付的现金"项目下"其中:子公司支付给少数股东的股利、利润"项目反映。

对于子公司的少数股东依法抽回在子公司的权益性投资,在合并现金流量表中应当在"筹资活动产生的现金流量"之下的"支付其他与筹资活动有关的现金"项目反映。

本任务合并现金流量表的格式略。

任务五 编制合并所有者权益变动表

合并所有者权益变动表应当以母公司和子公司的个别所有者权益变动表为基础,在抵销母公司与子公司、子公司相互之间发生的内部交易对合并所有者权益变动表的影响后,由母公司合并编制。

一 编制合并所有者权益变动表时应进行的抵销处理

编制合并所有者权益变动表时需要进行抵销处理的项目主要有:(1)母公司对子公司的长期股权投资应当与母公司在子公司所有者权益中所享有的份额相互抵销(各子公司之间的长期股权投资以及子公司对母公司的长期股权投资,应当比照上述规定,将长期股权投资与其对应的子公司或母公司所有者权益中所享有的份额相互抵销);(2)母公司对子公司、子公司相互之间持有对方长期股权投资的投资收益应当抵销;(3)母公司对子公司、子公司相互之间发生其他内部交易对所有者权益变动表的影响应当抵销。

(一)母公司对子公司的长期股权投资与母公司在子公司所有者权益中所享有的份额的抵销处理

母公司对子公司进行的长期股权投资,并不引起整个企业集团的资产、负债和所有者权益的增减变动。编制合并所有者权益变动表时,应当在母公司与子公司财务报表数据简单相加的基础上,将母公司对子公司长期股权投资项目与子公司所有者权益项目相互抵销。

【例 11-15】

承【例 11-1】,其抵销分录如下(单位:万元):

(3)借:股本　　　　　　　　　　　　　　　　　　　2 000
　　　资本公积　　　　　　　　　　　　　　　　　　1 500
　　　其他综合收益　　　　　　　　　　　　　　　　　100
　　　盈余公积　　　　　　　　　　　　　　　　　　　　0
　　　未分配利润——年末　　　　　　　　　　　　　1 000
　　　商誉　　　　　　　　　　　　　　　　　　　　　200
　　贷:长期股权投资　　　　　　　　　　　　　　　3 880
　　　少数股东权益　　　　　　　　　　　　　　　　　920

(二)母公司对子公司、子公司相互之间持有对方长期股权投资的投资收益的抵销处理

将该项目抵销时,在子公司为全资子公司的情况下,应当编制的抵销分录为:借记"投资收益""未分配利润——年初"项目,贷记"本年利润分配——提取盈余公积""应付股利"(包括转作股本的股利,下同)、"未分配利润——年末"项目。在子公司为非全资子公司的情况下,应当编制的抵销分录为:借记"投资收益""少数股东损益""未分配利润——年初"项目,贷记"本年利润分配——提取盈余公积""应付股利""未分配利润——年末"项目。

【例 11-16】

承【例 11-13】,应编制如下抵销分录(单位:万元):

(15)借:投资收益　　　　　　　　　　　　　　　　　 800
　　　少数股东损益　　　　　　　　　　　　　　　　　200
　　　未分配利润——年初　　　　　　　　　　　　　　　0
　　贷:本年利润分配——提取盈余公积　　　　　　　　　0
　　　　　　　　　　——应付股利　　　　　　　　　　　0
　　　未分配利润——年末　　　　　　　　　　　　　1 000

合并所有者权益变动表的格式与个别所有者权益变动表基本相同,所不同的只是在子公司存在少数股东的情况下,合并所有者权益变动表增加"少数股东权益"栏目,用于反映少数股东权益变动的情况。

本任务合并所有者权益变动表的格式略。

实务训练

一、单项选择题

1. 在合并资产负债表中,商誉应当(　　)列示。
   A. 作为流动资产　　　　　　　　B. 作为长期股权投资
   C. 作为无形资产　　　　　　　　D. 单独

2. 将企业集团内部本期应收账款计提的坏账准备抵销处理时,应当借记"应收账款——坏账准备"项目,贷记"(　　)"项目。
   A. 财务费用　　　　　　　　　　B. 信用减值损失
   C. 营业外收入　　　　　　　　　D. 投资收益

3. A公司拥有B公司51%的表决权资本,A公司拥有C公司30%的表决权资本,B公司拥有C公司25%的股份,则A公司直接和间接拥有C公司的股份为(　　)。
   A. 55%　　　　　　　　　　　　B. 25%
   C. 0　　　　　　　　　　　　　D. 45%

4. A公司持有B公司80%的表决权资本,年末A公司"长期股权投资"账面余额为3 700万元,未计提减值准备。B公司资产负债表实收资本项目为2 000万元,资本公积1 000万元,盈余公积150万元、未分配利润1 350万元。那么合并财务报表中"少数股东权益"项目的金额为(　　)万元。
   A. 100　　　　　　　　　　　　B. 900
   C. 925　　　　　　　　　　　　D. 3 700

5. 母公司对子公司的长期股权投资年末余额为840万元,占子公司80%的表决权。子公司资产负债表实收资本项目为735万元,资本公积100万元,盈余公积15万元,未分配利润150万元。编制合并财务报表时长期股权投资与子公司所有者权益差额中包含(　　)。
   A. 少数股东权益160万元
   B. 商誉160万元
   C. 商誉40万元,少数股东权益200万元
   D. 商誉200万元,少数股东权益40万元

二、多项选择题

1. 在计算合并财务报表的合并数时,(　　)项目是以母公司与子公司的项目合计数,减借方抵销数,加贷方抵销数确定。
   A. 应付账款　　　　　　　　　　B. 管理费用
   C. 营业收入　　　　　　　　　　D. 盈余公积

2. 企业集团中期期末编制合并财务报表的,至少应当包括(　　)。
   A. 合并资产负债表　　　　　　　B. 合并利润表
   C. 合并现金流量表　　　　　　　D. 附注

3. 编制合并利润表时,需要进行抵销处理的项目有(　　)。
   A. 内部营业收入和营业成本
   B. 内部利息收入和利息支出
   C. 内部销售商品形成存货包含的未实现内部销售损益
   D. 内部应收账款和应付账款

4. 编制合并资产负债表时,需要进行抵销处理的项目有(　　)。
   A. 母公司长期股权投资项目与子公司所有者权益项目
   B. 存货项目,即内部购进存货价值中包含的未实现内部销售损益
   C. 固定资产项目,即内部购进固定资产价值中包含的未实现内部销售损益
   D. 内部债权与债务项目

5. 编制合并财务报表时一定不能产生商誉的项目有(　　)。
   A. 内部应收账款与应付账款的抵销
   B. 内部应付债券与债权投资中债券投资的抵销
   C. 母公司对子公司长期股权投资项目与子公司所有者权益项目的抵销
   D. 存货价值中包含的未实现内部销售损益的抵销

三、判断题

❶ 编制合并财务报表时,只需要将母公司与子公司之间发生的内部交易对合并财务报表的影响予以抵销。（　　）

❷ 企业集团内部购进商品且在期末形成存货的情况下,进行抵销处理时,应编制"借:营业收入;贷:营业成本"的抵销分录。（　　）

❸ 对于子公司相互之间发生的内部交易,在编制合并财务报表时不需要进行抵销处理。（　　）

❹ 计算合并财务报表资产类各项目的合并金额,应根据该类项目加总金额,加上该项目抵销分录有关的借方发生额,减去该项目抵销分录有关的贷方发生额计算确定。（　　）

❺ 企业集团内部,债权投资中的债券投资与发行债券企业的应付债券抵销时,可能

会出现差额,该差额应当计入合并利润表的财务费用项目。( )

四、计算分析题

❶ 甲股份有限公司自2021年1月1日起拥有乙公司70%的表决权资本,形成非同一控制下的企业合并。2021年12月31日甲公司对子公司长期股权投资账面余额为5 600 000元(未计提减值准备,并已按权益法进行调整),乙公司2021年12月31日资产负债表所有者权益各项目金额见表11-8。

表11-8　乙公司2021年12月31日资产负债表所有者权益各项目金额　　单位:元

项　　目	金　　额
实收资本	5 000 000
资本公积	1 000 000
盈余公积	1 600 000
未分配利润	500 000
所有者权益合计	8 100 000

要求:编制甲公司2021年年末与上述事项有关的合并财务报表抵销分录。

❷ 甲股份有限公司自2021年1月1日起拥有乙公司80%的表决权资本,形成非同一控制下的企业合并。2021年12月31日,甲公司与乙公司之间的债权债务情况如下:

(1)甲公司应收账款余额为5 780 000元,其中对子公司内部应收账款余额240 000元。甲公司采用应收账款余额百分比法计提坏账准备,计提比例为5‰。

(2)甲公司应收票据余额为4 200 000元,其中对子公司内部应收票据余额为1 600 000元。

要求:编制甲公司2021年年末与上述事项有关的合并财务报表抵销分录,不考虑递延所得税。

❸ 甲公司2021年6月12日自其拥有100%表决权的乙公司购进其生产的电脑一批,乙公司销售该批电脑的销售成本为60万元,销售收入为80万元,增值税为10.4万元。甲公司另支付安装调试费5.4万元并取得增值税普通发票,于2021年6月15日交付管理部门使用。甲公司预计该批电脑的使用寿命为5年,采用直线法计提折旧,预计净残值为0。

要求:

(1)计算确定甲公司购入该批电脑的入账价值。

(2)计算确定甲公司对该批电脑每月应计提的折旧额。

(3)假设该批电脑2024年9月10日提前进行清理,发生清理费用2万元,电脑变价收入23万元。请编制甲公司2021年度、2022年度、2023年度、2024年度与上述交易有关的合并财务报表抵销分录。不考虑递延所得税。

❹ 甲股份有限公司(以下简称甲公司)自 2020 年 1 月 1 日起拥有乙公司 80%的表决权资本,形成非同一控制下的企业合并。2020 年和 2021 年,双方发生的内部交易如下:

(1)2020 年 5 月,甲公司销售 100 件 A 产品给乙公司,每件销售成本 2.1 万元,销售收入 3 万元;乙公司当年实现对外销售 60 件。

(2)2021 年 6 月,甲公司再销售 50 件 A 产品给乙公司,每件销售成本 2.3 万元,销售收入 3.1 万元;乙公司当年实现对外销售 60 件,并采用先进先出法核算发出存货的成本。

要求:编制甲公司 2020 年度、2021 年度与上述交易有关的合并财务报表抵销分录。不考虑递延所得税。